MIRJAM ZADOFF

GEWALT UND GEDÄCHTNIS

Globale Erinnerung
im 21. Jahrhundert

Hanser

1. Auflage 2023

ISBN 978-3-446-27807-3
© 2023 Carl Hanser Verlag GmbH & Co. KG, München
Umschlaggestaltung: Anzinger & Rasp, München
Satz: Greiner & Reichel, Köln
Druck und Bindung: CPI books GmbH, Leck
Printed in Germany

INHALT

VORWORT

Meine Kindheit war ganz anders als die meiner eigenen Kinder. Damals gab es viel weniger von allem, selbst von Erinnerungen. Meine Mutter hat eine Handvoll Kinderfotos von sich, von mir gibt es vermutlich eine Schuhschachtel voll, von meinen Kindern eine Cloud mit zigtausenden von Bildern. Es gab weniger von allem, aber es gab mehr Zeit. Wir lebten ganz im analogen Raum. Von der Existenz einer anderen, digitalen Welt erfuhr ich erst im Lauf meiner Schulzeit. Zu dritt, zu viert drängten wir uns um einen Commodore Amiga oder Apple Macintosh und versuchten die 0 und die 1, die Logik des Binärcodes zu verstehen. Die flimmernde weiße Schrift auf blauem Hintergrund kündigte etwas Neues an, ja, aber von den dramatischen Veränderungen, die sich dort abzeichneten, ahnten wir nichts. Die Ereignisse und Stimmungen, die mich in meiner Kindheit prägten, waren andere als die digitale Revolution.

Zuallererst ist da eine Erinnerung an einen sonnigen Nachmittag auf dem Teppich vor dem Plattenspieler, in der Hand ein Cover mit dem Foto einer Frau, von dem ich als kleines Kind gedacht hatte, es zeige meine Mutter. Es war das Vanguard-Album von Joan Baez aus dem Jahr 1972, und ich war vielleicht acht oder neun Jahre alt. Die meisten Songtexte konnte ich nicht verstehen, weil sie auf Englisch waren. Trotzdem mochte ich die Lieder, wenn mein Vater das Album auf den Plattenteller legte, und das tat er oft. Erst später verstand ich, wie politisch *Love Is Just a Four-Letter Word* ist, ein Song, den Bob Dylan für Baez geschrieben hatte, ebenso wie *Farewell, Angelina*. Was mir damals aber schon einleuchtete, war, dass das einzige deutsche Lied auf der Platte mit dem Krieg zu tun hatte. Mit leichtem Akzent sang Baez *Sag mir, wo die Blumen sind,* die deutsche Version von Pete Seegers Antikriegslied von 1955. Als eine der erfolgreichsten Sänger:innen ihrer Zeit machte sie sich mit ihren Auftritten beim Marsch auf Washington und in Woodstock zu einem Sprachrohr des Protestes gegen den Vietnamkrieg und gegen den strukturellen Rassismus in den USA.

Der Vietnamkrieg endete, als ich etwa ein Jahr alt war, weitab von meinem sicheren, sonnigen Platz auf dem Teppich. Der Zweite Weltkrieg war dreißig Jahre zuvor zu Ende gegangen. In den sechs Jahren, die er andauerte, vom September 1939 bis zum September 1945, in genau 72 Monaten, waren weltweit 66 Millionen Menschen ums Leben gekommen, jeden Monat beinahe eine Million. Der Schock über den Verlust von 3,5 Prozent der damaligen Weltbevölkerung war groß. Besonders der grausame Genozid der Deutschen an den europäischen Jüd:innen, an Rom:nja und Sinti:zze und anderen Gruppen führte dazu, dass die Generalversammlung der Vereinten Nationen bald nach dem Krieg die Allgemeine Erklärung der Menschenrechte verabschiedete. In dreißig Artikeln formuliert dieser in mehr als 460 Sprachen übersetzte Text, welche Rechte jedem Menschen zustehen, »ohne irgendeinen Unterschied, etwa nach Rasse, Hautfarbe, Geschlecht, Sprache, Religion, politischer oder sonstiger Überzeugung, nationaler oder sozialer Herkunft, Vermögen, Geburt oder sonstigem Stand« und unabhängig davon, in welchem rechtlichen Verhältnis er oder sie zu einem Land steht. Es liegt mehr als ein hoffnungsvolles »Nie wieder« in dieser Erklärung, die zwar rechtlich nicht bindend ist, aber doch eine Basis dafür schaffen wollte, die Welt nach den Vernichtungslagern, den Schlachtfeldern und Hiroshima neu zu denken. Und trotzdem folgte ein Krieg auf den anderen. In Biafra starben in den kriegerischen Auseinandersetzungen mit Nigeria Anfang der siebziger Jahre an die vier Millionen Menschen, viele von ihnen Kinder, die verhungert waren oder zu Soldaten gemacht wurden. Vergleichbar viele Menschen wurden zu Opfern des Vietnamkrieges, und wenige Jahre später ermordeten die Khmer Rouge in Kambodscha zwei Millionen Menschen.

Der Krieg war präsent in Vergangenheit und Gegenwart, während ich Pete Seegers Lied in deutscher Übersetzung lauschte. *Where Have All The Flowers Gone* wurde von einem Mann namens Max Colpet ins Deutsche übersetzt, *Sag mir, wo die Blumen sind*. Colpet hieß eigentlich Max Kolpenitzky, sein Vater stammte aus Vilnius, seine Mutter aus dem lettischen Daugavpils. Als Staatenlose lebte die Familie in Königsberg, bis sie 1920 nach Hamburg zog. Der fünfzehnjährige Max besuchte die dortige Talmud-Tora-Schule wurde Mitglied der Jugendgruppe Wandervogel und der zionistischen Jugendbewegung. Als erfolgreicher Drehbuchautor und Liedtexter arbeitete er in der späten Weimarer Republik unter anderem gemeinsam mit dem österreichisch-jüdischen Regisseur Billy Wilder. 1933 musste Max Colpet fliehen, erst nach Frankreich, dann nach Österreich und wieder nach Frankreich und schließlich in die Schweiz, wo er überlebte; seine Eltern wurden ermordet. Nach dem Krieg ging er auf Einladung Billy Wilders in die USA, kehrte jedoch bereits 1954 nach Deutschland zurück, nach München, wo er unter anderem Texte für die Lach- und Schießgesellschaft schrieb. Rassistische und antisemitische Anfeindungen zwangen ihn bald, in die Schweiz zu ziehen. Heute ist er vor allem für seine Übersetzung von Seegers Lied bekannt. Max Colpet wusste allzu gut, was Krieg, Gewalt und Verlust bedeuten. Als er *Where Have All The Flowers Gone* übersetzte, nahm er sich das deutsche Volkslied *Sagt, wo sind die Veilchen hin* zum Vorbild. Der Rokoko-Dichter Johann Georg Jacobi hatte es 1782 unter dem Titel *Nach einem alten Liede* geschrieben, eine sentimentale Erinnerung an eine Liebesbegegnung – für Colpet vielleicht eine Allegorie auf die jüdische Enttäuschung von Deutschland. Seine Übersetzung wurde weltberühmt, nachdem seine enge Freundin Marlene Dietrich sie 1962 zum ersten Mal gesungen hatte.

Das Lied, von dessen langer und vielfältiger Verwobenheit in die deutsche, jüdische und amerikanische Geschichte ich damals keine Ahnung hatte, erreichte mich durch Joan Baez, die Ikone der amerikanischen Antikriegsbewegung. Ihre Platten standen bei uns neben denen von Dylan, Seeger und Woody Guthrie im Regal. Für meine Eltern, wie für viele ihrer Generation, transportierte ihre Musik die Zukunftsängste, die Hoffnungen und die Solidarität dieser Jahre. Aber diese Lieder gehörten auch zu den ersten Medien des Erinnerns oder, wie Stefanie Schüler-Springorum über den Liedermacher Franz Josef Degenhardt schreibt, sie verliehen »dem ›kognitiven Entsetzen‹ Ausdruck, das die Nazi-Forschung, zumal in Deutschland, über lange Jahre kaum in den Blick bekommen hat – vielleicht, weil es sich als ›Black Box‹ nicht der historischen Erklärung, wohl aber dem emotionalen Verstehen entzieht«.[1] Die Musik beschäftigte sich nicht nur mit dem verschwiegenen Schrecken des Holocaust, sondern auch mit der fortdauernden Präsenz der braunen Ideologie in der postfaschistischen Nachkriegsgesellschaft. Auf Wienerisch und mit viel Witz gab Arik Brauer dem Ausdruck, er selbst hatte als junger Mann im Untergrund und mit viel Glück den Holocaust überlebt. Seine Platten standen bei uns neben denen der Band Zupfgeigenhansl im Regal, zwei deutschen Musikern, die nach dem Krieg geboren worden waren und sich in der Tradition des Wandervogels sahen. Sie interpretierten jiddische Volkslieder ebenso wie Erich Mühsams Gedicht von 1907 »Der Revoluzzer« oder Theodor Kramers »Andre, die das Land so sehr nicht liebten«. Auch bei Kramer erfuhr ich erst Jahre später, dass es sich um ein Gedicht handelte, das der jüdische Sozialdemokrat nach dem sogenannten »Anschluss« 1938 geschrieben hatte, kurz bevor ihm eine komplizierte Flucht nach England gelang. Viele dieser von Gewalt und Holocaust geprägten Biografien berührten ein deutschsprachiges Publikum zum ersten Mal über den Weg der Musik und den Umweg der amerikanischen Friedensbewegung.

With God on Our Side, 1963 von Bob Dylan geschrieben und im selben Jahr von Joan Baez eingespielt, gehörte ebenfalls dazu. Dylan stammte aus dem Mittleren Westen, seine Großeltern waren jedoch vor antijüdischen Pogromen aus Russland in die USA geflohen. *With God on Our Side* ist ein Lied darüber, dass die Täter sich immer im Recht wähnen und keine Gewissensbisse zeigen. In den einzelnen Strophen unternimmt Dylan einen Weg durch die Geschichte der Gewalt und erinnert an den Genozid an den amerikanischen Ureinwohnern, an den Spanisch-Amerikanischen Krieg, an den Amerikanischen Bürgerkrieg, an den Ersten Weltkrieg und schließlich an die Ermordung von sechs Millionen europäischen Jüd:innen durch die Nazis, um mit dem Kalten Krieg und der Bedrohung durch Nuklearwaffen zu enden – später ergänzte er noch eine Strophe über den Vietnamkrieg. Die Täter, so das Lied, reklamierten immer, Gott auf ihrer Seite zu haben, und dafür würden sie einander gegenseitig vergeben: »We forgave the Germans / And then we were friends / Though they murdered six million / In the ovens they fried / The Germans now, too / Have God on their side.« Welche Rolle Dylans Songs in der Hinwendung einer deutschen Generation der Söhne und Töchter zur Beschäftigung mit der Schuld ihrer Elterngeneration spielte, wird häufig vergessen. Denn bevor der Holocaust mit der gleichnamigen Serie 1979 Einzug in deutsche Wohnzimmer nahm, war er in deutschen und englischen Liedern seit mehr als fünfzehn Jahren in den Jugendzimmern und Studentenbuden präsent gewesen.

Als ich in den 1970er und 1980er Jahren in Österreich aufwuchs, lebten viele Täter als unbescholtene Bürger in benachbarten Dörfern und Städten. Es geschah ihnen nichts, man munkelte vielleicht, dass ein Nachbar Aufseher in einem KZ gewesen sei, dass der Vater der Lehrerin bei der SS war oder der Apotheker im Hinterzimmer Hitlerbüsten sammelte. Auch wenn die Situation in Österreich – das konspirative Verschweigen – ungleich schlimmer war als in Deutschland, herrschte auch dort das Gefühl, die Täter hätten wenig zu verbergen. Für jemanden wie Joseph Wulf war das eine unerträgliche Situation. Der Historiker hatte Auschwitz überlebt und war in den 1950er Jahren nach Berlin gezogen. Dort erforschte er die Geschichte des Nationalsozialismus und des Massenmordes und setzte sich für die Einrichtung eines internationalen Dokumentationszentrums ein. Wulf hatte achtzehn Veröffentlichungen publiziert, als er 1974 aus seiner Wohnung im vierten Stock in den Tod sprang. »Du kannst Dich bei den Deutschen totdokumentieren«, schrieb er kurz zuvor an seinen Sohn. »Es kann in Bonn die demokratischste Regierung sein – und die Massenmörder gehen frei herum, haben ihr Häuschen und züchten Blumen.«[2]

Es dauerte bis in die 1980er Jahre, dass sich die Situation erst in Deutschland, dann in Österreich zu verändern begann. Ich erinnere mich daran, gemeinsam mit meiner Familie 1986 ein Fernsehinterview gesehen zu haben, bei dem der damalige sozialdemokratische Kanzler Fred Sinowatz erklärte: »Wir nehmen zur Kenntnis, dass er nicht bei der SA war, sondern nur sein Pferd bei der SA gewesen ist.« Wir lachten, auch wenn die Debatte um den Präsidentschaftskandidaten Kurt Waldheim, die heftig tobte, alles andere als lustig war. Dem *Spiegel* gegenüber hatte Waldheim kurz zuvor erklärt, kein Nazi und weder Mitglied der SA noch des NS-Studentenbundes gewesen zu sein. Auf die Frage, warum er 1946 in einem Personalbogen angegeben habe, Mitglied des NS-Reiterkorps, einer Unterabteilung der SA, gewesen zu sein, antwortete er: »Ich wollte die Optik wahren. Ein paarmal mitzureiten, schien mir kein Malheur, schien mir sogar nützlich.« Sein Pferd wurde daraufhin zum Symbol der verdrängten Schuld einer ganzen Nation. Nachdem Waldheim mit einer »Jetzt erst recht«-Rhetorik die Wahl gewonnen hatte und am 8. Juli 1986 sein Amt antrat, stellte der Künstler Alfred Hrdlicka ein »Pferd für Kurt Waldheim« auf dem Wiener Stephansplatz auf. Das Holzpferd, das heute im Haus der Geschichte Österreich steht, trug eine SA-Kappe und eine SA-Binde. Mehr als vierzig Jahre nach Kriegsende verlangten Überlebende, Künstler, Studierende und eine internationale Öffentlichkeit, dass das Land sich endlich von seiner Nachkriegslüge als dem »ersten Opfer des Nationalsozialismus« lösen sollte. Zwei Jahre später gab Claus Peymann, damals Direktor des Burgtheaters, ein neues Stück in Auftrag, das zum 50. Jahrestag des »Anschlusses« und zum hundertjährigen Jubiläum des Burgtheaters aufgeführt werden sollte: Thomas Bernhard schrieb daraufhin »Heldenplatz«, in dem er massiv Kritik übte am Vergessen ebenso wie an der Kontinuität faschistischer Ideologien in Österreich. Es folgte ein Kulturkampf und einer der größten Skandale der Zweiten Republik. Erst 1991 gestand der damalige Bundeskanzler Franz Vranitzky die österreichische Verantwortung für die begangenen Verbrechen ein und bat um Entschuldigung. 1998 begann auf internationalen Druck eine Historikerkommission ihre Arbeit, um die österreichischen Verbrechen zu erforschen. Zivilgesellschaftlicher Protest, Wissenschaft, Kunst und Kultur im Verbund mit internationaler Kritik und Druck brachten zustande, was fünfzig Jahre lang unmöglich gewesen war.

Diese Aufbruchszeit, auch hinsichtlich eines neuen Umgangs

mit Erinnerung, folgte nicht zufällig auf den Fall der Berliner Mauer. An das Ende des Kalten Krieges knüpfte sich die Hoffnung, aus der Geschichte der Gewalt zu lernen und aus dem Zusammendenken von Erinnerung und Zukunft in ein friedliches Zeitalter einzutreten. Bis kurz zuvor war die nukleare Bedrohung des Kalten Kriegs real und spürbar gewesen, und obwohl mit dem Krieg auf dem Balkan der bewaffnete Konflikt nach Europa zurückgekehrt war, blieb das Vertrauen in eine positive Entwicklung unerschüttert. Der Politikwissenschaftler Francis Fukuyama machte mit seiner These vom »Ende der Geschichte« Furore, in der die damalige Stimmung auf den Punkt gebracht wird. Wenige Texte wurden häufiger zitiert und, je mehr Zeit verging, häufiger widerlegt. Fukuyama erklärte das Jahr 1989 nicht nur zum Wendepunkt des 20. Jahrhunderts, sondern der Menschheitsgeschichte überhaupt: Totalitäre Regime, Terrorherrschaft und autoritäre Führer hatten sich auf Dauer als nicht funktional erwiesen, die Zukunft lag in der liberalen Demokratie. Aus der Blickrichtung vom Ende der Geschichte schien es möglich und notwendig, zurückzuschauen und zu erinnern – und damit den Beginn eines neuen Zeitalters einzuläuten.

Es sollte anders kommen. Aktuell leben 72 Prozent der Weltbevölkerung unter autokratischen Regierungen, vor zehn Jahren waren es noch 46 Prozent, die Tendenz ist weiterhin steigend. In der illiberalen Wende wird das 20. Jahrhundert immer wieder als Resonanzraum herangezogen: zum einen als Erklärungsmuster für die Fragilität der Demokratie, zum anderen als Vorbild für autoritäre Gesellschaftsmodelle. Auch die Hoffnung der 1990er Jahre, die Klimakrise technologisch zu lösen, hat sich als falsch entpuppt. Mit Blick auf den aktuellen Zustand der Welt, die Rückkehr der nuklearen Bedrohung, die Krise der Demokratie und des Klimas, haben wir uns damals gründlich geirrt.

Vielleicht sind die Erfahrungen, die meine Kinder heute machen, also gar nicht so weit entfernt von meinen eigenen? Wie es der Zufall will, bringt mein Mann von einem Plattenflohmarkt das alte Vanguard-Album von Joan Baez mit. Ich lege es auf den Plattenteller und warte neugierig. Das erste Lied, *The Night They Drove Old Dixie Down*, ist eine Ballade über den Fall von Richmond und das Ende des Amerikanischen Bürgerkriegs. Ein Antikriegslied? Oder doch Südstaatennostalgie? Ich öffne den Laptop und finde einen Artikel des afroamerikanischen Publizisten Ta-Nehisi Coates, der 2009 in der Monatszeitschrift *The Atlantic* erschien. Damals besuchte Coates Richmond und auf dem Weg dorthin im Auto hörte er sich die Ballade im Original der kanadischen Gruppe The Band an. Coates beschreibt seinen Ärger über den aus der Sicht eines Südstaatensoldaten geschriebenen Liedtext, bei dem nach seinem Empfinden die einseitige Gedenkkultur Richmonds mitschwingt. Nirgendwo werde dort daran erinnert, dass unter den Unionssoldaten, die das Zentrum der Konföderierten eroberten, ein afroamerikanisches Bataillon war. Doch Coates' Ärger verflog rasch, und er lachte über sich selbst. »Die Erwartung, dass jemand anderes deine Geschichte erzählen wird, deine Ballade schreiben wird, deine Geschichte für dich versöhnen wird, ist töricht und eitel.« Nicht um Autorschaft oder Eigentum gehe es ihm, sondern um die irreführende Erwartung, »dass jeder die Welt sehen wird, wie du selbst sie siehst, und ehrt, was du ehrst.« The Band hätten nun mal andere Mythen als er selbst.[3]

Fünf Jahre später, 2014, schrieb Ta-Nehisi Coates einen vielbeachteten Artikel, ebenfalls in *The Atlantic,* in dem er Reparationen für die afroamerikanische Bevölkerung der USA forderte: für Jahrhunderte der Sklaverei, für den fortbestehenden institutionellen Rassismus oder die diskriminierende Wohnungspolitik. Seine Argumentation baut auf dem Vorbild der deutschen »Wiedergutmachung« für jüdische Überlebende und den konfliktreichen Restitutionsprozessen zwischen Deutschland und Israel auf.[4] Coates hielt auch sein Richmond-Versprechen und schrieb seine Version der historischen Ballade in Form der vielschichtigen Marvel-Superheldencomics »Black Panther«. Deren Verfilmungen lösten nicht nur in den USA, sondern weltweit Begeisterung aus, gefolgt von einem neuen transnationalen afrikanischen Selbstverständnis. Auch von jüdischer Seite kam großer Beifall für Coates' afrofuturistische Vision, die eine Geschichte von Vertreibung und Sklaverei ablösen sollte: Für das amerikanisch-jüdische *Tablet*-Magazin ist »Black Panther« ein Film, der auf seine Weise an die Bewegung des frühen Zionismus erinnert.[5]

Ich klappe den Laptop zu und nehme das Album vom Plattenteller. Aus dem Nachdenken über die 1970er und 80er Jahre – jene konstitutive und konfliktreiche Zeit, in der das Gedenken über die deutschen Verbrechen seinen Anfang genommen hat – hat sich ein Buch über das Erinnern im 21. Jahrhundert entwickelt. Die Essays in diesem Band sind entstanden im Rahmen von Projekten, auf Reisen und in Gesprächen mit Menschen, deren Arbeit in verschiedenen Teilen der Welt mich nachdenklich gemacht oder begeistert hat. Denn so konfliktreich und schmerzvoll das Thema Gewalt und Gedächtnis ohne Zweifel ist, zeigt es sich zugleich immer wieder als seltener Ort der Kreativität, Zuversicht und menschlichen Fähigkeit zur Empathie, über Grenzen und Zeiten hinweg. Gerade um diese Vielgestaltigkeit des Erinnerns geht es in diesem Buch, das kuratorische, künstlerische oder forschende Gedächtnisprojekte in Europa und der ganzen Welt bespricht, beispielhaft und ohne Anspruch auf Vollständigkeit.

Damit ist es auch ein sehr persönliches Buch. Begegnungen, Gespräche und Projekte mit vielen und ganz unterschiedlichen Menschen sind in die Essays in diesem Buch eingeflossen. Meine Familie hat nicht nur den Sound dazu geliefert, sondern zahlreiche und kontroverse Debatten – manche liegen lange zurück, andere sind frisch und aktuell. Dafür danke ich meinen Kindern, meinem Mann Noam Zadoff, meinen Eltern und Geschwistern sowie allen Freund:innen und Kolleg:innen, die Texte gelesen und Ideen, Fragen oder Kritik beigetragen und den Schreibprozess auf vielfältige Weise unterstützt haben, unter ihnen ganz besonders Michael Brenner, Stefanie Schüler-Springorum, Anke Hoffsten, Denis Heuring und Sebastian Huber, sowie Tobias Heyl, dem besten Lektor, den ich mir wünschen kann. Außerdem danke ich einer vielstimmigen und globalen Twitter-Bubble, von der ich viel gelernt habe, bevor ihre Diskussionsräume durch den rechtspopulistischen Elon Musk eingeschränkt oder aufgelöst wurden. Nicht zuletzt danke ich allen, die im Lauf der Jahrzehnte ihre Erfahrungen aufgeschrieben oder mir im persönlichen Gespräch anvertraut haben, ungeachtet der Traumata und Verletzungen, die sie erlebt oder ererbt haben und die sie jeden Tag begleiten.

MEMORY KIN

Es war still in der Leitung. Dann hörte ich Avrom Sutzkever seufzen – nun gut, er würde mich treffen. Es war Sommer 1999, und ich lebte in Jerusalem. Jeden Morgen nahm ich die Buslinie Nr. 20 zum Herzlberg, von wo aus ich zu Fuß durch den Pinienwald zur Gedenkstätte lief. Manchmal überholte mich ein Bus voller Soldat:innen, aber meistens blieb ich auf meinem Weg allein. Der Bau für ein neues, größeres Museum hatte begonnen, Yad Vashem, eine der wichtigen Sehenswürdigkeiten Israels, war damals schon in die Jahre gekommen. Seit 1953 war die Gedenkstätte zuständig für die Erforschung, Dokumentation und Vermittlung des Holocaust. Die Ausstellung stammte aus den frühen 1970er Jahren und war, ganz im Geist der Nachkriegszeit, dem bewaffneten Widerstand gegen den Nationalsozialismus gewidmet. Stark vergrößerte Schwarz-Weiß-Fotografien wurden von einem Text kommentiert, der sich um eine neutrale und objektive Darstellung bemühte, aber autoritativ wirkte und sich vor allem auf die Hinterlassenschaften der Täter:innen stützte. Nun wurde also an einer Dauerausstellung für das neue Museum gearbeitet, in deren Zentrum die Perspektive der Opfer stehen sollte.[1]

Wenn ich aus der Hitze des Sommermorgens in das dunkle, kalte Gebäude trat, lächelte mir die Archivarin schon entgegen und deutete auf einen Stapel neu eingetroffener Manuskripte und Dokumente: Tagebücher, Notizen und Erzählungen aus dem Ghetto von Vilnius, auf Jiddisch und Hebräisch – manche in kleiner Auflage nach dem Krieg in Paris oder Buenos Aires erschienen und längst vergriffen, andere handschriftlich, auf Papier, das im Lauf der Jahre brüchig und dunkel geworden war. Ich wollte verstehen, warum die Menschen im Ghetto gelesen und geschrieben, Bücher gesammelt und versteckt hatten. Warum sorgten sie sich nicht nur um den nächsten Tag und ihr Überleben, um das nächste Stück Brot, die nächste »Aktion«, wenn die Deutschen und ihre litauischen Hilfstruppen wieder willkürlich Jüd:innen aus dem Ghetto in den Wald von Ponary verschleppen würden? Dort, wo man früher Ausflüge unternommen, Pilze und Beeren gesammelt hatte, wurden bis Kriegsende 100 000 Menschen erschossen. Allen Widrigkeiten zum Trotz beschäftigten sich Erwachsene, Jugendliche und Kinder während der beiden Jahre, in denen das Ghetto existierte, mit Büchern – sie lasen, schrieben und flüchteten sich stundenweise in die Strashun-Bibibliothek, wo sie einen Moment der Ruhe in der Enge, dem Hunger und dem Schrecken erleben konnten.

Gemeinsam mit anderen Literat:innen gehörte Avrom Sutzkever zu einem Zwangsarbeitskommando, das im Ghetto »Papierbrigade« genannt wurde. Jeden Tag verließen sie das Ghetto in Richtung des YIVO, des Jiddischen Wissenschaftlichen Instituts, das 1925 in Berlin gegründet und daraufhin in Vilnius errichtet worden war. Das Institut folgte dem Aufruf des Historikers Simon Dubnow, die osteuropäische jüdische Gegenwart und Geschichte zu dokumentieren und jiddische Texte zu sammeln. Er war überzeugt, dass das Wissen um die Vergangenheit zentral sein würde, um eine moderne jüdische Kultur zu schaffen. Mit dem Einmarsch der Deutschen in Vilnius verwandelte sich der YIVO jedoch in ein Sortierzentrum für jüdische Bücher, wo zwangsverpflichtete jüdische Intellektuelle im Auftrag des »Einsatzstabes Reichsleiter Rosenberg« arbeiteten: Was den Nazis als wertvoll schien, wurde nach Deutschland geschickt, der Rest ging in die Papiermühlen. Um das Erbe des litauischen

Judentums zu bewahren, begannen Sutzkever und die anderen, Bücher und Manuskripte im Gebäude zu verstecken oder zusammen mit einigen spärlichen Waffen ins Ghetto zu schmuggeln – darunter ein Tagebuch Theodor Herzls oder Zeichnungen Marc Chagalls. Avrom Sutzkever schloss sich 1943 dem bewaffneten jüdischen Widerstand in den Wäldern an und erlebte als einer der wenigen der 40 000 Jüd:innen die Befreiung durch die Rote Armee. Zu seiner Enttäuschung zeigten die Sowjets wenig Interesse an der gesammelten jiddischen und hebräischen Literatur und vernichteten tonnenweise Bücher und Manuskripte. In Paris veröffentlichte er einen jiddischen Bericht über die Jahre des Ghettos, und in Nürnberg sagte er als Zeuge im internationalen Kriegsverbrechertribunal aus.

Ich kann mich nicht erinnern, von wem ich Avrom Sutzkevers Nummer bekommen hatte. In jedem Fall rief ich ihn an und bat um ein Gespräch über seine Erfahrungen im Ghetto. Als ich ihn besuchte, gestand er mir, dass er eigentlich viel lieber über seine Gedichte sprechen wollte. Sutzkever war einer der einflussreichsten jiddischen Dichter seiner Zeit, der nun die Sprache und Kultur des osteuropäischen Judentums in Israel lebendig hielt. Seine Gedichte waren für ihn nicht nur ein Ausdruck persönlicher Trauer – um die vielen verlorenen Freund:innen, seine Familie und sein neugeborenes Kind. Durch sie entwickelte er ein programmatisches Gedenken an den Holocaust, mit dem er sich selbst, dem jiddischen Dichter und Überlebenden, eine besondere Verantwortung übertrug. Noch in Moskau, kurz vor seiner Emigration nach Israel, schrieb er 1947 das Gedicht »*Taboren zigeiner* – Encamped Gypsies«, in dem er die Frage stellt, wer sich für das Andenken an den Genozid der Rom:nja und Sinti:zze zuständig fühlen werde. »Pushkin revealed your splendor, your wandering. His heart drummed within your bandura. Will another memorialize the Gypsy extermination in song,

With the same melodious heroism?« Sutzkever ging noch weiter in seiner Wahrnehmung der Erfahrungen von Gewalt anderer Gruppen und anderer Zeiten. 1950 führte ihn eine längere Reise durch den afrikanischen Kontinent, an die er im Anschluss den Gedichtband »*Helfandn bay nakht* – Elephants at Night« veröffentlichte. Die Landschaften Afrikas spielten darin eine große Rolle, aber auch der Aufstand der Herero gegen die deutschen Kolonialherren und der Moment, als sie mit Waffengewalt in die Wüste und in ihren Tod getrieben wurden. Als jiddischer Dichter und Überlebender machte Sutzkever es sich zu seiner Aufgabe, an das zu erinnern, was Gefahr lief, dem Vergessen anheimzufallen. Und er war damit nicht allein.[2]

Begonnen hatte die Dokumentation der Verfolgung deutscher Jüd:innen bereits 1933 in Amsterdam durch die von Alfred Wiener gegründete zentrale jüdische Informationsstelle, die 1939 nach London umzog. Dort begann die Wiener Library, Berichte, Akten und persönliche Dokumente der Geflüchteten zu sammeln. Ein Jahr später nahm der Historiker Emanuel Ringelblum sein Projekt auf, die Erfahrungen des polnischen Judentums unter der deutschen Besatzung zu dokumentieren. Im Warschauer Ghetto entstand auf seine Initiative das größte geheime Untergrundarchiv, das den Holocaust dokumentierte, noch während er im Gang war. Vergraben in Milchkannen und Blechkisten wurde die Sammlung nach dem Krieg in den Ruinen des Ghettos entdeckt. Zur selben Zeit wurden in den Lagern der jüdischen Displaced Persons Interviews mit Überlebenden und Flüchtlingen geführt, etwa durch den amerikanischen Psychologen David P. Boder oder selbstorganisiert in von den Betroffenen gegründeten Historischen Kommissionen. In München gaben sie die Zeitschrift *Fun letstn churbn* heraus, *Von der letzten Zerstörung*, in der Berichte von Überlebenden aus den Ghettos und Lagern erschienen.[3]

Ihre Dokumentation bildete die Basis für alle juristischen und bürokratischen Entscheidungen über Fragen der Schuld, Verantwortung und Restitution der Nachkriegsjahre. Ohne die selbstorganisierte Erinnerung der Überlebenden, unterstützt durch jüdische Organisationen in Amerika und Großbritannien, wäre es ungleich schwieriger, wenn nicht sogar unmöglich gewesen, die Ereignisse zu dokumentieren. Für den Genozid an den Rom:nja und Sinti:zze gab es keine vergleichbare Dokumentation. Dass erste Versuche unternommen wurden, auch ihre Geschichte zu erzählen, geht auf jüdische Einrichtungen wie die Wiener Library oder die United Restitution Organization zurück, die in den 1950er Jahren Zeitzeugenberichte von Rom:nja und Sinti:zze sammelten und sie bei der Restitution unterstützten. Aus dieser Beziehungsgeschichte, einer wachsenden Annäherung zwischen den beiden Gruppen, entstand eine verwobene Erinnerung, wie der Historiker Ari Joskowicz vor kurzem gezeigt hat. Die Erinnerung an den Holocaust fungierte als Vorbild, an dem sich die Nachfolgegesellschaft der Täter genauso orientierte wie die einzelnen Opfergruppen.[4]

Zu dieser komplexen Geschichte der frühen Beschäftigung mit dem Holocaust zählen auch die Forschungen von ins Ausland geflohenen Historikern, wie Raul Hilberg, Fritz Stern oder George L. Mosse. Im Deutschland der Nachkriegsjahre zeigte man wenig Interesse an ihren bahnbrechenden Arbeiten, die weder Verlage noch Rezensenten fanden. Ganz im Gegenteil wurde den geflüchteten Historiker:innen unterstellt, infolge ihrer langjährigen »Entfremdung vom deutschen Boden« nicht in der Lage zu sein, objektiv über die Zeit des Nationalsozialismus zu berichten. Sie hegten Ressentiments, die »kein günstiger Nährboden nüchtern objektiver Geschichtsschreibung« seien, so erklärte der einflussreiche Historiker Gerhard Ritter, und es könne deshalb nicht angehen, dass »die Deutschen von Fremden über ihre eigene Geschichte belehrt werden«.[5] Eine ähnlich abwertende Sicht betraf die Berichte von Zeitzeug:innen, die in der deutschen Geschichtswissenschaft lange als »Egodokumente« hinter den als weitaus zuverlässiger eingeschätzten Hinterlassenschaften der Täter:innen firmierten, oder »Oral History«-Projekte, die um ihre Glaubwürdigkeit kämpfen mussten. Obwohl die Stimmen der emigrierten Historiker:innen ab den späten 1980er Jahren mehr und mehr Gehör fanden, vermochte erst Saul Friedländer mit seinem 1998 erschienenen Band »Das Dritte Reich und die Juden« eine parallele Erzählung deutscher und jüdischer Perspektiven umzusetzen und damit eine »integrierte Geschichte« des Holocaust zu etablieren. In den USA gründete Steven Spielberg 1994 die USC Shoah Foundation, die 55 000 Interviews mit Überlebenden führte, vor allem mit Jüd:innen, aber auch mit Rom:nja und Sinti:zze, politischen Gefangenen, Zeugen Jehovas, Überlebenden der »Euthanasie«-Programme, LGBTIQ*, Zwangsarbeiter:innen sowie Helfer:innnen und Befreiern. Das Archiv erweiterte seine Zeugnisse systematisch durch Interviews mit Tutsi-Überlebenden des Genozides in Ruanda, Überlebenden der Genozide in Armenien, Kambodscha und so weiter. Daraus entstand das weltweit wichtigste Archiv von Zeitzeugendokumenten, dessen Vielstimmigkeit einzigartig ist.

In Deutschland entwickelte sich damals eine spezifische Kultur des Erinnerns, die der britische Historiker Timothy Garton Ash 1997 halb anerkennend, halb ironisch zur DIN-Norm des Gedenkens erklärte.[6] Am 27. Januar 1998, dem Jahrestag der Befreiung des Konzentrationslagers Auschwitz – und seit 2005 der Internationale Holocaust-Gedenktag –, sprach der israelische Historiker Yehuda Bauer im Deutschen Bundestag und bettete die Geschichte des Holocaust in die Geschichte der Genozide des 20. Jahrhunderts ein. Zugleich betonte Bauer die präzedenzlosen Charakteristika des Genozids an den europäischen Jüd:innen: die fanatische Ideologie, das Ziel der totalen Vernichtung, die Maschinerie der Vernichtung. Ob wir etwas daraus gelernt hätten, fragte Bauer zweimal in seiner Rede? »Ziemlich wenig, so scheint es. Aber die Hoffnung ist doch da ... Ich brauche es Ihnen gar nicht zu sagen: Das, was in Ruanda oder Bosnien passiert ist, ist nebenan passiert.«[7] Yehuda Bauer hatte, das war ihm bewusst, in der deutschen Gesellschaft Überzeugungsarbeit zu leisten. Etwas später im selben Jahr, im Oktober 1998, applaudierte das Publikum der dicht gefüllten Frankfurter Paulskirche in Standing Ovations dem Schriftsteller Martin Walser und seiner Rede über die »Moralkeule Auschwitz«.

Um die Jahrtausendwende konstatierten Daniel Levy und Natan Sznaider, dass der Holocaust sich weltweit als paradigmatische Erinnerung etabliert habe, an der alle anderen Menschenrechtsverbrechen gemessen würden. Die beiden Soziologen nahmen in den daraus entstehenden Formen transnationalen »kosmopolitischen Erinnerns« einen veränderten Blick auf die Protagonist:innen der Geschichte wahr – wo früher Helden standen, ging es jetzt um Opfer.[8] Die Globalisierung der Holocausterinnerung hat aber auch zur Folge, dass immer häufiger die Vorgeschichte des europäischen Antisemitismus und die Radikalisierung des Nazi-Regimes während seiner ersten Jahre ausgelassen wurden. Die Nazis tauchen in dieser Erzählung als monströse Täterfiguren aus dem Nichts auf – und verschwinden nach dem Krieg wieder dorthin. Dabei waren doch so viele von ihnen in Amt und Würden geblieben.[9]

Deutschlands Erinnerungskultur wurde in diesem Prozess der Globalisierung als vorbildlich wahrgenommen und zum internationalen Standard erklärt. 2019 stellte die in Berlin lebende Philosophin Susan Neiman mit ihrem Buch »Von den Deutschen lernen« die Frage, ob sich die USA in ihrer Auseinandersetzung mit der eigenen gewaltvollen Vergangenheit nicht an Deutschland orientieren sollten. Der amerikanische Autor und Publizist Clint Smith, der sich intensiv mit der Erinnerung an Sklaverei und strukturellen Rassismus beschäftigt hatte, ist einer, der sich auf diesen transatlantischen Austausch eingelassen hatte. Smith reiste durch Deutschland, besuchte Gedenkstätten und führte viele Gespräche, die ihn einerseits von dem deutschen Modell überzeugten, andererseits offenlegten, welche Erinnerungen – auch koloniale oder postmigrantische – vergessen wurden. Er kehrte, so schrieb er, mit größerer Klarheit zurück in die amerikanischen Diskurse um Geschichte. Eine andere amerikanischen Journalistin, Erica Hellerstein, kritisierte, dass Deutschland zwar auf einer abstrakten und staatlichen Ebene ein kollektiv anschlussfähiges Gedenken etabliert, aber darüber die persönlichen Geschichten vergessen habe. Irritiert stellt sie fest, dass ein Land mit einer so differenzierten Erinnerungskultur es übersehen habe, eine Auseinandersetzung mit dem jeweiligen Familiengedächtnis anzuregen. Wie der Vergleich mit den USA zeigt, sind erinnerungspolitische Initiativen hier wie dort besonders erfolgreich, wenn sie aus breiten zivilgesellschaftlichen Allianzen entstehen. Der vergleichende Blick auf die Gedenkprojekte der beiden Länder schärft die Wahrnehmung für die Genese der jeweils eigenen Erinnerung, ihre Schwächen und Stärken.[10]

Mit dem bewussten Erinnern von Gewalt, Verfolgung und Genozid geht der Wunsch einher, Lehren für die Gegenwart und die Zukunft zu entwickeln. Nach der Katastrophe des Nationalsozialismus schrieb Theodor W. Adorno sein Plädoyer für Vernunft und Aufklärung – wenn Menschen nur mit ausreichend Wissen versorgt wären, ließen sie sich nicht von Propaganda und Faschismus täuschen. Verfolgt man das Ringen um vermeintliche Wahrheiten in unserem postfaktischen Zeitalter, hat diese Forderung nichts an Wichtigkeit verloren. Wissen ist und bleibt ein zentraler Schlüssel für die historisch-politische Bildung und damit für die Ausbildung von demokratischem Denken.[11] Zugleich sind Geschichtsschreibung und Erinnerungskultur in diversen, offenen Gesellschaften einem permanenten Wandel unterworfen, da die Gemeinschaft immer neu verhandeln muss, was sie zusammenhält. Und mit dem wachsenden zeitlichen Abstand zu den Ereignissen des Nazi-Regimes verliert die Erinnerung jene Dringlichkeit, die sie lange auszeichnete. Nur mehr wenige Überlebende des Holocaust und der Nazi-Genozide können heute noch ihre Geschichte erzählen. Und es ist längst vergessen, gegen welch große Widerstände diese Erinnerung erkämpft und errungen werden musste.[12] »What the memory repudiates controls the human being«, was die Erinnerung zurückweist, kontrolliert das menschliche Wesen, schrieb James Baldwin.[13] Kollektives Vergessen hat sein eigenes Archiv und nimmt auf diese Weise Einfluss auf Gemeinschaften, vor allem dann, wenn es keinen Konsens darüber gibt, ob der heilende Effekt dem Erinnern zukommt – oder dem Vergessen.

Unsere Gegenwart ist kompliziert geworden und mit ihr der Blick in die Vergangenheit. Vermutlich waren die Kämpfe um das Erinnern noch nie so dramatisch, so global, so existentiell wie heute. Die Konflikte um die Deutungshoheit über die Geschichte sind eng verknüpft mit den aktuellen ideologischen Verwerfungen und Krisen: Fluchtbewegungen, Pandemie, Rohstoffmangel, Inflation, Krieg und Erderwärmung. Mit dem Fortschreiten der Klimakatastrophe werden sich die damit verbundenen gesellschaftlichen Krisen weiter zuspitzen. In dieser dramatischen Lage berufen sich Staaten auf vermeintlich heroische Vergangenheiten, verstärken und befestigen nationale Grenzen – ungeachtet der Tatsache, dass Stürme, Hitze oder Wassermangel sich davon nicht beeindrucken lassen. Anstatt nach gemeinsamen und solidarischen Lösungen zu suchen, bewegen sich Gesellschaften in einem Spannungsfeld von Schockstarre, Leugnung und Angst über die Fragilität der menschlichen Existenz. Der eine oder andere Kampf um die Vergangenheit scheint auch ein Ausdruck dessen zu sein, dass es an Zukunftsperspektiven fehlt. Im Gegensatz zu den 20er Jahren des vorigen Jahrhunderts gelten politische Utopien 2023 als naiv und von gestern, und der Glaube an die Möglichkeit einer Veränderung ist selten geworden.

Wissenschaftliche Einschätzungen können immer weniger mit Konsens rechnen und werden seit Trumps Erfindung der »alternative facts« durch Meinungen ersetzt. Weil »Panik, Müdigkeit, Zukunfts- und Existenzangst, Krisengefühl und ständiger Stress« Gift sind für ein tieferes Verständnis der Welt, fehlt es oft an der Zeit für eine wirkliche Beschäftigung »mit Kunst und Kultur, die Diskussion von Ideen, das Nachdenken über Gesellschaft«.[14] Mit den sozialen Medien wurde ein neuer Turm von Babel geschaffen. »Wir sind desorientiert, unfähig, die gleiche Sprache zu sprechen oder die gleiche Wahrheit zu akzeptieren. Wir sind abgeschnitten voneinander und von der Vergangenheit«, so schreibt der New Yorker Sozialpsychologe Jonathan Haidt. Seiner Meinung nach werden diverse, säkulare Demokratien gerade von der Erfahrung einer gemeinsamen Vergangenheit zusammengehalten.[15] Was aber, wenn diese Vergangenheit wie so oft eine gewaltvolle, trennende ist?

Es gehört wohl zu den schwierigsten Herausforderungen, mit Brüchen, Verletzungen und Traumata infolge von Krieg, Genozid und Ausbeutung umzugehen, zuallererst für die Betroffenen und deren Angehörige, aber auch für Gesellschaften als Ganze. Gerade darin, im Umgang mit dem Gedächtnis der Gewalt, lässt sich in der aktuellen Polykrise eine besondere Zuspitzung beobachten. Nationalismus und zeitgenössische Formen des Faschismus erfinden die Vergangenheit neu in nostalgischen Wir-Erzählungen, die Menschen und Gruppen ausschließen und Vielstimmigkeit als Gefahr betrachten. Auch in autokratischen Gesellschaften spielen Geschichte und Gedächtnis eine große Rolle – um nur das aktuelle Beispiel Russland zu nennen: Ein Land, das in dramatischer Weise unter dem von Nazi-Deutschland angezettelten Weltkrieg gelitten hat, sammelt sich Jahrzehnte später hinter einem Diktator, der angeblich einen neuerlichen Abwehrkampf gegen Nazis im Westen führt. Wahrscheinlich aber geht es Wladimir Putin bei dem Angriffskrieg auf die Ukraine ähnlich wie bei den seit Jahren andauernden Cyberattacken auf freie Wahlen in demokratischen Ländern um ein Ende der offenen Gesellschaft und ihrer Werte. Geschichte und Erinnerung werden in diesem propagandistischen Feldzug instrumentalisiert, benutzt und verzerrt.

Als hochpolitische Themen sind Geschichte und Gedächtnis besonders anfällig dafür, bewusst für eigene Interessen instrumentalisiert zu werden – und wenn es nur darum geht, von den fehlenden Zukunftskonzepten abzulenken. Die offizielle Geschichtspolitik weicht dabei auch in demokratischen Gesellschaften oft von der differenzierten Sicht der Geschichtswissenschaft ab. Geschichte soll Identität schaffen, auch wenn es oft und immer häufiger an Wissen mangelt. Selbst in Deutschland, wo besonders in den vergangenen dreißig Jahren ein dichtes Netz von Institutionen und Angeboten zur Geschichte des Nationalsozialismus und des Holocaust aufgebaut wurde, nimmt das Wissen um dieses Thema rapide ab. Die sogenannte Erinnerungskultur ist in Deutschland eng verknüpft mit Erziehung zur Demokratie und damit dem Bemühen, demokratische Urteilskraft zu schärfen. Aus der Erfahrung der Schuld soll, im besten Fall, eine Kultur der Verantwortung entstehen. Es liegt eine paradoxe Stärke in der Demokratie als Staatsform, deren Stabilität viel beschworen wird, aber deren eigentliche Kraft in ihrer Of-

fenheit und Lernfähigkeit liegt. Und dasselbe gilt auch für demokratische Kulturen und Formen des Erinnerns.

Anders als noch vor zwanzig Jahren nimmt Deutschland sich
heute als eine diverse Gesellschaft wahr, auch wenn immer noch
über die Vielheit der Bevölkerung gestritten wird und im Schulunterricht und in der politischen Bildung Nachholbedarf besteht. Mit dem Beginn des Krieges in der Ukraine haben manche Überlebende aus Bosnien nach dreißig Jahren zum ersten
Mal von ihren Erfahrungen berichtet.[16] Etwa zur selben Zeit kamen die Flüchtlinge des Massakers von Butscha und der russischen Bombenangriffe, einige von ihnen hochbetagte Holocaust-
überlebende, in Deutschland an. Werden ihre Erinnerungen
irgendwann Teil der deutschen Geschichte werden? Oder wird
die deutsche Geschichte Teil ihrer Erinnerungen? Wie inklusiv
kann oder muss ein nationales Erinnerungsdenken sein? Für
Astrid Messerschmidt war das Nachdenken über Erinnerung
»bisher in Deutschland weitgehend selbstbezüglich, man drehte sich um die eigene nationale Identität, um ein immer noch in
nationalen Kategorien beschriebenes Verhältnis zur Geschichte«.[17] Bis in die 1990er Jahre stritten Historiker:innen darüber,
welche Rolle die Erfahrungen der Verfolgten des Nazi-Regimes
in einer »objektiven« Darstellung von Geschichte, die lange nur
aus der Perspektive der Täter:innen geschrieben worden war,
überhaupt spielen dürften. Im »neuen Historiker:innenstreit«
rund um die These des »multidirektionalen Erinnerns« des amerikanischen Literaturwissenschaftlers Michael Rothberg wurde
und wird nun darüber verhandelt, ob und inwiefern die Erinnerung an den Nationalsozialismus in Deutschland in den Kontext
anderer Gewaltgeschichten, wie die des Kolonialismus, gestellt
werden dürfen. In der Wahrnehmung der einen werden diese
unterschiedlichen Erinnerungen als »gegenläufig« beschrieben,
während die anderen von einer notwendigen Erweiterung des

Nachdenkens über die Vergangenheit sprechen. Natan Sznaider argumentiert aus der jüdischen Erfahrung für eine »Geschichte des ›Sowohl-als-auch‹« als einer »Geschichte, die diese Dichotomien aufbricht«[18]

Jonathan Haidts babylonische Verwirrung in den sozialen Medien hat auch eine produktive Seite, weil sie eine Demokratisierung des Erinnerns angeregt hat: Leerstellen werden aufgezeigt und homogene nationale Geschichtserzählungen infrage gestellt. Die eigene Erfahrung abgebildet, erzählt und respektiert zu sehen ist ein zentraler Teil menschlicher Souveränität und damit auch der Souveränität von Gemeinschaften. An solchen Momenten der Souveränität, die aus individuellem und kollektivem Erinnern entstehen, orientiert sich dieser Band. Erinnerungsarbeit wird in den folgenden Kapiteln nicht als isolierter Prozess betrachtet, sondern als eine Form des Nachdenkens in räumlichen und zeitlichen Kontexten. Die Essays in diesem Band beschäftigen sich mit der Spannung zwischen Geschichte und Gegenwart, jener fragilen und zugleich fluiden Verbindung, in der Gedächtnis und Erinnerung begründet liegen. Mit dem Blick auf Gewalt und Gedächtnis schöpfen sie aus den Geschichten von und über Menschen, die Ausgrenzung, Migration und Flucht erlebt haben; von Menschen, die zu den Überlebenden eines Genozids gehören, und die als Erste und gegen alle Widerstände ihre Erlebnisse in Worte fassen. Mit ihrem Erzählen ordnen sie die Erfahrung sinnloser Gewalt für sich selbst ein und verleihen ihr nachträglich Sinn, eben durch ihre Zeugenschaft. In diesem schmerzhaften Prozess übersetzen sie ihr Trauma in eine erzählbare Geschichte, die weitergegeben werden kann. Auf diese Weise wagen sie sich mit intimen Erfahrungen in eine Öffentlichkeit, deren erste Reaktion meist Desinteresse ist.

Es geht mir auch darum zu zeigen, dass der Prozess des Erinnerns und Gedenkens nicht nur ein widerständiger Akt ist, sondern einer, der sich selten im luftleeren Raum abspielt. Ein Blick in die Geschichte des Gedächtnisses von Gewalt zeigt, dass viele Initiativen von jeher transnational und transkulturell angelegt waren, indem sie aus einem Gedächtniskollektiv in ein anderes hineinwirken. Damit ist auch die Vielfalt ihrer ästhetischen und methodischen Zugänge gemeint, zu denen Literatur ebenso gehört wie Kunst, Film, Theater, Tanz, Musik, Comics oder die Wissenschaften. Gerade um diese Vielgestaltigkeit geht es in diesem Buch, das einzelne kuratorische, künstlerische oder forschende Gedächtnisprojekte in Europa und der ganzen Welt bespricht, beispielhaft und ohne Anspruch auf Vollständigkeit. Neben dem Wissen und der Zeugenschaft liegt es aktuell gerade an künstlerischen Formaten, die gesellschaftliche Relevanz von Gedächtnis und Erinnerung neu zu verhandeln. In ihrer radikalen Individualität schaffen sie nicht nur eine Verbindung zwischen rationalem und emotionalem Wissen, sondern spiegeln auch die vielen Ebenen und Formen des Erinnerns wider.

Für seine Collage »Ordnung muss sein« verwebte der deutsche Medienkünstler Marcel Odenbach 2019 die Bilder des Täter- und Mitläufervolks eng mit den Bildern der Verfolgten, Geflüchteten oder Ermordeten. Von weitem entsteht dabei das Bild eines Besteckschrankes im Kanzlerbungalow in Bonn, der zwischen 1963 und 1966 in der Tradition der klassischen Moderne errichtet worden war. Das Wohn- und Empfangshaus der deutschen Bundeskanzler von Erhard bis Schröder wurde zum Symbol für eine weltoffene Bundesrepublik, mit seinen Sichtachsen und flexiblen Raumkonstruktionen, dem römischen Travertin und der brasilianischen Kiefer – vergessen die deutsche Eiche und der Travertin aus Buchenwald. Bei genauerem Hinschauen finden sich in den vielen Fächern des akribisch sortierten Besteckschrankes winzige Bilder von Nazi-Verbrechen und -Verbrechern, aber auch von den Verfolgten. Ein Foto, das immer wieder auftaucht, ist das des Münchner Anwalts Michael Siegel, aufgenommen am 10. März 1933. An diesem Tag war Siegel ins Polizeipräsidium in der Ettstraße gegangen, um sich zu beschweren, dass einer seiner jüdischen Mandanten ohne Begründung festgenommen und nach Dachau geschickt worden sei. Der ebenfalls jüdische Anwalt glaubte sich in einem Rechtsstaat, wurde jedoch rasch eines Besseren belehrt. Nicht die Polizei, sondern die SA empfing ihn in der Ettstraße, verprügelte ihn und jagte ihn mit abgeschnittenen Hosenbeinen barfuß durch die Straßen. Ein arbeitsloser Pressefotograf nahm die Szene auf, und das Bild erreichte über Umwege *die New York Times*. Als Beweis für die Grausamkeit der Nazis und den Systemwechsel in Deutschland erschien das Foto des gedemütigten Michael Siegel bald in allen großen Tageszeitungen weltweit.[19]

In Marcel Odenbachs großformatiger Collage taucht das Foto immer wieder auf, mehrfach aneinandergereiht oder einzeln – und die Ordnung erinnert an einen Twitterfeed, indem dasselbe Bild als »Breaking News« immer wieder geposted wird. Die Wiederholung aktualisiert das Ereignis und verleiht ihm Dringlichkeit, zugleich füllen die immer selben Fotos Leerstellen der Bilder, die nicht aufgenommen, und der Geschichten, die nicht erzählt wurden, sowie der Verfolgten, die keine Spuren hinterlassen haben. Drei Zeitebenen vermittelt diese Collage, denn neben der Mikro- und der Makroebene der Bildlichkeit ist auch der Moment der künstlerischen Produktion von Bedeutung: eine Zeit, in der nur mehr wenige Überlebende Zeugnis ablegen können und rechtspopulistische, neonazistische Parteien an die Macht kommen. Durch diese übereinander gelagerten Schichten entsteht – ähnlich wie beim Erinnern – eine komplexe Wirklichkeit. Kunst fördere »die Bildung eines Selbstverständnisses, zu dem auch politisches Engagement gehört«, schreibt die amerikanischen Autorin Rebecca Solnit. »Die bloße Ermahnung, sich zu engagieren, oder Tiraden darüber, was alles schiefläuft, führen dagegen nicht unbedingt zu der Empathie, der Einsicht, den Prinzipien, der Orientierung, den kollektiven Erinnerungen, die für ein solches Engagement erforderlich sind.«[20] Die Welt in ihrer Schönheit zu zeigen, ihrer Verletzbarkeit und Vielfalt, lässt sich deshalb nicht trennen von der Geschichte der Gewalt und des Traumas. Was Menschen in der Lage sind zu erschaffen und zu welchen Zerstörungen und welchem Leid sie gleichzeitig fähig sind, ist Teil derselben Vergangenheit. Avrom Sutzkever hatte recht, wir hätten damals noch viel ausführlicher über seine Gedichte sprechen sollen.

IM BAUCH
DER STADT

Binario 21 ist nicht leicht zu finden. Aus der U-Bahn trete ich suchend in die Eingangshalle des Mailänder Bahnhofs. Ich komme aus dem Süden der Stadt, wo Miuccia Prada in einer ehemaligen Destillerie zeitgenössische Kunst ausstellt. Für die Dauerausstellung ihrer eigenen Sammlung hat sie den 1910 erbauten Turm der Industrieanlage vollständig mit Blattgold überziehen lassen. Die Irritation über dieses »Haunted House«, wie sie es nennt, begleitet mich in den monumentalen Mailänder Bahnhof. Der Grundstein für den Bau wurde schon in der Zeit der Monarchie gelegt, doch während des Ersten Weltkriegs lagen die Arbeiten still. Als die Faschisten an die Macht kamen, planten sie neu, größer und prunkvoller. Kritiker verspotteten den Mix aus Klassizismus, Art déco, Jugendstil und faschistischer Moderne als »assiro-milanese«, ein assyrisch-mailändisches Durcheinander. Bis heute werden die Reisenden von einem Fasces-Emblem an der Außenfassade des Kopfbahnhofes willkommen geheißen.

Um das historische Gleis 1, heute Binario 21, zu finden, muss ich die große Halle und den Trubel der An- und Abreisenden verlassen. An der Ostseite des Gebäudes trete ich auf die Straße, die dem Gleisverlauf folgt, bis etwa zu jenem Punkt, an dem die Kuppelhalle die Züge ins Freie entlässt. Dort parkt vor großen Glasfassaden, die den Blick ins Souterrain freigeben, ein Jeep des italienischen Militärs. Binario 21 ist eine Gedenkstätte zur Erinnerung an die Deportation und Ermordung von Mailänder

Jüd:innen und Oppositionellen – eine der wenigen dieser Art in Italien.

Mein Weg führt in den Untergrund des Bahnhofs, in Katakomben mit Decken aus rohem Beton, die donnernd erzittern, wenn ein Zug einfährt. Direkt unter dem Gleiskörper gelegen, wurden hier einst Postwagen be- und entladen. Die Eisenbahnwaggons wurden mit einem Aufzug nach oben befördert, um dort ihre Weiterreise anzutreten. Mit diesem Aufzug Personen zu transportieren war strikt verboten – das Originalschild »vietato trasporto persone« ist bis heute an seinem Platz. Doch genau das passierte hier in großem Stil.

Im September 1943 hatte die italienische Regierung einen geheimen Waffenstillstand mit den Alliierten unterzeichnet, worauf im Großteil des Landes – vom Norden bis südlich von Rom – die Repubblica di Salò ausgerufen wurde, ein faschistischer Satellitenstaat unter Mussolinis Führung und Hitlers Kontrolle. Hier begannen nun die systematische Verfolgung und Deportation von Jüd:innen, von politischen Gegner:innen und Widerstandskämpfer:innen. Die Organisation unterstand Adolf Eichmanns Abteilung im Reichssicherheitshauptamt, dessen Effizienz bis nach Mailand reichte.

Das unsichtbare Gleis von Milano Centrale wurde der Mailänder Post entzogen und umfunktioniert. Vom Dezember 1943 an wurden hunderte Menschen in die Katakomben des Zentralbahnhofs geschleppt, in Viehwaggons verladen und mit dem Aufzug zu den Bahnsteigen befördert. Die Waggons kamen zwischen den Gleisen 18 und 19 an die Oberfläche, außerhalb der großen Bahnhofshalle und geschützt vor den Augen der Öffentlichkeit. Dort wurden sie zu Zügen aneinandergekoppelt, die in die italienischen Lager Fossoli, Verona und Bozen fuhren, in die KZs Mauthausen und Bergen-Belsen, außerdem in das Vernichtungslager Auschwitz-Birkenau.

Nach dem Ende des Krieges wurde Gleis 1 im Bauch der Stadt vergessen, bis 2007 die Planungen für eine Gedenkstätte aufgenommen wurden. Die monumentalen Betonhallen wurden saniert, ein Auditorium und ein Raum der Reflexion eingerichtet sowie ein Glaswürfel mit einer zeithistorischen Bibliothek in die hohen Räume gesetzt. Vier der originalen Viehwaggons und eine Ausstellung von Objekten und Videointerviews mit Überlebenden füllen Teile der riesigen Hallen. Trotzdem weckt das Tunnelsystem, das ins Nirgendwo zu führen scheint, auch bei mir heute noch ein Gefühl der Desorientierung.

Liliana Segre ist eine der wenigen Überlebenden, die durch die Anlagen geschleust wurden. Wie alle Mailänder:innen kannte sie Milano Centrale als den Ort, von dem aus sie mit ihrer Familie in die Berge fuhr oder ans Meer. Sie hatte keine Ahnung, »dass es diesen Ort gab, diesen dunklen Ort unter dem Bahnhof«.[1] Liliana war dreizehn Jahre alt, als sie mit ihrem Vater und vielen anderen mit Gewalt von Lastwagen in die Katakomben gejagt wurde, während Pfeifen, Bellen und Flutlicht die Luft durchschnitten. Deutsche waren da und italienische Faschisten, vielleicht sogar Nachbarn. Sie drängten die Menschen in die Waggons, wo es kein Licht gab und kein Wasser, nur ein wenig Stroh am Boden. Dann wurde Waggon nach Waggon mit dem Aufzug nach oben gefahren. Die Menschen wussten nicht, was mit ihnen passierte, so groß war ihre Orientierungslosigkeit. Erst heute hat Liliana Segre verstanden, auf welchem Weg die Waggons aus den Katakomben das Gleis erreichten.

»Indifferenza« steht in raumhohen Lettern zu lesen in der Eingangshalle von Binario 21. Die Wand der Gleichgültigkeit entstand auf Liliana Segres Initiative. Wie konnte es sein, dass sie und ihr Vater damals kein Asyl in der Schweiz erhielten, fragt sie sich, und wie kann es heute wieder passieren, dass Menschen auf der Flucht Hilfe verweigert wird?

»Als ich von der Schule verwiesen wurde, haben nur wenige Leute bemerkt, dass mein Platz plötzlich frei geworden war; nur wenige Leute haben nicht das Gesicht verzogen, wenn sie mir auf der Straße begegneten. Heute sehe ich mit Erstaunen, was mit diesen Migranten geschieht, die in unserem üppigen Europa Hilfe suchen, wo die Menschen Lebensmittel verschwenden und davon besessen sind, neue Dinge zu kaufen, auch wenn ihre Häuser bereits voll sind«, erklärt sie in einem Interview. Auf Lililana Segres Initiative schrieb sich die Gedenkstätte den Widerstand gegen Gleichgültigkeit auf die Fahnen und öffnete im Sommer 2015 konsequent ihre Türen.[2]

Zweieinhalb Jahre sind nach der Eröffnung des Museums vergangen, als in Milano Centrale zehntausende Menschen ankommen, die nach Europa geflohen sind. Binario 21 richtet in diesem und den beiden darauffolgenden Sommern Notunterkünfte ein für insgesamt 7500 Menschen. Mitglieder einer nahen Kirchengemeinde und der religiösen jüdischen Organisation Chabad Lubawitsch tun sich zusammen mit muslimischen Postmigranti:nnen. Gemeinsam geben sie über 15 000 Mahlzeiten aus. Wie früher vibriert die Betondecke über den Köpfen der Menschen – maximal dreißig Kinder, Frauen und Männer gleichzeitig finden Unterkunft und Schutz in den Räumen der Gedenkstätte. Hinter provisorischen Raumteilern findet der Museumsbetrieb weitgehend ungestört statt.

Es ist eine denkbar unpraktische Notunterkunft, aber daran stört sich die Gedenkstätte nicht. Die Toiletten und Waschräume, im eleganten Architektendesign, werden vom Abend bis zum Morgen umfunktioniert in eine Erweiterung des temporären Wohnraums. Duschen werden eingebaut, Menschen waschen ihre zu lange getragenen Kleider in Plastikwannen und hängen sie auf Wäscheständer, die ihnen zur Verfügung gestellt werden. Viele kommen nur für eine Nacht und fahren am nächsten Tag weiter, manche wissen nicht, wohin, und bleiben länger in den Katakomben. Sie haben keine Ahnung, wo sie sich befinden und dass sie von einer Gedenkstätte aufgenommen wurden. Und die Helfer:innen klären sie auch nicht auf. Der Ort im Untergrund des Bahnhofs ist ohne seine Geschichte unheimlich genug.

Lange bevor die Nazis das Eisenbahnnetz für ihr System eines technisierten Massenmordes missbrauchten, waren Bahnhöfe Zentren von Flucht und Migration. Weit weg von Mailand befand sich die dreizehnjährige Mary Antin 1894 auf dem Weg aus dem russischen Plotzk nach Boston in den USA. Ihr Tagebuch zählt zu den erstaunlichen Dokumenten der frühen Massenmigration. Das jüdische Mädchen, das mit seiner Familie vor Pogromen und Armut floh, beschrieb darin jene Momente »überwältigender Verwirrung«, die sie während der Reise erlebte. Migrant:innen wurden damals in versiegelten Zügen von Polen durch Deutschland gebracht, um zu verhindern, dass sie unerlaubt ausstiegen – manchmal auch in Viehwaggons. Bevor die Menschen in Bremerhaven oder Hamburg in ein Schiff verladen wurden, holte man sie in der Sanitätsstation Ruhleben bei Berlin aus den Zügen. Mary Antin beschreibt das Chaos, in dem Eltern ihre Kinder verloren, Freunde voneinander getrennt wurden und Menschen ihr Gepäck abgeben mussten. Sie wurden gezwungen, sich in großen Gruppen auszuziehen, um mit einer schmierigen Flüssigkeit eingerieben und von einem plötzlichen Strahl warmen Wassers aus der Decke überrascht zu werden. Sofort wurden sie angeherrscht, sich ihre – oder irgendwelche – Kleider aus einem großen Haufen herauszusuchen, alles musste schnell gehen, der Zug fuhr gleich weiter und niemand wollte zurückbleiben. »Oh, wir werden also wirklich nicht ermordet werden!«, notierte Mary in ihrem Tagebuch, »Sie bereiten uns nur auf die Fortsetzung unserer Reise vor und reinigen uns von jedem Verdacht auf gefährliche Keime. Gott sei Dank!«[3]

Was aus heutiger Sicht und mit dem Wissen um Auschwitz Jahrzehnte später aufhorchen lässt, kann bei genauerem Hinsehen nicht überraschen. Mary Antin wusste, wie wenig ihr Leben – das Leben einer mittellosen Migrantin – wert war, und sie fürchtete instinktiv, getötet zu werden. Die Nazis wiederum organisierten ihr System der Massenvernichtung mit den seit dem späten 19. Jahrhundert üblichen Praktiken und Strukturen der Massenmigration: versiegelte Züge, Viehwaggons, Bahnhöfe als Durchgangsräume, orientierungslose Menschengruppen – Bilder, die niemanden überraschen würden, auch nicht hier in Mailand. Mit einem Unterschied: Was die Mailänder:innen im Dezember 1943 beobachteten, war, wie ihre Nachbarn und Freunde aus der Stadt verschwanden.

Bis heute ist die italienische Mitschuld am Holocaust kein zentrales Thema der nationalen Geschichtserzählung. Ein Holocaust-Museum in der ehemaligen Residenz Mussolinis in Rom soll nun auch die »kriminelle Komplizenschaft« und »schuldhafte Gleichgültigkeit« der italienischen Faschisten und der Bevölkerung thematisieren – so der ursprüngliche Plan.[4] Die Regierung Giorgia Meloni hat ihre Unterstützung für den Bau zugesagt, ob es dort allerdings noch Raum für eine kritische Auseinandersetzung mit dem Faschismus geben wird, ist eine andere Frage.

Für die 93-jährige Liliana Segre war die konstituierende Sitzung der postfaschistischen Regierung ihre letzte Amtshandlung als Alterspräsidentin des italienischen Parlaments. Wohl war ihr nicht dabei, als sie den neuen Senatschef Iganzio La Russa aufrufen musste, einen stolzen Sammler von Mussolini-Memorabilia. Zuvor hatte sie gefordert, Melonis Partei solle sich von ihrem Symbol trennen, einer Flamme im Grün-Weiß-Rot der italienischen Flagge. Diese Flamme geht zurück auf die 1946 gegründete erste neofaschistische Partei Italiens, das weitgehend unbedeutende Movimento Sociale Italiano, in dem im Übrigen Giorgia Melonis Mutter tätig war. Die Flamme sollte Mussolinis Geist symbolisieren und steht heute für eine Regierungspartei, die sich offen gegen die liberale Demokratie und ihre Werte richtet.

Italien, das sich mit der Aufarbeitung des Faschismus immer schwergetan hat, findet sich aktuell in einem geschichtspolitischen Kulturkampf wieder, der rund um ein kleines Städtchen in der Emilia Romagna ausgefochten wird. Predappio war eines der ersten Denkmäler, die das Regime sich selbst errichtet hatte. Mussolini ließ seine Geburtsstadt ab 1925 als faschistische Modellstadt umbauen, ihr würden über hundert andere neu gebaute Städte und Stadtteile folgen – darunter etwa die Musterstädte Carbonia und Fertilia auf Sardinien. Predappio, das »Bethlehem Italiens«, wurde zum Propagandazentrum der faschistischen Ideologie. In Massen pilgerten die Menschen zu den Hauptattraktionen der Stadt – dem Geburtshaus Mussolinis, dem Grab der Familie und der Casa del Fascio e dell'Ospitalitá, einem Hotel- und Restaurantkomplex. So symbolisch bedeutsam Predappio für das Regime war, so wichtig war es auch für seine Gegner. Polnische Soldaten, die die Stadt befreiten, entschieden sich, zwei Tage abzuwarten bis zum historisch bedeutsamen Datum des Marsches auf Rom, 22 Jahre zuvor. Das Ereignis machte weltweit große Schlagzeilen, und die *New York Times* berichtete auf der Titelseite am 28. Oktober 1944 über die Befreiung von Mussolinis Geburtsort.[5]

Nach dem Krieg wurden Fehler gemacht und vieles versäumt. Mehrere linke Bürgermeister stimmten zu, Mussolinis Überreste nach Predappio zu verlegen, und hatten auch nichts dagegen, dass eine Reihe von Souvenirläden sich ansiedelte. Ihrer Meinung nach ging von dem toten Diktator keine Gefahr mehr aus. Das Ergebnis war eine kommerzialisierte, faschistische Erinnerungskultur in Form von Mussolini-Büsten, Uniformen und T-Shirts, profaschistischen Büchern und Nazi-Memorabilia. Dreimal im Jahr ziehen die Pilgerscharen in den Ort, bevorzugt Ende Oktober, wenn sich der Marsch auf Rom jährt. Unter Berlusconi, aber mehr noch seit der Wahl Giorgia Melonis im September 2022, hat die faschistische Erinnerung in Predappio neuen Wind bekommen. Zum hundertsten Jahrestag des Marsches auf Rom versammelten sich Tausende und erwiesen Mussolini mit römischem Gruß ihre Ehre.[6]

Dabei hatte Bürgermeister Giorgio Frassineti jahrelang versucht, in seinem Heimatort ein Zentrum der kritischen Auseinandersetzung mit der Geschichte des Faschismus zu etablieren. Inzwischen ist er abgewählt und das Projekt auf Eis gelegt. Sein Nachfolger Roberto Canali, der mithilfe der Fratelli d'Italia gewählt wurde, setzt stattdessen auf Mussolini-Nostalgie und profaschistischen Tourismus. Zu diesem Zweck hat er die Krypta Mussolinis für Besucher:innen öffnen lassen und eine Ausstellung über die Ehefrau des »Duce« angeregt. Rachele Mussolini stammte ebenfalls aus Predappio und war bekannt dafür, bis zu ihrem Tod 1979 nichts bereut zu haben. Zur Ausstellungseröffnung zitiert die Kuratorin aus einem Interview der liebevoll als »Mamma Italiens« beschriebenen Rachele: »Die Moral ist verloren gegangen, die Liebe zum Studium, zur Familie, zum Vaterland. Wenn ich noch etwas weiterleben möchte, dann nur weil ich davon träume, dass die Liebe zu Gott, zur Familie und zum Vaterland wiederkehrt. Das war auch der Traum meines Mannes, Mussolini, und deswegen bereue ich mein Leben an seiner Seite nicht.« Der Wunsch nach einer homogen christlichen Nation vereint den aktuellen Postfaschismus mit dem historischen Faschismus und entspricht offensichtlich auch dem Weltbild der Kuratorin, die nicht nur am Jackenaufschlag ein Kreuz trägt, sondern auch einen handflächengroßen Kreuzanhänger um den

Hals. Unter das Publikum mischt sich auch der frühere Bürgermeister Frassineti. Ob dem Gemeinderat nicht klar sei, wie gefährlich dieser Kurs ist, fragt er sich.[7]

Während seiner Amtszeit wollte Giorgio Frassineti auch ein Museum zur Geschichte des Faschismus gründen. Dazu ließ er sich von anderen Projekten inspirieren, reiste zum Obersalzberg, der ähnlich wie Predappio ein Pilgerort der extremen Rechten ist, und besuchte das NS-Dokumentationszentrum in München. In einem Dokumentarfilm über sein Projekt bedauert Frassineti, dass weder die Linke noch die Rechte in Italien bereit sei, die Geschichte des Faschismus aufzuarbeiten. Denn, wie in Predappio argumentiert würde, ein Museum über den Faschismus störe nur den gesellschaftlichen Frieden und spalte die Bevölkerung. »Was ich nicht verstehe: Wir sind angeblich Antifaschisten, aber wir dürfen nicht erwähnen, dass es hier Faschismus gab. Wir sind gegen den Rassismus, aber wir dürfen nicht erwähnen, dass es hier Rassengesetze gab. Wir sind gegen den Kolonialismus, aber wir dürfen auch den Kolonialismus nicht erwähnen. (…) Wir haben den Faschismus erfunden, und deshalb haben wir Angst, es uns einzugestehen. Wir haben uns selbst vergeben und ein Museum stört dabei nur.«[8]

Frassinetis Vision konzentrierte sich auf den halb verfallenen Bau der Casa del Fascio e dell'Ospitalitá. Das größte Gebäude des Ortes sollte eine Ausstellung beheimaten, die sich der Entstehung der faschistischen Ideologie widmet. Im monumentalen Festsaal mit seinen riesigen Fenstern sollte der Rundgang beginnen und sich durch alle Säle und Geschosse bis in den Keller ziehen, »wie ein dantesker Höllenkreis von den Jahren der Begeisterung bis zum endgültigen Niedergang«. Dort unten, wo es keine Fenster mehr gibt, so Frassineti, würden die Menschen »die Bedrückung spüren: die Rassengesetze, die Kolonialverbrechen, die Allianz mit Hitler, die Grausamkeiten, den Massenmord und die Republik von Salò. Der Besucher möchte dann nur noch raus und der einzige Ausgang führt zur verfassungsgebenden Versammlung. Nach so einem Rundgang möchte keiner mehr ein Feuerzeug als Mussolini-Büste kaufen, dazu hat keiner mehr Lust und das ist auch so beabsichtigt. Keiner soll noch sagen können, der Faschismus habe auch Gutes geleistet.«[9]

Aus diesem dunklen Bauch der Stadt würden die Menschen ans Licht eines demokratischen Italien treten und die Vergangenheit hinter sich lassen. Eine schöne Vision, und damit endet auch der Dokumentarfilm »Der Bürgermeister, Mussolini und das Museum«. Die Casa del Fascio verfällt unterdessen weiter, bis sie vermutlich irgendwann ihrem ursprünglichen Zweck als Hotel und Restaurant wieder zugeführt wird: mit offenen Türen für die postfaschistischen und nostalgischen Pilgerscharen, die müde und erschöpft hier eintreffen von den Kundgebungen, dem Familiengrab und den Ausstellungen, ihre Taschen voll mit Mussolini-Büsten, T-Shirts und anderen Erinnerungsstücken aus Predappio.

GESPENSTER
UND SCHERBEN

Im Gleichschritt verlassen hunderte Rekrut:innen den Platz. Sie wurden gerade in einer mehrstündigen Zeremonie in die polnische Armee aufgenommen. Nach dem langen Stehen schreiten sie weniger forsch aus als noch heute Morgen. Besonders den jungen Frauen fällt das Marschieren schwer, die Röcke ihrer Uniformen sind zu kurz und die Absätze ihrer Schuhe zu hoch. Der Piłsudski-Platz, den sie zurücklassen, ist der Ort, an dem das neue Polen seine staatlichen Feierlichkeiten begeht, und er ist ein Zeugnis der autoritären, rechtskonservativen Wende des Landes. Seit 2015 steht die alleinregierende PiS-Partei – Prawo i Sprawiedliwość, Recht und Gerechtigkeit – für eine nationalistische, populistische, xenophobe und katholische Politik, die zunehmend die Rechte von Frauen und Queers beschneidet und einen Deutungskampf um die polnische Geschichte führt. Spuren dieses historischen Revisionismus finden sich in der wild zusammengewürfelten Gedenklandschaft des Piłsudski-Platzes wieder.

Im Zentrum des Platzes hängt eine polnische Fahne schlaff vom Masten, rundherum reiht sich ein Denkmal an das andere. Zuallererst fällt ein riesenhaftes Kreuz ins Auge, das einen dramatischen Schatten wirft. Nicht weit davon entfernt steht eine schwarze Treppe, die ins Nichts führt. Wie eine vergessene Gangway scheint sie das Überbleibsel eines Ereignisses zu sein, das längst vorbei ist. Die Treppenskulptur soll an das Flugzeugunglück von Smolensk erinnern, bei dem 2010 alle 96 Insassen, auch der damalige Präsident Lech Kaczyński, umgekommen sind. In den Reihen der PiS-Partei wird immer wieder gemunkelt, es habe sich um einen russischen Anschlag gehandelt. Und so wurde das Denkmal in die staatspolitische Rahmung des Piłsudski-Platzes aufgenommen und nicht irgendwo anders in der Stadt aufgestellt. Die oppositionelle Warschauer Stadtpolitik wehrte sich lange gegen das Denkmal und die damit verbundene parteipolitische Instrumentalisierung des öffentlichen Raums, doch die Regierung ließ den Platz kurzerhand zum strategischen Ort der militärischen Landesverteidigung erklären – damit war die kommunale Genehmigung obsolet. Kurze Zeit später wurde nicht weit von der schwarzen Treppe eine Statue des umgekommenen Lech Kaczyński aufgestellt, der seitdem in Bronze von der Schmalseite des Platzes über die Politik seines Zwillingsbruders wacht. Ihm gegenüber auf der anderen Seite befinden sich die Reste des Sächsischen Palais, in dem bis zum Zweiten Weltkrieg das Kriegsministerium untergebracht war. Was von dem Gebäude übrig blieb, beherbergt heute das Grabmal des Unbekannten Soldaten, dessen ewige Flamme rund um die Uhr von einer Ehrenwache flankiert wird.

Nur das Hotel Victoria am Südende des Platzes passt nicht so recht in das Ensemble. Erbaut in den 1970er Jahren, war es das erste und einzige Luxushotel der kommunistischen Elite Polens, und noch immer ranken sich Legenden und Geschichten um den Betonbau. Im August 1981 wurde im Café im Obergeschoss der palästinensische Terrorist Abu Daoud, einer der Drahtzieher des Münchner Olympiaattentates, angeschossen – von wem, ist unklar. Auch der aus Venezuela stammende weithin bekannte Terrorist Carlos, »der Schakal«, soll immer wieder für einige Wochen im Hotel Victoria gewohnt haben. Heute steigen hier amerikanische Tourist:innen und deutsche Geschäftsleute ab, so scheint es mir zumindest, als ich in der Lobby einen Espresso bestelle und auf Piotr Wiślicki warte. Wiślicki ist ehrenamtlicher Präsident der Association of the Jewish Historical Institute of Poland und zugleich Inhaber einer großen Bau- und Wohnungsfirma. Sobald er angekommen ist und sich eine Cola bestellt hat, erzählt er mir mit großer Geste die Geschichte des Kreuzes auf dem Platz. 1979 reiste der aus Polen stammende Papst Johannes Paul II. nach Warschau. Es war der erste Besuch eines katholischen Kirchenoberhauptes im von der Sowjetunion kontrollierten Ostblock. Mit diesem Besuch begann sich in Polen der Widerstand gegen das kommunistische Regime zu formieren, ein Jahr später gründete sich in Danzig die unabhängige Gewerkschaft Solidarność. Als der Papst hier auf dem Piłsudski-Platz eine Messe feierte, versammelten sich mehrere hunderttausend Menschen um eine weiße Bühne, in deren Mitte ein großes Kreuz aufgebaut war. Es ist dasselbe Kreuz, auf das ich jetzt von der Lobby aus schaue, und wer war damals für den Bau der Bühne zuständig? Der jüdische Bauunternehmer Wiślicki zeigt grinsend auf sich selbst.

Die Association, der er vorsteht, ist zuständig für die Belange des Jüdisch-Historischen Instituts in Warschau und für das 2013 gegründete Museum POLIN. Innerhalb weniger Jahre hat sich das Museum für die Geschichte des polnischen Judentums, das nach dem hebräischen beziehungsweise jiddischen Wort für Polen – Polin – benannt ist, als eines der erfolgreichsten Warschauer Ausstellungshäuser etabliert. Die jüdische Gemeinde Polens ist heute, anders als vor dem Zweiten Weltkrieg, winzig, und das Museum richtet sich an ein diverses Publikum aus Einheimischen und Tourist:innen. Im Bewusstsein, wie wichtig das Wissen um die jüdische Geschichte und den Holocaust für das heutige Polen ist, schickte POLIN bereits in seinen ersten Jahren Containerausstellungen durch die Städte und Dör-

fer des Landes. Viele Kommunen hatten bis zum Zweiten Weltkrieg mehr jüdische als nichtjüdische Bewohner:innen, ihre
Geschichte ist inzwischen völlig vergessen. Das Museum legt
auch immer wieder den Finger auf Erinnerungen, die im heutigen Polen als kontrovers wahrgenommen werden. Zum 50. Jahrestag widmete POLIN eine große Ausstellung dem Jahr 1968,
als polnische Kommunist:innen eine antisemitische Kampagne
lancierten, die zur Flucht von 13 000 jüdischen Pol:innen führte.
Dass es einen dezidiert polnischen Antisemitismus, zumal nach
dem Zweiten Weltkrieg, gab, passt nicht ins Geschichtsbild der
PiS-Regierung, und so wurde der Vertrag des damaligen Mu-
seumsdirektors, Dariusz Stola, nicht verlängert. Dank der internationalen Beziehungen des Museums konnte es seine Unabhängigkeit von der kulturpolitischen Einflussnahme durch die
Regierung erhalten, was für polnische Kultureinrichtungen inzwischen nicht mehr selbstverständlich ist.

Den »guten Namen der Nation zu verteidigen« steht ganz
oben auf der Agenda der staatlichen Kulturpolitik Polens. Die
Geschichte seines Heimatlandes, so bemerkt der in Princeton
lehrende Historiker Jan Tomasz Gross, sei nur mehr als eine Erzählung von Helden und Opfern erlaubt. Gross gehört zu einer
wachsenden Gruppe von Historiker:innen, die in Polen als Ge-
ächtete gelten, weil sie über die Kollaboration mit den Nazis
schreiben oder über polnischen Antisemitismus. Sie werden
vom Inlandsgeheimdienst befragt, müssen sich vor Gericht verteidigen, und die Aberkennung staatlicher Auszeichnungen wird
ihnen angedroht. Jan Gross hatte Anfang der 2000er Jahre mit
»Nachbarn« ein Buch veröffentlicht, dessen explosiver Charakter in rechtsnationalistischen Kreisen noch immer anhält. Er erzählt darin die Geschichte eines Massakers in einer Kleinstadt
im Nordosten, Jedwabne, wo die polnischen Nachbarn im Sommer 1941 für den Tod von 1600 Jüd:innen verantwortlich waren.

Gross wollte zeigen, dass ein Volk zugleich verfolgt und unterdrückt werden kann und trotzdem in der Lage ist, selbst zu unterdrücken und verfolgen. In einem späteren Buch erzählte er deshalb auch die Geschichte des Pogroms von Kielce, bei dem 1946 polnische Polizisten, Militärs und Zivilisten 42 jüdische Überlebende ermordeten und fast ebenso viele schwer verletzten. Für viele überlebende Jüd:innen war Kielce der Auslöser, nach 1945 nicht nach Polen zurückzukehren. Doch für diese Grauzonen und Ambivalenzen einer Geschichte, die das eigene, erfahrene Leid mit einer Kultur der Verantwortung verbindet, ist im nationalistischen Geschichtsbild der offiziellen polnischen Kulturpolitik kein Platz. Wie Gross bemerkt, wüssten viele Menschen in Polen wenig über ihre eigene Geschichte und wären überzeugt, das polnische Leid während des Krieges sei mindestens ebenbürtig mit dem jüdischen gewesen. Die weit verbreitete Wahrnehmung sei die einer Gesellschaft, die moralisch vom Horror des Krieges unversehrt geblieben ist. Für Gross nährt sich das Bewusstsein, die wahre Opfernation gewesen zu sein, aus einer Vermischung katholischer und rechtsnationaler Ideologien. Kritik an dieser Geschichtspolitik aus dem Ausland würde, auf Basis alter antisemitischer Stereotype, schnell als jüdische Weltverschwörung interpretiert werden.[1]

Im Januar 2018 erließ das polnische Parlament ein vieldiskutiertes Gesetz, dem zufolge denjenigen bis zu drei Jahre Haftstrafe drohen, die eine polnische Mitverantwortung für die Verbrechen der Nazis behaupten.[2] Der von diesem Gesetz ausgelöste »chilling effect« führt zur Selbstzensur von Historiker:innen und zur Eskalation für alle, die sich nicht abschrecken lassen. Die Psychologin Barbara Engelking und der Historiker Jan Grabowski gaben im selben Jahr ein zweibändiges Werk heraus, das sich mit dem Alltag der jüdischen Bevölkerung unter der deutschen Besatzung beschäftigte. Das Ergebnis ihrer Forschung war ernüchternd. Zwei Drittel der Jüd:innen, die sich vor den Nazis versteckt hatten, wurden von ihren Nachbar:innen verraten oder ermordet. Für Engelking und Grabowski brachte dieses Buch Hasskampagnen, Gerichtsprozesse und die Kriminalisierung ihrer Forschung mit sich. Aber auch die Rolle von Zeitzeug:innen und die Gültigkeit und Zuverlässigkeit ihrer Berichte wurden in diesem Prozess mehrfach infrage gestellt.[3] Das Gesetz war und ist Symptom einer Entwicklung, die nicht auf Polen beschränkt ist, nämlich die Verzerrung der Geschichte des Holocaust. Im Gegensatz zu Holocaustleugnern bestreiten Holocaustverzerrer nicht, dass das Ereignis als solches stattgefunden habe. Aber sie erklären, dass ihre Nation oder ethnische Gruppe nichts damit zu tun gehabt habe und weder Mitschuld noch -verantwortung auf sich nehme. Rechtsextreme Gruppierungen in ganz Europa, von Frankreich bis Ungarn, unterstützen diese Haltung.[4]

Polen war ein Epizentrum des Holocaust. Hier ermordeten die deutschen Besatzer, weit weg vom geordneten Münchner oder Berliner Alltag, den Großteil der jüdischen Bevölkerung in Vernichtungslagern. Von 3,3 Millionen polnischen Jüd:innen zu Beginn des Kriegs waren 1945 noch knapp 380 000 am Leben. Für die polnische Bevölkerung war es, so Grabowski, ausgeschlossen gewesen, Distanz zum Prozess des Genozides zu halten. Man war gezwungen, sich zu verhalten, und traf damit möglicherweise Entscheidungen über Leben und Tod. Als die Deportationen begannen, wurden Nachbarn zu Zeug:innen und nicht selten auch zu Profiteur:innen, wenn sie sich am Besitz der Verschleppten bereicherten. Diese Form der Mitschuld war ganz im Sinn der Nazis, die auf diese Weise den Kreis der (Mit-)Täter:innen kontinuierlich vergrößerten. Zugleich hatte der Entschluss, Jüd:innen zu verstecken, in Polen ganz andere Konsequenzen als in Deutschland oder Holland und konnte bedeuten, dass man ihn mit dem Leben bezahlte. Für Jan Grabowski, selbst Sohn eines Holocaustüberlebenden, konzentrierte sich die Forschung zu lange auf die Täter:innen und die Opfer, und verlor dabei die große Gruppe der Zuschauer:innen und ihrer Handlungsspielräume aus dem Blick. Doch aktuell wird der Freiraum, in Polen über diese Geschichte zu sprechen, immer kleiner. »Angriffe auf Historiker:innen und auf die Geschichte gehen Hand in Hand mit Angriffen auf andere zentrale Bereiche einer offenen und demokratischen Gesellschaft«, so Jan Grabowski. »Geschichte zu verteidigen und für unser Recht zu kämpfen, zu wissen, was passiert ist, gehört zu den Grundlagen einer demokratischen Gesellschaft.«[5]

Die rechtspopulistische Wende in der polnischen Kulturpolitik konzentriert sich besonders auf Museen als Plattformen öffentlicher geschichtspolitischer Diskurse: progressive Museen, die ihre staatliche Finanzierung verlieren, neue Museen, die eine revisionistische Geschichtspolitik vertreten, und etablierte Museen und Kunstgalerien, deren unabhängige Leitungen durch regierungsnahe Stimmen ersetzt werden. Zu den Neugründungen zählt das »Museum des Warschauer Aufstandes«, das von einer Gruppe konservativer Intellektueller konzipiert wurde, oder das »Pilecki Institut für Solidarität und Tapferkeit«, das in Warschau für die Einengung wissenschaftlicher Diskursräume steht und zugleich mit einer Zweigstelle in Berlin versichert, eine Plattform für Vielstimmigkeit und Dissens zu sein.[6]

Als Museum zum Feindbild erklärt zu werden, für »die Anderen« zu stehen und damit gegen »uns«, kann schnell passieren. Es reicht der Nimbus des Kosmopolitismus, worunter eine Vielzahl von Themen – vom Klima über Laizismus bis hin zu Gender und Frauenrechte – fallen.[7] Unabhängige Einrichtungen, wie das »Europäische Solidarność Zentrum«, ein Kulturzentrum und Ausstellungshaus in Danzig, verloren über Nacht ihre Finanzierung durch den Staat. Nur mithilfe von spontanen Unterstützungen durch die polnische Zivilgesellschaft und Crowdfundings konnte das Zentrum seine Arbeit fortsetzen. Ein anderes Danziger Museum, das »Museum des Zweiten Weltkriegs«, ursprünglich ein dezidiert europäisches Projekt, steht nach seiner Eröffnung 2017 unter neuer Leitung. In einer europaweit diskutierten Kampagne wurde der Gründungsdirektor Paweł Machcewicz abgesetzt, seitdem wird die Dauerausstellung überarbeitet. Zu den ersten Veränderungen zählte ein Video, das in der Ästhetik martialischer PC-Games den polnischen Staat als Hauptopfer der Interessen von Nazis einerseits, Sowjets andererseits beschreibt. Es folgt eine Statistik der Opferzahlen des Zweiten Weltkrieges, in der – bis auf einen kleinen Hinweis in einer Fußnote – die Zahlen der jüdischen und nichtjüdischen Opfer gemeinsam als »polnische Opfer« aufscheinen; wogegen nichts zu sagen wäre, wenn nicht die restliche Ausstellung durchgängig zwischen »Juden« und »Polen« unterscheiden würde. Die aktuelle Forschung, der zufolge vermutlich 1,8 bis 1,9 Millionen ethnische Pol:innen und drei Millionen polnische Jüd:innen von den Deutschen ermordet wurden, wird nicht erwähnt.[8]

Die Kontroverse um die Opferzahlen ist nicht neu. Das Museum in Auschwitz sprach in den Nachkriegsjahren, in einer ersten nationalistischen Phase des Erinnerns, von sechs Millionen polnischen Opfern. Unmittelbar nach dem Krieg gegründet, entstand Auschwitz zunächst als ein Ort polnisch-nationaler Erinnerung und Märtyrertums, ungeachtet dessen, dass dort zwar 75 000 ethnische Pol:innen ermordet wurden – aber eben auch eine Million europäischer Jüd:innen. Zu einer internationalen Kontroverse kam es Mitte der 1980er Jahre um Claude Lanzmanns Film »Shoah«, in dem die antisemitischen Aussagen polnischer Interviewpartner:innen vom kommunistischen polnischen Staat als eine gezielte Kampagne verstanden wurden. Der Film wurde daraufhin in Polen verboten und durfte erst Jahre später gezeigt werden. In seiner Autobiografie erinnert sich Lanzmann daran, dass es auch in der Auseinandersetzung um den Film um die magische Zahl der sechs Millionen polnischer Opfer ging.[9]

Ohne Zweifel, und das hat auch der russische Angriffskrieg in der Ukraine gezeigt, muss Deutschland sich seiner Verbrechen in den okkupierten Ländern Europas noch stellen. Von der Bundesregierung wird zusammen mit dem Deutschen Historischen Museum ein »Dokumentationszentrum Zweiter Weltkrieg und deutsche Besatzungsherrschaft in Europa« entwickelt. Unter anderem soll es in dem für Berlin geplanten Haus auch um das Thema Kollaboration gehen. Wie es in einem ersten Konzeptpapier heißt, wären die deutschen Besatzer auf das Wissen der lokalen Bevölkerung angewiesen gewesen und konnten sich vor dem »Hintergrund des Mangels und der permanenten Gewaltandrohung« der Unterstützung »seitens rechter bzw. faschistischer Bewegungen in den jeweiligen Gebieten« versichern. Als Besatzer hätten die Deutschen dabei Konstellationen geschaffen, »in denen sich Besetzte zwingend zu den Verbrechen an ihren Nachbarinnen und Nachbarn verhalten mussten. Die Breite der Handlungsspielräume reichte dabei von der Rettung von Betroffenen bis hin zur aktiven Mitarbeit am Massenmord.«[10]

Unterdessen bin ich wieder allein in der Lobby des Hotels Victoria. Ein Mann fällt mir auf, der sich von den anderen Hotelgästen unterscheidet. Ich bemerke die Tätowierung auf seinem Unterarm, »Meine Ehre heißt Treue« steht da. In Deutschland ist der Wahlspruch der SS verboten, aber immer häufiger hört und liest man von selbstbewussten Zurschaustellungen von Nazi-Tatoos. Hier trägt er ihn selbstbewusst zum kurzärmeligen Shirt. Eine global vernetzte rechtsextreme Szene bedient sich inzwischen derselben Codes und Ästhetik. Zeit zu gehen, ich verlasse das Hotel und laufe über den Piłsudski-Platz, wo inzwischen eine paramilitärische Miliz aufmarschiert ist. Hinter dem Grabmal des Unbekannten Soldaten beginnt der Sächsische Garten, der an diesem sonnigen Frühsommertag voll mit Spaziergänger:innen ist. Teenager schmusen auf versteckten Bänken, Frauen haben kleine Sträuße von Maiglöckchen dabei, aus den umliegenden Wohnungen hängen Regenbogenfahnen. Eine ältere Dame wandert lächelnd durch die Fliederrabatte, auf ihrem Pullover ist in Knallpink das Wort »Witch« aufgestickt. Wenig deutet darauf hin, dass Warschau zwei Monate zuvor mehr als 600 000 Flüchtlinge aus der Ukraine aufgenommen hat, die fast ausschließlich privat untergebracht sind. Die geflüchteten Menschen brachten den Krieg mit in eine Stadt, die bis heute die sichtbaren Narben der Gewalt trägt. Nach dem Überfall auf Polen im Herbst 1939 hatten deutsche Bomber und Artillerie zehn Prozent der Gebäude in Warschau zerstört. Im Zuge der nationalsozialistischen Kolonisierung Osteuropas sollte aus der polnischen Hauptstadt Warszawa – oder Warshe für die jiddischsprachige Bevölkerung – die »neue deutsche Stadt Warschau« entstehen. Der »Pabst-Plan« sah vor, ganze Häuserblocks abzureißen und, ähnlich den nationalsozialistischen Umbauplänen für München oder Berlin, breite Straßenachsen durch die Stadt zu legen. Neue Wohnviertel für eine ausschließlich deutsche Bevölkerung würden in einem Oval rund um den Sächsischen Park entstehen. Von 1,3 Millionen Menschen sollte die Stadtbevölkerung auf 40 000 ethnische Deutsche reduziert werden. Für die Nazis waren Slawen Bürger:innen zweiter Klasse, und es war geplant, die polnische Bevölkerung in Teilen des Landes durch deutsche Siedler:innen zu ersetzen. Wer nicht zur Arbeit gebraucht wurde, sollte vertrieben werden. Der Krieg verhinderte, dass es zu den Umsiedlungen im großen Stil kam, doch es wurden eineinhalb Millionen Pol:innen zur Zwangsarbeit nach Deutschland geschickt.

An den Sächsischen Garten anschließend beginnt das Areal des ehemaligen Ghettos. Ein Bodendenkmal markiert den Verlauf der Ghettomauer, die sich achtzehn Kilometer lang durch die Stadt zog. Immer wieder trete ich auf und über das zwischen den Pflastersteinen eingelassene und beschriebene Messingband. Vor dem Krieg lebten 380 000 Jüd:innen in Warschau, und sie machten beinahe ein Drittel der Stadtbevölkerung aus – die größte jüdische Gemeinde in Europa und die zweitgrößte weltweit nach New York. Alle, die nicht vor der deutschen Besatzung geflohen waren, wurden im Herbst 1940 in den von den Deutschen abgeriegelten Stadtbezirk Muranów gesperrt. Dort mussten sie auf so engem Raum leben, dass durchschnittlich sieben Personen in einem Zimmer miteinander auskommen mussten. Immer wieder wurde das Ghetto verkleinert und Jüd:innen aus anderen Gemeinden nach Warschau deportiert. Anders als in kleineren Nazi-Ghettos durfte der Großteil der Menschen das Warschauer Ghetto nicht verlassen und hatte so keine Möglichkeit, an zusätzliche Nahrung heranzukommen oder im nichtjüdischen Teil der Stadt unterzutauchen. Im Lauf der zweieinhalb Jahre, die das Ghetto existierte, starben 100 000 Menschen infolge der völlig unzureichenden Lebensmittelzuteilungen an Hunger und Krankheiten. Die 300 000 Kinder, Frauen und Männer, die unter den harschen Bedingungen des Ghettos überlebten, wurden in die Vernichtungslager deportiert und ermordet. Zehntausende versteckten sich in den Ruinen, und im Frühjahr 1943 wagten 750 junge Männer und Frauen den – wenn auch jämmerlich – bewaffneten Aufstand. SS-General Jürgen Stroop ließ Panzer, schwere Artillerie und sogar die Luftwaffe gegen sie auffahren und machte nicht halt, bis er »den gesamten Raum des Ghettos in eine einzige Wüste aus Schutt und Asche« verwandelt hatte.[11]

Am Ende blieb nichts außer den Ruinen und ein in ihnen begründetes Vergessen. Als Warschau im Januar 1945 befreit wurde, war beinahe die Hälfte der Vorkriegsgebäude dem Erdboden gleichgemacht. Besonders dramatisch war die Zerstörung im ehemaligen Ghetto, wo sich die pulverisierten Ruinen zu Hügeln türmten und keine erkennbaren Reste von Straßen oder Gebäuden mehr auszumachen waren. Der polnische Architekt Bohdan Lachert wurde damals beauftragt, ein neues Stadtviertel auf den Ruinen des Ghettos zu planen. Er fand einen ungewöhnlichen Weg, mit seinen Wiederaufbauplänen zugleich die Erinnerung an das Ghetto zu konservieren. Zuallererst sollte der Vorkriegsname der Nachbarschaft, Muranów, gleich bleiben, und im Zentrum würde Nathan Rapoports Mahnmal des Warschauer Ghetto-Aufstandes von 1948 stehen. In einem nächsten Schritt entwarf Lachert funktionale, quadratische Gebäude aus einfachen roten Ziegelwänden, die bewusst ohne Stuck und Verzierungen auskommen sollten. Dazwischen plante er mit viel Raum und Grün ein modernistisches, zukunftsorientiertes Stadtviertel. Lachert entschied sich gegen den Abbau der Ruinenhügel des Ghettos, sie sollten sich stattdessen topografisch in das neue Viertel einschreiben. Die jüdische Vergangenheit, aber auch die Gewalt und Zerstörung verwoben sich in seinen Entwürfen organisch mit dem Wiederaufbau einer polnischen Gegenwart. Ganz bewusst sollten sich die Menschen hügelauf und hügelab, treppauf und treppab durch das neue Muranów bewegen und dabei des Friedhofs unter ihren Füßen gedenken. Doch Bohdan Lachert wurde für seine düstere Planung des Viertels scharf kritisiert, und bereits zu Anfang der 1950er Jahre ließ man die ersten Gebäude bemalen, verzieren und aufhübschen.[12]

Ungeachtet der Fassadenkorrektur hat sich das Wissen um die Geschichte des Viertels erhalten und nimmt Einfluss auf das Leben seiner Bewohner:innen. Vor einigen Jahren drehte der israelische Regisseur Chen Shelach einen Dokumentarfilm über ein Phänomen, das den Alltag in Muranów begleitet – ein Gefühl, als würden Geister und Gespenster hier ihr Unwesen treiben. Tausende Menschen hatten sich 1943 in den Ruinen versteckt, und sie wurden von den Nazis wissentlich mitsamt den baulichen Resten des Ghettos verbrannt und vernichtet. Die neu gebauten Häuser von Muranów haben ihre Fundamente in diesen Ruinen und wurden teilweise aus dem Schutt des Ghettos erbaut – mit allem und *allen* darin Befindlichen. Der Widerspruch zwischen dem weitläufigen, grünen Innenstadtviertel Warschaus und dem, was darunter begraben liegt, ist gewaltig. Und er ist der Grund dafür, dass manche Menschen hier in dem Gefühl leben, von Toten umgeben zu sein, ihre Stimmen zu hören, ihre Anwesenheit zu fühlen. »Einige der polnischen Bewohner:innen von Muranów behaupten, sie hätten Gespenster getroffen. Andere denken, dass die Gespenster eine Metapher sind für das Nachwirken der Menschen, der Kultur und der Erinnerung, die hier begraben liegen«, so heißt es über Chen Shelachs Film, in dem Menschen von ihren Begegnungen mit den Geistern erzählen. Da gibt es eine Wohnung, in der immer um 22 Uhr die Lichter ausgehen, und eine andere, in der aus dem Nachbarzimmer Geigenmusik erklingt. Menschen berichten, Fußstapfen zu hören oder das Lachen eines kleinen Mädchens. Ein junger Mann hat »seinem« Gespenst einen Namen gegeben und intuitiv den jüdischen Namen Rachela gewählt. Eine Frau berichtet, in ihrer Wohnung das Licht angeschaltet zu haben, und vor ihr saß plötzlich eine ganze jüdische Familie auf dem Sofa. Während Bewohner:innen von Altbauwohnungen in Wien oder Berlin herausfinden können, wer zuvor dort gewohnt hat oder ob ihr Haus arisiert wurde, wirkt dieses geordnete Wissen aus der Warschauer Perspektive wie ein ferner Luxus.[13]

In Warschau regierten die Nazis mit Chaos, Gewalt und bewusst verwischten Spuren. Als sich die Ghetto-Tore zum ersten

Mal hinter den Warschauer Jüd:innen schlossen, sollten sie von der Welt vergessen werden. Dass dieses Vergessen allen Widrigkeiten zum Trotz nicht eintrat, ist einem Fund in den Ruinen von Muranów zu verdanken. Eine der wenigen Überlebenden des Ghettos, Rachela Auerbach, bestand 1945 darauf, unter dem Schutt der ehemaligen Borochow-Schule nach einem »nationalen Schatz« zu graben. Doch allein den ungefähren Standort der Schule zu lokalisieren war schwierig, geschweige denn die 1942 und 1943 vergrabenen Blechkästen und Milchkannen zu finden. Und trotzdem konnte über einen Zeitraum von mehreren Jahren ein großer Teil des geheimen Untergrundarchivs des Warschauer Ghettos geborgen werden: 35 369 vom eingedrungenen Wasser teilweise schwer beschädigte und unleserlich gemachte Blätter, Papiere, Dokumente, Fotos, Zeichnungen, Testamente, Statistiken, Bonbonpapiere und vieles mehr.

Seit 1939 hatte der Historiker Emanuel Ringelblum gemeinsam mit einer Gruppe Gleichgesinnter begonnen, die deutsche Besatzung und die Einrichtung des Ghettos zu dokumentieren. Sie trafen sich jeden Samstag zu geheimen Arbeitstreffen und gaben sich den ironischen Namen Oneg Shabbat, das Vergnügen des Sabbats. In Statistiken, Berichten und Interviews dokumentierten sie die Geschichte des Ghettos und des polnischen Judentums vor dem Krieg. Für den Kunsthistoriker und Philosophen Georges Didi-Huberman ist ihr Untergrundarchiv eine Form des schreibenden Widerstands, bedenkt man, »dass ein bescheidenes Bündel Papier die Bataillone, die Militärs und auch die Führer überlebt, ohne auf die Grenze zwischen Siegern und Besiegten Rücksicht zu nehmen. Darin liegt die Macht des Papiers: Die Beschriftung einer Zellulosefläche mit Tinte oder Bleistift vermag länger zu überdauern als wir Menschenwesen.«[14]

Didi-Huberman, dessen Familie aus Warschau stammt, reiste in »jene gespenstische Stadt« und stieg dort in den Keller des

Jüdisch-Historischen Instituts, wo das Ringelblum-Archiv unter hohen konservatorischen und sicherheitstechnischen Auflagen verwahrt wird. Inzwischen UNESCO-Weltkulturerbe, wird es hier seit mehr als 75 Jahren entziffert, konserviert, ausgestellt und ediert. Allein zu diesem Zweck wurde das Jüdisch-Historische Institut nach dem Krieg in einem der wenigen nicht zerstörten Gebäude des Ghettos eröffnet. In Ausstellungen und wissenschaftlichen Veröffentlichungen macht das Institut zugänglich, was im Geheimen gesammelt und erarbeitet worden war: Dokumente des Hungers und der Kälte, dramatische Sterblichkeitskurven im Besonderen von Kindern, Listen komplizierter Klingelcodes, die sich aus der Überbelegung von Zimmern und Wohnungen ergaben, und schließlich die ersten Belege für den Massenmord – ein Brief aus dem Deportationszug nach Majdanek, ein letzter Lebensbeweis, oder der Plan von Treblinka, aus dem hervorging, dass bis auf die Angehörigen des Sonderkommandos niemand auch nur einen Tag im Lager überlebte.

Wie schwierig die Aufgabe von Oneg Shabbat selbst dann sein würde, wenn das Archiv den Krieg überdauerte, vermutete Isaac Schiper bereits 1943. »Geschichte wird üblicherweise von den Siegern geschrieben. Was wir über ermordete Völker wissen, ist nur das, was ihre Mörder ruhmselig sorgsam über sie sagen … Aber wenn wir die Geschichte jener Zeit des Blutes und der Tränen schreiben – und ich bin zutiefst überzeugt, dass wir es tun werden – wer wird uns glauben? Niemand wird uns glauben wollen, weil unsere Katastrophe zugleich die Katastrophe der ganzen zivilisierten Welt ist … Wir haben die undankbare Aufgabe, einer widerstrebenden Welt zu bezeugen, dass wir Abel sind, der ermordete Bruder.«[15] Ungeachtet dessen war der Historiker und Lehrer Ringelblums überzeugt, dass allein durch die Ordnung des Erlebten für eine Erzählung viel gewonnen sei und aus dem zukünftigen Blick zurück auf die Geschichte die Ereignisse in einen Sinnzusammenhang finden würden. Schiper überlebte das Lager Majdanek nicht, ebenso wie fast alle Mitglieder von Oneg Shabbat, unter ihnen auch Emanuel Ringelblum und seine Familie, den Holocaust nicht überlebten. Dass das Archiv ein frühes Dokumentations- und Gedenkprojekt, eines der allerersten, sein würde, vermuteten einige, die daran mitarbeiteten. Izrael Lichtensztajn hinterließ ein Testament, in dem er nur den Wunsch weitergab, man möge seine Frau Gela Seksztajn und ihre gemeinsame eineinhalb Jahre alte Tochter Margalit nicht vergessen. Ein anderer gab sich mit dem schlichten Satz zufrieden: »Vergesst nicht, mein Name ist Nahum Grzywacz.« Ihr Erbe – #saytheirnames 1943.[16]

Durch den Sächsischen Garten gehe ich zurück in Richtung des Hotels, das neben dem Museum für Moderne Kunst liegt. Auch die Zachęta hat seit 2021 einen neuen Direktor, nachdem Hanna Wróblewska, ungeachtet des Protests von tausend Künstler:innen, entlassen worden war. Die Ausstellung »Hideouts« von Natalia Romik, die gerade angelaufen ist, wurde gemeinsam mit dem Kunstmuseum in Szczecin und einer langen Liste ausländischer Sponsor:innen realisiert. Mit ihrer Arbeit geht es der Künstlerin, Architektin und Kuratorin um eine »Architektur des Überlebens«, und sie hat dafür Orte ausfindig gemacht, an denen sich Jüd:innen während der Kriegsjahre versteckt hatten. Die betroffenen Menschen mussten einfallsreich, mutig und überlebenswillig sein, und die Verstecke, die sie allein oder mithilfe von polnischen Nachbar:innen einrichteten, waren Orte der Angst und nicht selten eines tragischen Endes. Zwei Brüder lebten über viele Monate im hohlen Stamm einer 650 Jahre alten Eiche, andere versteckten sich und hinterließen Inschriften in einem Kleiderschrank, einer feuchten, dunklen Natursteinhöhle oder einem Kanal. Dreißig Menschen überlebten monatelang in einem engen Hohlraum unter den Grabsteinen des Warschauer jüdischen Friedhofs. Mit 3D-Laserscannern erkundet und erforscht Natalia Romik die Verstecke, die wie alternative Mahnmale überall in Polen verstreut liegen und die enge, fast intime Verflochtenheit des Alltags im Holocaust mit dem polnischen Leben unter der deutschen Besatzung widerspiegeln. Nach dem Ende des Krieges wurde nicht über die Existenz der Verstecke gesprochen, denn im antisemitischen Klima der Nachkriegsjahre wollte niemand davon erzählen, Jüd:innen gerettet zu haben. In ihrer künstlerischen Praxis will Natalia Romik jüdische Architektur sichtbar machen – nicht nur die der Verstecke, sondern auch vergessene jüdische Räume aus der Zeit vor dem Krieg. Die Menschen leben in einer Geisterarchitektur – sie daran zu erinnern ist für Romik ein Weg gegen das Vergessen und Verdrängen.[17]

Die umstrittene Erinnerung an den Holocaust und ihre materiellen Zeugnisse beschäftigt derzeit eine Reihe von polnischen Gegenwartskünstler:innen. Im Zentrum der Arbeit von Zofia Wiślicka-Żmijewski und Artur Żmijewski stehen Alltagsgegenstände aus der Vorkriegszeit, die in der Erde von Muranów auftauchten, als das Fundament für POLIN ausgehoben wurde. Sie fotografierten und filmten die gefundenen Scheren, Pinzetten, Parfümflakons, Kacheln, Tassen, Gabeln, Teekessel oder Uhren im Kontext unseres heutigen Alltags. Die gefundenen Objekte tragen Spuren vergangenen Gebrauchs und der langen Zeit im Schutt der Ruinen. Wie sie da in den Bestecklâden einer modernen Küche liegen, auf einem Herd stehen oder zwischen neuen Parfümflakons auftauchen, wirken auch sie wie Gespenster. »Durch diese Fotografien treten die Objekte in unsere Welt, ohne ihre wahre Herkunft zu verbergen. Sie sind mit uns, in unserer Nähe, in unserer Küche, in unseren Schränken, auf unseren Kommoden und in unseren Geschäften. Gleichzeitig stecken sie noch immer zwanzig Zentimeter unter der Oberfläche der Wiesen, Plätze und Parks von Muranów«, kommentieren die beiden Künstler:innen die imaginativen Verbindungen, die aus ihren Arbeiten entstehen.[18]

Als im April 2023 mit einem internationalen Festakt des 80. Jahrestags der Niederschlagung des Warschauer Ghetto-Aufstands gedacht wurde, trafen sich Künstler:innen und Nachkommen der Überlebenden zu ihrem eigenen, nichtoffiziellen Gedenken. Viele von ihnen fühlen sich nicht repräsentiert von einer Regierung, die wenig Interesse an den Meinungen von Frauen, Queers, Überlebenden, Historiker:innen oder Kulturschaffenden zeigt. Im Zentrum des Gedenkaktes stand die Performance und Installation der Warschauer Künstlerin Zuzanna Hertzberg »Heroismus of Life Itself. The Other Side of the Monument«.[19] Dafür fertigte die Künstlerin einen Davidstern aus magentafarbenen Blüten an, den sie an der Rückseite von Nathan Rapoports Monument für die Kämpfer:innen des Ghetto-Aufstandes aufstellte. Weitaus weniger bekannt als die Vorderseite des Denkmals, zeigt die Rückseite mit dem Relief »Der letzte Marsch« eine Gruppe von Menschen, die sich ihrem Schicksal fügen. Hertzberg wehrt sich gegen diese Gegenüberstellung von bewaffnetem Widerstand einerseits und dem Tod andererseits. Am Ende führten beide Wege in den Tod, und zugleich hatte der Widerstand im Ghetto viele Ausdrucksformen. Allein das Überleben unter den extremen Bedingungen war eine Form der Auflehnung, und in Zuzanna Hertzbergs Augen sind alle noch in Polen lebenden Jüd:innen Nachkommen des Widerstands Diese andere Seite des Denkmals steht auch für die Vielstimmigkeit der polnischen Geschichte und dafür, was es zu verlieren gibt, wenn diese einem einzigen, nationalen Narrativ untergeordnet wird.

ALLES HINTER SICH LASSEN

Eine dünne Schneeschicht liegt über Berlin, es ist ein kalter Tag. Am Ufer der Spree kündigen Plakate einen Weihnachtsmarkt an, Wegweiser führen zur heißen Gulaschsuppe. Ein Touristenboot zieht durchs schwarze Wasser in Richtung Schloss Bellevue, es ist leer. Am Haus der Kulturen der Welt wehen goldene Rettungsdecken an Fahnenmasten im Wind. Die Stille wird vom Summen meines Handys durchbrochen, eine Eilmeldung: Über hundert Menschen sind in Seenot geraten, ihr Boot droht in der rauen See vor Kalabrien zu versinken. Sie werden in letzter Sekunde gerettet, doch für viele andere kommt in diesem Winter keine Hilfe.

Zehn Jahre sind vergangen zwischen dem Bootsunglück vor Lampedusa, als im Oktober 2013 mehr als 360 Menschen ertranken, und dem Schiffbruch vor Kalabrien im Februar, bei dem 94 Menschen ums Leben kamen, unter ihnen 28 Kinder. In Crotone nennen sie es den »naufragio dei bambini«, den Schiffbruch der Kinder. Bereits Stunden zuvor wussten die Behörden, dass die »Summer Love« auf dem Weg nach Europa war, und entschieden trotzdem, nichts zu unternehmen. Die Fotografien der beiden Tragödien von 2013 und 2023 sind beinahe identisch: mehrere Reihen dunkler Särge aus billigem Holz, davor kleinere weiße Särge, die mit schwarzem Marker flüchtig nummeriert wurden. Namensschilder fehlen, auf den kleinen Särgen sitzen Teddybären, auf den großen liegen Blumensträuße. Im Hintergrund ist auf dem einen Foto ein Flugzeughangar zu erkennen, auf dem anderen eine Sporthalle. Das ist alles, was in Erinnerung bleibt, seit sich ein Unglück an das andere reiht.[1]

Am Strand der Citadella dei Maccari in Sizilien steht ein kleines Monument, das 2007 errichtet wurde, nachdem siebzehn Palästinenser:innen und Ägypter:innen, darunter drei Brüder, auf der Flucht ertrunken waren. Es zeigt den Torso eines jungen Mannes, der die Arme um seinen Körper legt, als würde er frieren oder sich ängstigen. Damals war der Schock über den Schiffbruch noch groß, heute ist es schon normal, dass sich Europa mit einer »tödlichen Mauer aus Wasser« umgibt.[2] Über zwei Millionen Menschen haben den gefährlichen Weg über das Mittelmeer bereits angetreten, aus Verzweiflung über Zwangsrekrutierungen, Krieg, Verfolgung, Hunger oder mangelnde Perspektiven. Mindestens 26 000 von ihnen sind ertrunken oder gelten als vermisst. Häufig bleibt den Familien nicht mehr als ein abgebrochener Austausch von Textnachrichten und die Ungewissheit über das Schicksal ihrer Angehörigen.

Dabei gibt es nicht nur eine Pflicht zur Seenotrettung, sondern es liegt auch in der Verantwortung eines jeden Landes, Tote zu identifizieren – ungeachtet ihrer Staatsbürgerschaft. Mehrere Versuche, eine EU-weite Forderung nach der Identifikation verstorbener Flüchtlinge und Migrant:innen durchzusetzen, blieben bisher erfolglos. Eine Forensikerin an der Universität Mailand, Cristina Cattaneo, hat deshalb aus Spendengeldern ein Labor aufgebaut, wo die anonymen Toten identifiziert werden. Sie ist auf die Hilfe der Familien angewiesen, Hinweise zur Identifikation der Vermissten zu geben: Schmuckstücke, kleine Beutel mit etwas Erde von zu Hause, Fotos von Tätowierungen oder Porträts, die Rückschlüsse auf Besonderheiten der Zähne zulassen. Manche Schiffswracks werden erst Monate nach dem Unglück oder noch später geborgen, was eine Identifizierung beinahe unmöglich macht. Für die Angehörigen ist die Ungewissheit psychisch enorm belastend und zieht auch rechtliche Konsequenzen nach sich. Als eine aus Eritrea stammende Mutter ihr Kind zu sich nach Deutschland holen wollte, brauchte sie dafür die Einwilligung des Vaters – oder seinen Totenschein. Da ihr Mann jedoch auf dem Grund des Mittelmeeres vermisst liegt, gibt es weder das eine noch das andere.[3] Solange sich die EU nicht auf eine gemeinsame und humane Asylpolitik einigt, so lange wird dieses System der Vernachlässigung und des Vergessens weiterbestehen.

Vor einigen Jahren, damals lehrte ich an der Indiana University Bloomington Geschichte und Jüdische Studien, bot ich einen Kurs über »Refugees and Migrants« an. Das Thema lag in der Luft und wurde diesseits und jenseits des Atlantiks intensiv diskutiert. Europa hatte 2015 mit 1,3 Millionen Menschen die größte Fluchtbewegung seit langem erlebt. In den USA verschärfte sich mit jedem Tag der Trump-Regierung die Gesetzeslage für Asylwerber:innen, und der »Muslim ban« setzte Familien innerhalb und außerhalb des Landes in Angst und Schrecken. Elf Millionen »nichtdokumentierte« Amerikaner:innen lebten in der Angst, abgeschoben zu werden. Weltweit waren in diesem Frühling 2017 über 65 Millionen Menschen auf der Flucht – ein neuer Höhepunkt, der mit aktuell über 100 Millionen längst überschritten worden ist.

Die Vorlesung richtete sich an Studierende der Internationalen Studien und der Jüdischen Geschichte, und als ich zum ersten Treffen kam, war der Saal dicht gefüllt. Ein intensives Semester lang beschäftigten wir uns mit der Geschichte und Gegenwart von Flucht und Migration. Obwohl Menschen nicht erst seit hundert Jahren auf der Flucht sind, geht der Begriff »refugees« auf die frühen 1920er Jahre zurück. Der Erste Weltkrieg hatte Millionen Menschen in die Flucht getrieben – der Völkerbund reagierte mit einer Flüchtlingskommission und dem Nansen-Pass. Dieser erste weltweit anerkannte Ausweis für Staatenlose wurde nach dem Polarforscher Fridtjof Nansen benannt, der ihn gefordert hatte. 1938 wurde dem internationalen Nansen-Büro für Flüchtlinge dafür der Friedensnobelpreis verliehen, was nicht einer gewissen Ironie entbehrt. Denn im gleichen Jahr fand im französischen Évian eine Konferenz statt, zu der alle westlichen Staaten geladen waren, um das Schicksal der deutschen und österreichischen Jüd:innen zu diskutieren – nur um zu dem Schluss zu kommen, dass ihnen nicht zu helfen sei. Keiner der teilnehmenden Staaten – bis auf die Dominikanische Republik – rückte damals wesentlich von den meist sehr restriktiven Einwanderungsregelungen ab. »Es war ein schreckliches Erlebnis«, berichtete die spätere israelische Ministerpräsidentin Golda Meir, »dort in dem prächtigen Saal zu sitzen und zuzusehen, wie die Delegierten von 32 Ländern sich nacheinander erhoben und erklärten, sie hätten gern eine beträchtliche Zahl von Flüchtlingen aufgenommen, seien jedoch dazu bedauerlicherweise nicht imstande.«[4]

In Bloomington lasen wir unterdessen Briefe von jüdischen Auswanderern in die USA, die während langer und ungewisser Reisen geschrieben worden waren. Junge Männer berichteten darin, vor der Zwangsrekrutierung in Russland auf der Flucht zu sein, traumatisierte Familien hatten Pogrome überlebt und das Land verlassen, Frauen folgten in banger Hoffnung ihren Männern, die Jahre zuvor emigriert waren. Während nichtjüdische Auswanderer häufig in ihre Heimatländer zurückkehrten, zumindest für einen Besuch, war es für die allermeisten Jüd:innen eine Flucht ohne Wiederkehr. Wir diskutierten die Praxis von Einwanderungsstopps, die in den USA meist auf eine Welle rassistischer und antisemitischer Politik folgten: den Chinese Exclusion Act von 1882, der die chinesische Einwanderung unterbinden, und den Immigration Act von 1924, der die Zahl jüdischer Einwanderer senken sollte. Wir folgten der dramatischen Odyssee der »St. Louis«, jenem Schiff mit 937 deutsch-jüdischen Flüchtlingen, das im Frühjahr 1939 weder in Kuba noch in den USA oder in Kanada anlegen durfte und nach Europa zurückkehren musste. Und wir durchforsteten das Universitätsarchiv und entdeckten die Unterlagen von jüdischen Studierenden aus Österreich und Deutschland, denen die Universität in den 1930er Jahren die Flucht in die USA ermöglicht hatte. Ihre Kommiliton:innen organisierten einen »Refugee-Hop«, einen Tanz ihnen zu Ehren und um Spenden für sie zu sammeln.

Wir untersuchten auch innere Fluchtbewegungen, die bis heute den Großteil der weltweiten Flüchtlingszahlen ausmachen. In Amerika waren es Umweltkatastrophen, wie die Dust-Bowl-Dürre, beschrieben in John Steinbecks »Früchte des Zorns«, als der Staat sich darum kümmerte, die betroffenen Bauern an der amerikanischen Westküste neu anzusiedeln. Währenddessen waren sechs Millionen Afroamerikan:erinnen auf der Flucht vor den rassistischen Jim-Crow-Gesetzen aus dem Süden in den Norden der USA weitgehend auf sich allein gestellt und erhielten keine Unterstützung. Die unterschiedlichen Themen unseres Kurses wurden zusammengehalten von der Frage nach den Orten, Objekten und Bildern – und damit nach der Erinnerung an Flucht und Migration. Aber jede Bewegung ins Ungewisse erfordert, alles hinter sich zu lassen, was nicht lebensnotwendig ist – selbst Erinnerungen. »Ich lernte von meinen Eltern, Erinnerungen nicht zu trauen«, schreibt die nigerianisch-amerikanische Künstlerin Toyin Ojih Odutola. »Wenn sie nicht nützlich sind, als Warnung, sollte man sie besser außer Acht lassen. Zu viel Ballast zieht den Schwimmer hinab.« Stattdessen, so Odutola weiter, sei man gezwungen, Erinnerungen zu misstrauen und auf sie zu verzichten. Gewöhne man sich daran, schmerze der

Verlust weniger, selbst wenn es sich um liebgewonnene Wahrheiten handelte. Es sei nur konsequent, dass man schließlich beginne, allen und jedem zu misstrauen, besonders sich selbst.[5]

Menschen lassen vieles, manchmal alles zurück, wenn sie vertrieben werden. Sie bemühen sich auf ihrer Flucht, keine Spuren zu hinterlassen. Flucht bedeutet, Rechte und Möglichkeiten zu verlieren. Sichtbarkeit kann in dieser Situation gefährlich oder sogar lebensbedrohlich sein. Bahnstationen, Hafenanlagen, Schiffe, Strände, Fußwege, Auffanglager oder Eisenbahnen, die benutzt oder durchquert werden, tragen keine sichtbaren Erinnerungen der Menschen, die sie unfreiwillig passiert haben. Hier finden sich keine Plaketten oder Informationstafeln über tragische Fluchtgeschichten. Eine Ausnahme bildet seit kurzem eine vergessene Fluchtroute entlang der Grenze zwischen der Schweiz, Österreich und Liechtenstein, der heute ein Radweg folgt. Das Projekt des Jüdischen Museums Hohenems erinnert mit 52 Hörstationen an die Geschichte von Menschen auf der Flucht, an ihre Helfer:innen und an die Schwierigkeiten, die sie auf der anderen Seite der Grenze, der Berge und des Flusses erwarteten. Mit Ausbruch des Zweiten Weltkriegs und vor allem seit der Eroberung Frankreichs war die Schweizer Grenze eine der letzten Fluchtrouten innerhalb Europas. Jüd:innen, Regimegegner:innen, Deserteure, Zwangsarbeiter:innen und Kriegsgefangene hofften hier auf Rettung. Viele von ihnen, wie Liliana Segre und ihr Vater, wurden jedoch von den Schweizer Grenzbeamten zurückgeschickt.[6]

Für Menschen auf der Flucht sieht die Welt anders aus, weshalb wir uns im Hörsaal in Bloomington besonders mit den Bildern beschäftigten, die von Menschen auf der Flucht wahrgenommen, gezeichnet und erinnert wurden und werden. Alexander Gutfeld war ein Mitarbeiter des *Hilfsvereins der Juden in Deutschland*, einer Organisation, die Flüchtenden half. 1939 zeichnete er eine fiktive Weltkarte mit dem Titel »Jutopia, nach neuesten Forschungen gezeichnet«. Darin entwarf Gutfeld einen utopischen Inselstaat, der sich aus Orten der jüdischen Geschichte und möglichen – wie unmöglichen – Fluchtorten zusammensetzte. Shanghai, 1939 eine der wenigen noch offenen Fluchtrouten, findet sich darin ebenso wie eine »Insel der Seeligen« und andere imaginative, traumhafte Orte, die an die Hoffnungen der Menschen erinnern.

Wir lasen auch Kinderbücher und Graphic Novels, die angeregt von den Fluchtkatastrophen der Jahre 2015 und 2016 entstanden waren und auf den Erinnerungen Geflüchteter basierten und aktuelle wie historische Fluchterfahrungen beschrieben. Zeichnerisch folgen diese Bücher den Fluchtrouten über Berge, in Booten und durch verlassene Grenzregionen vom Zweiten Weltkrieg bis zum syrischen Bürgerkrieg. Dabei wurden auch weitgehend vergessene Kapitel der amerikanischen Geschichte wiederentdeckt, wie die Flucht von 1,6 Millionen vietnamesischer »Boat People«, von denen 250 000 im Südchinesischen Meer ertranken und die meisten Überlebenden nach Amerika emigrierten. Andere Projekte, wie der animierte Dokumentarfilm »Nowhere Line. Voices from Manus Island«, verschafften der Weltöffentlichkeit Zugang zu isolierten Orten wie den australischen Flüchtlingslagern auf Papua-Neuguinea und in Mikronesien. Seit 2001 hatte Australien begonnen, unter dem Slogan »stop the boats« Asylwerber:innen in Lagern zu verstecken, zu denen nicht einmal die Presse Zutritt erhielt. Der Film entstand aus Telefongesprächen mit Internierten, die berichteten, wie sie auf den Inseln Manus und Nauru gelandet waren und dort hinter Stacheldraht vergessen wurden.[7] So unterschiedlich die jeweiligen historischen Ereignisse auch sind, so verbindet sie doch die paradoxe Erfahrung der Flucht: dass Menschen zuallererst »illegal« eine Grenze übertreten müssen, um dort um Asyl bitten zu dürfen, dass sie also Rechte brechen müssen, um Rechte zu erlangen; dass sie außerdem schutzbedürftig und selbständig sein sollen, zugleich verletzbar und doch leistungsfähig; und nicht zuletzt, dass der Erfolg ihrer Integration eng verknüpft ist mit den Debatten, die um sie geführt werden – je erfolgreicher die Integration, desto heftiger die Debatten.[8]

In Berlin entsteht aktuell ein Museum zur Flucht, in dessen Zentrum Menschen stehen, die sich weigerten, Flüchtlinge genannt zu werden. Das geplante Exilmuseums konzentriert sich auf die Zeit von 1933 bis 1945 und auf etwa eine halbe Million Menschen, die aus Nazi-Deutschland flüchteten. In ihrem Essay »Wir Flüchtlinge« dachte Hannah Arendt bereits 1943 darüber nach, was der Begriff und der Zustand mit den betroffenen deutschen Jüd:innen machte: »Vor allem mögen wir es nicht, wenn man uns ›Flüchtlinge‹ nennt«, beginnt Arendt ihren Text. »Wir selbst bezeichnen uns als ›Neuankömmlinge‹ oder als ›Einwanderer‹.« Als Flüchtlinge würden nur jene gelten, die mittellos in einem neuen Land ankämen und auf Hilfe angewiesen seien. »Vor Kriegsausbruch waren wir sogar noch empfindlicher gegen die Bezeichnung ›Flüchtlinge‹. Wir taten unser Bestes, um anderen Leuten zu beweisen, dass wir ganz gewöhnliche Einwanderer seien, wir erklärten, dass wir uns ganz freiwillig auf den Weg in ein Land unserer Wahl gemacht hätten, und bestritten, dass unsere Situation irgendetwas mit dem ›sogenannten jüdischen Problem‹ zu tun hätte.«[9] Das neue Exilmuseum soll rund um die Ruine des Anhalter Bahnhofes als einem zentralen Berliner Fluchtort entstehen und will mit der Frage, wie Flucht und Entwurzelung zu zentralen Erfahrungen unserer Zeit wurden, die Brücke zur Gegenwart schlagen. Dieser Wunsch verbindet das geplante Projekt mit dem Nachbarhaus, dem Dokumentationszentrum Flucht, Vertreibung, Versöhnung, das die Geschichte der 1945 aus Osteuropa vertriebenen Deutschen erzählt und sich ebenfalls dem Phänomen »Flucht« im 20. Jahrhundert widmet. Im Berliner Haus der Kulturen der Welt eröffneten die Autorin Carolin Emcke und die Migrationsforscherin Manuela Bojadžijev 2021 eine Ausstellung, die zeigen wollte, dass Flucht und Migration »keine Ausnahmen oder krisenhaften Anomalien sind, sondern historische Normalität«. Sie versammelten Interviews mit Menschen aus 27 Herkunftsländern in Südamerika, Afrika, Ost- und Südosteuropa, im Nahen und Mittleren Osten sowie Südost- und Ostasien, die seit 1945 in Deutschland angekommen sind und ihre Geschichten in neun Sprachen erzählen.[10] Das »Archiv der Flucht« ist ein digitaler Gedächtnisort und als solcher – in die Zukunft der Flucht gedacht – endlos erweiterbar.

Bereits 2021 hatte eine Gruppe renommierter Genozid- und Holocaustforscher:innen davor gewarnt, dass die Veränderung des Klimas dramatische Fluchtbewegungen, Kriege und Massenverbrechen auslösen würde. Internationale Völkerrechtsanwälte, unter ihnen Philippe Sands, taten sich zur selben Zeit zusammen, um den Tatbestand des »Ecocide«, des Ökozids, rechtlich zu definieren und seine Anerkennung dem Internationalen Gerichtshof vorzuschlagen.[11] Die Wissenschaftler:innen reagierten auf Erfahrungen aus dem Jahr 2015 in Europa, die gezeigt hatten, dass nicht die »Flüchtlingskrisen« das Problem sind, sondern die Krisen einer Migrations- und Flüchtlingspolitik, die sich von Populismus und Rechtsextremismus antreiben lässt. Doch ihre Empfehlungen blieben ungehört, und anstatt das europäische Asylrecht weitsichtig auf die kommenden Krisen vorzubereiten, gelingt Europa nur die Einigung auf eine Politik der Mauern, Zäune und Abschottung. Der Jurist und Autor Ronen Steinke attestiert dem Kontinent ein schlechtes Gedächtnis, hatten sich doch nicht weniger als 34 Millionen Menschen zwischen 1824 und 1924 entschieden, das dysfunktionale

Europa hinter sich zu lassen. Sie flohen vor europäischen Hungersnöten, Pogromen, Kriegen und fehlenden Perspektiven. Bis heute nicken Amerikaner:innen wissend, wenn vom »old continent« die Rede ist, und erinnern sich an Familiengeschichten über das Weggehen und den Neubeginn als mittellose Flüchtlinge. Was allerdings, so fragt Steinke zu Recht, macht uns denn so sicher, dass es nicht wieder zu einer Massenflucht aus Europa kommen wird – etwa, weil der Krieg in der Ukraine sich ausdehnt oder der Klimawandel hier schneller eintritt als gedacht? Wird ein europäischer Pass dann, anders als in den vergangenen 75 Jahren, nicht mehr das Eintrittsticket in alle Länder der Welt sein? Wird der afrikanische Kontinent seine Grenzen schließen und weiße Frauen, Kinder und Männer im Mittelmeer ertrinken lassen?[12]

In Bloomington waren wir am Ende des Semesters und – nach vielen Diskussionen über historische Fluchterfahrungen – in der Gegenwart angekommen. Die liberale Universitätsstadt hatte sich zur »Sanctuary City« erklären wollen, um Migrant:innen und Flüchtlinge vor der rigiden Abschiebepolitik der Trump-Regierung zu bewahren. Die Bewegung der »Sanctuary Cities« war in den 1980er Jahren rund um die Kontroversen zu mittel- und südamerikanischen Flüchtlingen entstanden und bezieht ihre Legitimität aus dem Alten Testament beziehungsweise der jüdischen Tora, in der Moses sichere »Asylstädte« benennt. Doch die Gesetzgebung des republikanischen Bundesstaates Indiana verbietet den Kommunen, sich dieser Bewegung anzuschließen. Im Seminar hatte die Entscheidung Konsequenzen für einige der Studierenden oder ihre Familien. Als wir uns eines Morgens darüber unterhielten, begann eine Studentin unvermutet von ihrer eigenen Flucht zu erzählen. Sie berichtete von jahrelangen Hausarresten, Drohungen und der Verhaftung ihres Vaters am Flughafen von Peking. Jewher Ilham ist die Tochter des Wirtschaftswissenschaftlers Ilham Tohti, der sich für die Verständigung zwischen Han-Chinesen und Uiguren einsetzte. Als ihr Vater 2014 verhaftet wurde, schickte er die damals Neunzehnjährige allein nach Bloomington, wo sie seitdem für seine Freilassung und die Menschenrechte der Uigur:innen kämpft. Eine Million von ihnen wurde seit 2014 in Umerziehungslager gesperrt, von denen es in Xinjiang 380 geben soll. Nur Wenigen gelang die Flucht über eine gefährliche Route von Vietnam über Kambodscha, Thailand und Malaysia bis in die Türkei, durch Dschungel und über weite Strecken offenen Meeres, immer wieder für Monate aufgehalten oder inhaftiert.[13]

Als Jewher mit ihrem leise vorgetragenen Bericht zu Ende kam, war es still im Hörsaal. Die Wirklichkeit von Flucht und Migration hatte uns ein Semester lang begleitet – in den aktuellen Nachrichten, die wir zu Beginn eines jeden Treffens Revue passieren ließen, aber auch weil einige im Raum auf die Verlängerung ihrer Visa warteten oder sich um Freunde und Familie sorgten. Doch Jewhers Geschichte war anders: eine junge Asylwerberin, die eine verfolgte Minderheit vertritt und sich dafür Zugang verschafft zu den Büros von Barak Obama, Salman Rushdie und, ja, sogar zu Trump. Ihr kämpferischer Mut strahlte auf uns alle ab und wir verließen den Raum ein klein wenig zuversichtlicher.

LEERE SOCKEL

Im Hafen von Livorno, nicht weit von dort, wo die großen Fähren anlegen, steht ein umstrittenes Denkmal. Der Zufall führt uns daran vorbei auf der Suche nach einer Trattoria, die sich Google Maps zufolge in der Nähe befinden soll. Ohne uns dessen bewusst zu sein, werden wir in diesem Moment Teil einer Gemeinschaft von Menschen, die seit Beginn der Aufklärung ähnliche Erfahrungen gemacht haben. Immer wieder beschrieben Reisende während der vergangenen zweihundert Jahre ihre Überraschung, ihren Ärger oder, wie im Fall des amerikanischen Malers Rembrandt Peale, ihren Ekel über das »Monumento dei quattro mori«.

Als Napoleons Armee Livorno 1799 einnahm, empfahl General Miollis den Stadtältesten, dieses »Monstrum« zu zerstören und stattdessen eine Statue der Freiheit zu bauen. Aus dem revolutionären Paris brachte Miollis frische Eindrücke von Denkmälern mit, die von ihren Sockeln gestürzt und durch die Gosse gezerrt worden waren. Was ihm in Livorno begegnete, war in seinen Augen nichts anderes als ein Denkmal für die Tyrannei: Hier throne der toskanische Großherzog Ferdinando de' Medici über vier angeketteten Gefangenen zu seinen Füßen. Wollten die Livorneser wirklich, dass jedem Reisenden bei seiner Ankunft als erster Eindruck der Stadt dieses Monument des Hasses, des Schmerzes und der Verachtung begegne?[1]

Pietro Taccas Denkmal aus dem frühen 17. Jahrhundert sollte an die Macht der Medici zu Land und zu Wasser erinnern, vor allem an ihren Sieg über das Osmanische Reich in Nordafrika.

Großherzog Ferdinando war ein erfolgreicher Politiker gewesen, und dank seines Geschicks blühte das wirtschaftliche Leben in Livorno. Zu seinen klügsten Schachzügen gehörte ein Edikt, dem zufolge Jüd:innen sich in der Stadt niederlassen durften. Tausende jüdischer Flüchtlinge waren damals im Mittelmeerraum auf dem Weg nach England und in die Niederlande unterwegs. Sie waren 1492 von der spanischen Halbinsel vertrieben worden, ein Ereignis, das die jüdische Welt der frühen Neuzeit nachhaltig erschütterte. Dankbar nahmen sie das Angebot an, in Livorno eine Gemeinde zu gründen, und knüpften von dort aus ein Netzwerk für den mediterranen Handel. Während Jüd:innen zur gleichen Zeit in Frankfurt oder Venedig in Ghettos gesperrt wurden, lebten sie hier frei und in Frieden mit der christlichen Bevölkerung.[2]

Zu Ferdinandos weiteren Verdiensten zählen der Ausbau des Hafens sowie ein neues Kanalsystem, das Livorno zum *Piccola Venezia* machte. Gebaut wurden die Kanäle von afrikanischen Sklaven, und sie sind es, die Pietro Tacca in seinem Denkmal darstellt: drei Männer, die nordafrikanische Züge tragen, und ein weiterer, dessen Herkunft auf die Subsahara verweist. In Bronze gegossen kauern sie zu Füßen des aus weißem Marmor gehauenen Großherzogs. Angeblich suchte sich Tacca seine Modelle in den Sklavengefängnissen der Stadt, so naturalistisch wirken die vier Skulpturen. Heute ist das Denkmal eine Erinnerung an den Sklavenhandel der Medici und daran, dass die wirtschaftliche Blüte Europas bereits in der Renaissance auf Ausbeutung basierte. Die Art der Darstellung der vier Männer – in Ketten, fast nackt und mit schmerzvollem Gesichtsausdruck – hat den ursprünglichen Zweck des Denkmals überschrieben. Sie sind die eigentlichen Helden, und so ist das Denkmal heute auch nach ihnen und nicht nach dem Großherzog benannt.[3]

Im Sommer 2020, als die Black-Lives-Matter-Proteste infolge des Mordes an George Floyd die ganze Welt bewegten, verschwand auch dieses Denkmal hinter Transparenten. Italien wird seit Jahren ein ausgeprägter struktureller Rassismus attestiert, der sich besonders gegen People of Colour richtet. »Dei quattro mori« ist vor diesem Hintergrund mehr als die Verkörperung von historischem Unrecht und vergangener Gewalt. Die fehlende historische Kontextualisierung des Denkmals steht symbolisch für die Kontinuität von Ausgrenzung und gesellschaftlicher Isolation.[4]

Ferdinando de' Medici überstand den Sommer der Proteste unbeschadet auf seinem Sockel, während die Statue des britischen Sklavenhändlers Edward Colston im Kanal von Bristol landete. Großbritannien hat lange Zeit über das Schicksal von einem Fünftel der Weltbevölkerung entschieden, tut sich aber bis heute schwer, die Geschichte des Kolonialismus, der Sklaverei und des Rassismus in seinen Schulen und Museen zu erzählen. »This was not an attack on history. This is history. It is one of those rare historic moments whose arrival means things can never go back to how they were«, beschreibt der britische Historiker David Ousoga den Denkmalssturz als historische Zäsur.[5] Das Ereignis löste eine international überfällige Debatte über Monumente und Denkmäler, ihre Relevanz und Zeitgemäßheit aus. In vielen Städten warten kontaminierte Hinterlassenschaften darauf, dass über sie diskutiert wird, dass sie musealisiert, kommentiert, überschrieben oder eingehaust werden.

In Wien wird seit Beginn der 1990er Jahre über die vielen städtischen Ehrungen eines ehemaligen Bürgermeisters gestritten. Karl Lueger war verantwortlich für die Transformation Wiens in eine moderne Großstadt. Zugleich war seine »christlich-soziale« Politik antiliberal, er hetzte gegen Zuwanderung und versprach, Armut und Ungleichheit durch antijüdische Gesetze ein Ende zu machen. So schlimm war Luegers Judenhass, dass der Kaiser sich gleich zweimal weigerte, ihn als Bürgermeister zu bestätigen. Erst eine Intervention des Papstes konnte Franz Joseph überzeugen, seine Meinung zu ändern. Lueger wurde zu einem Idol Adolf Hitlers und für die christlich-sozialen Antisemiten der österreichischen Zwischenkriegszeit. 1926 wurde sein Denkmal am Wiener Stubentor eingeweiht, wo eigentlich ein Denkmal für Gotthold Ephraim Lessing vorgesehen war: Judenhass statt Aufklärung, Xenophobie statt Toleranz.

Als ich Anfang der 1990er Jahre in Wien studierte, fanden regelmäßig Demonstrationen statt, die eine neue Adresse für die Universität Wien forderten, aber erst 2012 wurde der Dr.-Karl-Lueger-Ring in Universitätsring umbenannt. Heute richten sich die Proteste gegen das nicht weit davon entfernte Denkmal. Im Mai 2020 wurde es mehrfach mit dem Wort »Schande« besprüht, Mahnwachen fanden statt, Kulturschaffende und Historiker:innen forderten eine »Entehrung« Luegers. Eine Kommission, von der Stadt einberufen, will den bronzenen Stadtvater trotzdem nicht vom Sockel holen. Man hofft, ihn von einem Idol rechtsextremer Gruppen in ein Symbol des zukunftsgewandten Erinnerns zu verwandeln. Nicht die Vergangenheit müsse im Vordergrund stehen, sondern die Gegenwart und der Widerstand gegen Antisemitismus, Rassismus und gruppenbezogene Menschenfeindlichkeit. Doch erste Versuche, das Denkmal inhaltlich zu kontextualisieren oder künstlerisch zu überschreiben, ernteten vor allem Kritik.[6] Im Mai 2023 kam die Kommission zu der finalen Entscheidung, Lueger zu kippen – allerdings nicht vom Sockel, sondern nur um 3,5 Grad. Bereits vor zehn Jahren hatte Klemens Wihlidal, damals noch Student der Kunstakademie, diesen Vorschlag gemacht. Es ist fraglich, ob es Sinn macht, seinen Entwurf heute und nach so vielen Kontroversen noch umzusetzen. Muss ein Re-Framing in diesem Fall nicht einfach zu viel erklären, zu viel zurechtrücken? Schließlich geht es bei dem Streit um viel mehr als um den Populisten Lueger. Ein Jahr nachdem Österreich 1991 mit großer Verspätung seine Mitschuld an den Nazi-Verbrechen öffentlich eingestand, lancierte die Freiheitliche Partei unter Jörg Haider ein Volksbegehren, das sich offen gegen Einwanderung richtete. Hatte die Waldheim-Affäre einen ungezügelten Antisemitismus in der Bevölkerung offengelegt, dominierten nun Rassismus und Xenophobie explosionsartig den öffentlichen Diskurs. Für Haider standen Populismus, Rassismus, Antisemitismus und eine offene Faszination für das Nazi-Regime im Zentrum seiner politischen Agenda, die das Land bis heute prägt. Das spiegelt sich nicht nur in einer restriktiven Asylpolitik wider, sondern auch darin, wer öffentlich geehrt und wer vergessen wird.

Zu den Vergessenen gehört einer wie Harry Spiegel, auch wenn der vermutlich niemals auf einen Sockel gewollt hätte. Gemeinsam mit anderen österreichischen Freiwilligen war er nach Spanien gezogen, um gegen Franco zu kämpfen. Spiegel, ein Kommunist aus jüdischem Haus, kämpfte nach der Niederlage in Spanien in der französischen Résistance weiter. Nach dem Krieg engagierte er sich im sozialen Bereich, trat als Zeitzeuge auf und war ein passionierter Autofahrer. Man würde meinen, das reiche für eine öffentliche Ehrung, und mehr passt auch nicht als Inschrift auf ein Denkmal. Und Lueger? Der wird in Wien auch noch an sechzehn anderen Orten geehrt, und so könnte man ihn auch gleich ganz vom Podest kippen. Für England hat der Sturz des Sklavenhändlers in den Hafen jedenfalls mehr bewirkt als all die Jahre auf seinem Sockel.

Allein in den USA wurden in den vergangenen drei Jahren über 200 Skulpturen entfernt, die das Andenken an die Konföderierten im öffentlichen Raum ehren. Anders als Pietro Taccas Werk sind die meisten von ihnen aus kunsthistorischer Sicht von geringem Wert. Viele dieser Denkmäler entstanden lange nach dem Bürgerkrieg und bis in die 1920er Jahre. Damals erlebte der Ku-Klux-Klan ein Revival und gewann immer mehr Einfluss bis weit in die nördlichen Bundesstaaten und in die bürgerliche Mitte hinein. Diese Denkmäler signalisierten, dass Rassismus und Segregation trotz Abschaffung der Sklaverei lebendig blieben. Einige von ihnen wurden sogar erst in den 1970ern fertiggestellt und verstanden sich als öffentlicher Protest gegen die Bürgerrechtsbewegung und Martin Luther King. Bevor die BLM-Proteste dazu führten, dass ein Teil dieser Denkmäler abgebaut wurde, war in den USA schon heftig diskutiert worden. Die in Berlin lebende Philosophin Susan Neiman erklärte 2019, sie werde häufig gefragt, ob Amerika sich nicht an Deutschlands Umgang mit seinen Nazi-Statuen orientieren solle. Nein, das sei keine praktikable Lösung, antwortete sie, denn schließlich habe Deutschland keine Nazi-Statuen im öffentlichen Raum.[7]

Dass es, mit einigen Ausnahmen, so ist, verdankt Deutschland aber nicht zuletzt den Amerikanern, die gemeinsam mit den anderen Siegermächten jede Erinnerung und Ehrung des Nazi-Regimes aus der Öffentlichkeit verbannten. Die Alliierten einigten sich im Potsdamer Abkommen darauf, das Land zu entnazifizieren und von Propaganda-Objekten zu befreien. In den falschen Händen, so die Sorge, könnte diese kontaminierte Kunst zu einem Wiederaufleben des Nationalsozialismus in Deutschland führen. Heute noch lagert ein Teil der damals beschlagnahmten Objekte in einem Kellermagazin der amerikanischen Militärbasis Fort Belvoir, vierzig Autominuten von Washington entfernt: Büsten, Gemälde und auch einige der laienhaften Aquarelle Hitlers sind dort zu finden, und wenn es nach der Chefkuratorin der U. S. Army Sarah Forgey ginge, sollen sie auch dort bleiben.

Vieles verschwand in den unmittelbaren Nachkriegsjahren

leise, wie damals im Dezember 1949, als Kanalarbeiter am Nordrand der Eifel die Umrisse einer menschlichen Gestalt im Wasser treiben sahen. Sie zogen die Figur ans Ufer und entdeckten zu ihrer Erleichterung, dass es sich nicht um eine Leiche, sondern um eine hölzerne Statue handelte. Ihre Freude verflog, als sie feststellten, dass sie gerade eine Hitler-Statue vom Dreck befreiten. Und was taten die findigen Arbeiter? Sie kippten den »Führer« zurück in den Kanal. Andere Objekte und Skulpturen tauchten ebenso leise wieder auf, um einen Markt für Nazi-Memorabilien zu schaffen, der spätestens mit dem Internet global wurde. Harlan Crow, Milliardär und Geldgeber der Republikanischen Partei, ist nur einer von vielen Liebhabern, der freilich ganz besonders viel zusammengetragen hat: ein Aquarell Hitlers, eine signierte Ausgabe von »Mein Kampf« und seinen »Garden of evil«, einen Skulpturenpark der Diktatoren.

Vor dem unerwarteten Fund einer Hitler-Büste ist nicht einmal der französische Senat gefeit, wo zuletzt im Keller des Palais du Luxembourg eine Skulptur nebst einer riesigen Hakenkreuzfahne auftauchte. Historische Museen und Dokumentationszentren wissen oft gar nicht mehr, wohin mit all den Dachboden- und Kellerfunden, die ihnen angeboten werden. Was tun mit all dem Nazi-Schrott? In ihrer überquellenden Sammlung verstecken oder schweren Herzens einem umtriebigen Devotionalienhandel überlassen? »Hitler entsorgen. Vom Keller ins Museum« war deshalb der Titel einer Ausstellung im Haus der Geschichte Österreich, die dieser inhaltlichen wie strukturellen Überforderung gewidmet war. Das Museum in der Zitadelle Spandau geht noch weiter und widmet seine Dauerausstellung all den Kunstwerken, »die eher Machwerke sind«. Über hundert politisch belastete Berliner Denkmäler, oder die Reste davon, kann man in einer Lagerhalle besichtigen, in der die Nazis einst Experimente mit Kampfgas für die Wehrmacht durchführten. Vieles, was hier zu sehen ist, wurde schon einmal gestürzt, vergraben und wiederentdeckt. Mit mehreren Kaisern, zwei Weltkriegen, Kolonien und einer Diktatur hat Deutschland ein ganzes Arsenal gestürzter Denkmäler anzubieten – wobei die Nazi-Kunst in der Minderheit ist, da diese meist aus Bronze war und zum Ende des Krieges eingeschmolzen wurde. Für die Direktorin, die Militärhistorikerin Urte Evert, leben wir in guten Zeiten, weil über Denkmäler gesprochen und gestritten werden darf und sie nicht einfach wie früher vom nächsten Herrscher gestürzt werden.[8]

Ungeachtet dessen, dass vieles – von Lenin bis Hitler – in der Spandauer Zitadelle landet, sind die deutsche Straßen und Plätze nach wie vor gar nicht so frei von Nazi-Kunst, wie man meinen müsste. Der Versuch, die skulpturalen Reste der Lettow-Vorbeck-Kaserne in Hamburg – allesamt aus der Nazi-Zeit und in Ehrung kolonialer Kriegsverbrecher – noch 2003 unkommentiert als »Tansania-Park« zu eröffnen, ist ein aufschlussreiches Beispiel für die fehlende Sensibilität. Für seine Ausstellung über die »Gottbegnadeten«, die Lieblingskünstler des Regimes, machte Wolfgang Brauneis mehr als 300 Kunstwerke von Nazi-Künstlern ausfindig, die in der Bundesrepublik entstanden sind – manche waren sogar vor 1945 in Auftrag gegeben und konzipiert worden. Weil sich die Bundesrepublik immer rühmte, mit der Ästhetik des »Dritten Reiches« gebrochen zu haben, ist das eine durchaus bemerkenswerte Erkenntnis. Was all diese Arbeiten verbindet mit Werken, die bereits vor 1945 realisiert wurden, ist ihr vermeintlich unpolitischer Gehalt: Nymphen, griechische Götter, Tiergestalten und so weiter durften und dürfen sich auch heute noch zur Schau stellen, selbst wenn sie von Hitlers Haus-und-Hof-Künstler Arno Breker stammen.[9]

In München ist es der Künstlerin Michaela Melián zu verdanken, dass eine scheinbar unpolitische Nazi-Skulptur entlarvt und sichtbar gemacht wurde. Der Münchner Bildhauer und Professor an der Akademie Joseph Wackerle war trotz seiner Karriere im Regime 1945 als »nichtbelastet« eingestuft worden. Dabei wurde er zum Beispiel in Baedekers Reiseführer für das »Deutsche Reich« von 1936 prominent erwähnt und sein Werk als ehrenvoller Beitrag zum Königsplatzareal gelobt. Nicht weit von den »kraftvoll schlichten Monumentalbauten der Nationalsozialistischen Partei«, so der Reiseführer, finde sich der von den Architekten Paul Ludwig Troost und Oswald Bieber neugestaltete Botanische Garten und in dessen Zentrum Wackerles »Neptunbrunnen«.[10] Im Krieg teilweise zerstört, wurde die Brunnenskulptur wiederaufgebaut und stand unkommentiert dem Justizpalast gegenüber, bis Michaela Melián sie vergangenes Jahr verhüllt hat. Mithilfe einer halbtransparenten Plane ließ sie den Brunnen hinter Maria Luikos Holzschnitt »Die Trauernde« von 1938 verschwinden. Luiko, eigentlich Marie Luise Kohn, wurde 1941 mit ihrer Familie von München nach Kaunas deportiert und dort im Neunten Fort erschossen. Als Künstlerin wird sie erst seit einigen Jahren wiederentdeckt. Ihr Werk macht sich gut vor Wackerles Neptun, den die Stadtverwaltung im Übrigen leise verfallen lässt.[11]

Eine Gesellschaft, die sich als divers und demokratisch versteht, verlangt vielstimmige und kreative Debatten und Formen des Erinnerns im öffentlichen Raum. Über eine halbe Million historisch bedeutsamer Orte gibt es in den USA, davon werden aktuell 50 000 in einem bundesweiten Forschungsprojekt untersucht. Die Non-Profit-Einrichtung Monument Lab will verstehen, wie Erinnerungslandschaften geformt werden, wie es mit dem Wissen um Denkmäler steht und welche Missverständnisse und Mythen sich um sie ranken. Die Art und Weise, wie Geschichte im öffentlichen Raum erzählt wird, soll überdacht werden, um künftigen Generationen eine Gedächtnislandschaft zu vererben, in der sich die Komplexität und Vielfalt der Gesellschaft abbildet.[12]

Als in New Orleans, dem Ort des ehemals größten Sklavenmarktes, das letzte Denkmal der Konföderierten entfernt worden war, bat der damalige Bürgermeister Mitch Landrieu alle in der Stadt vertretenen Nationen, gleichberechtigt am Tisch der Demokratie Platz zu nehmen und gemeinsam neue Symbole zu entwickeln: die Choctaw ebenso wie die Houma, die Chitimacha, die Akadier, die Isleños, das versklavte Volk von Senegambia, die Haitianer, Deutschen, Franzosen, Spanier, Iren, Kubaner. In Richmond, Virginia, wo es bis vor kurzem mehr Denkmäler der Konföderierten gab als in jeder anderen Stadt, steht heute eine Skulptur des Künstlers Kehinde Wiley. »Rumors of War« zeigt einen Mann auf einem Pferd, und auf den ersten Blick ähnelt er den vom Sockel gestoßenen Südstaatengenerälen – bis man erkennt, dass es sich um einen stolzen jungen Afroamerikaner in moderner Kleidung und Dreadlocks handelt.

Manchmal allerdings müssen dem demokratischen Ideal zufolge Denkmäler auch wirklich verschwinden – so wie damals die Statue des britischen Königs George III. im New Yorker Bowling Green Park. Er wurde, nachdem Amerika 1776 seine Unabhängigkeit erklärt hatte, in 42 000 Stück Munition für den darauf folgenden Krieg verwandelt. Das wünscht man heute keinem Konföderierten-Denkmal, stattdessen sollten sie historisch eingeordnet, ihre Rolle in der Unterdrückung schwarzer Amerikaner erzählt werden. Aber nur einige der 200 abgebauten Skulpturen befinden sich heute in Museen, viele wurden einfach woanders wieder aufgestellt: an weniger zentralen Orten oder in anderen Bundesstaaten. Für Erin L. Thompson, Professorin für Kunstkriminalität, ist das nur eine Verschiebung des Problems: Denkmäler sind öffentliche Ehrungen, sie werden gepflegt und erhalten – Geschichte hingegen wird woanders vermittelt, in

Schulen und Museen oder in den Debatten, die den Fall eines Denkmals begleiten.[13]

Aber was bleibt zu tun mit all den leeren Sockeln? Können Gesellschaften mit der Herausforderung umgehen, die ein leeres Podest an sie stellt? Am Londoner Trafalgar Square funktioniert es erstaunlich gut. Rund um die Säule in Erinnerung an den Seefahrts-Admiral Nelson gruppieren sich vier Piedestale auf dem zentralen Platz der Stadt. Drei von ihnen tragen Skulpturen aus dem 19. Jahrhundert, einen König und zwei Generäle. Doch für den vierten, einen weiteren König, reichte das Geld nicht, und der Sockel blieb leer. Seit 1999 lädt die Stadt zeitgenössische Künstler:innen ein, ein Projekt vorzuschlagen – die Entscheidung liegt bei der Londoner Bevölkerung. »The Fourth Plinth Project« zeigt, wie notwendig es ist, immer wieder zu neuen Formen der Erinnerung zu finden, und wie wichtig künstlerische Interpretationen von Geschichte sind. Rachel Whiteread, deren »Mahnmal für die 65 000 ermordeten österreichischen Juden und Jüdinnen der Shoah« am Wiener Judenplatz zu den wichtigen Werken der Erinnerungskunst der 1990er Jahren zählt, stellte als eine der Ersten dort aus. Hans Haacke war ebenso dabei, wie Michael Rakowitz, der aus irakischen Dattelsirup-Dosen einen geflügelten Stier vom Eingang des Nergal-Tores in Ninive nachbaute, das vom IS zerstört worden war. Als bislang letztes Projekt realisierte der malawische Künstler Samson Kambalu das Projekt *Antelope* seinen Tribut für den Panafrikanisten und baptistischen Pastor John Chilembwe. Dieser führte 1915 einen Aufstand gegen die Briten, gegen ihre schlechte Behandlung von Flüchtlingen und die Zwangsrekrutierungen malawischer Männer für den Ersten Weltkrieg. Chilembwe wurde daraufhin von *Askari*, lokalen Hilfstruppen unter britischer Befehlsgewalt, ermordet.

»Antelope« ist eine auf den ersten Blick traditionelle Bronzeskulptur, die sich bewusst an die historischen Denkmäler am Trafalgar Square anzupassen scheint. Chilembwe steht auf dem Sockel neben einem zweiten Mann, dem Missionar John Chorley. Die Skulptur stellt eine Fotografie von einem Treffen der beiden Männer nach. Doch etwas ist da aus den Fugen geraten, denn die Figur des Afrikaners Chilembwe ist mit fünf Meter Höhe fast doppelt so groß wie die des Europäers Chorley – eine Perspektivenverschiebung, mit der Samson Kambalu die britische Denkmalslandschaft sanft auf den Kopf stellt.[14] Durch die Verwendung von Bronze als Material, das Dauer und Historizität suggeriert, entsteht eine Spannung mit der Zeitlichkeit des Denkmals. Denn »Antelope« ist temporär begrenzt, es antwortet auf einen aktuellen Diskurs und kommt außerdem – als Monument eines afrikanischen Mannes in der Hauptstadt des Imperiums – zu spät. Es imitiert konventionelle Denkmäler, die eine unbeugsame, unveränderbare Geschichte abbilden wollen, und macht sich zugleich lustig über sie. Als ein »fleeting monument«, ein flüchtiges, vergängliches Monument, bietet es eine andere Form des Erinnerns im öffentlichen Raum an: einen für Veränderung offenen Prozess und ein Gedenken, das widerspenstiger, intimer und vergänglicher ist.[15]

ERINNERUNGS-
LANDSCHAFTEN

Es ist das Gesicht, das über einem Bett aus Patronenhülsen schwebt, das mir nicht aus dem Sinn geht. Der Kopf des Mannes scheint aus den goldenen Metallstiften aufzutauchen, sein Körper bleibt verborgen. Lächelt er oder nicht? Michael Sidko ist der letzte Überlebende des Babyn-Jar-Massakers und er wurde von dem israelischen Street Fotographer Erez Kaganovitz unter dem Titel »Holocaust by Bullets« in Szene gesetzt. Das Foto zeigt Michael Sidko im vermeintlichen Frieden mit den Objekten der Gewalt, die sein Leben seit über achtzig Jahren begleiten. Kaganovitz fotografiert Überlebende auf eine Weise, die nicht zum Bild der ernsten und mahnenden Zeugen passt. Seine Bilder wollen irritieren und wecken den Wunsch, mehr über das Leben von Menschen wie Michael Sidko oder Dugo Litner zu erfahren. Dugo Litner lächelt in die Kamera, während er einen großen goldenen Ballon in den Händen hält, der einem Nazi-Judenstern nachgebildet ist. Er habe seine ganze Familie verloren und Auschwitz nur wegen seines Humors überlebt, erzählt Litner, wobei ihn seine Witze und Parodien mehrfach fast das Leben kosteten. Als Teil einer laufenden Fotoserie über Menschen in Tel Aviv sind die Geschichten der Überlebenden für Kaganovitz ein Teil der Stadtgeschichte, die das hippe Zentrum am Mittelmeer in Beziehung setzt mit europäischen Erinnerungsorten wie Babyn Jar.[1]

Michael Sidkos Porträt »Holocaust by Bullets« löst in mir

eine Kaskade von Assoziationen aus. Lange war der Holocaust vor allem mit Bildern der befreiten Lager verbunden und mit dem Torhaus von Auschwitz. Die Erinnerung und damit auch ihre Bilder veränderten sich über die Jahrzehnte, und trotzdem entstand ein Kanon von nur wenigen Images, die medial immer und immer wieder verwendet werden. Und so kommt es, dass aus den knapp zwei Millionen Fotografien des Holocaust nur einige wenige Bilder bekannt sind. Diese haben zumeist die Täter fotografiert, sie reproduzieren damit das Regime, wie es gesehen werden wollte, und seine zu Opfern gemachten Gegner:innen. Aus tausenden von Propagandafotos wählten die Nazis wenige aus, die zur Veröffentlichung bestimmt wurden. Diese Bilder finden sich heute in Dokumentationszentren und Museen wieder, manchmal kontextualisiert – aber häufig ohne Hinweis auf die Einseitigkeit ihres Blickes.

Das strenge Bildregime der Nazis verbot es den Verfolgten, selbst zu fotografieren, und nur wenige dieser Aufnahmen überstanden den Krieg. Auch den Tätern war es verboten, zu fotografieren, wenn es um die Shoah ging. Vernichtungslager wie Belzec, Sobibor oder Treblinka unterlagen strengster Geheimhaltung und wurden deshalb weitab von Städten und Zentren in den dichten Wäldern Masowiens und Lublins errichtet. Als die Rote Armee vorrückte und die Front sich nach Westen verschob, zwangen die Nazis ukrainische Hilfsarbeiter dazu, alle Reste der Lager zu zerstören. Im August 1944 waren die Gebäude in Treblinka bereits abgerissen, das Gelände planiert und neue Bäume gepflanzt. Sobald die Nazis abgezogen waren, durchsuchten Plünderer den Waldboden nach Wertgegenständen. Was völlig fehlte, waren Fotos und Spuren der Menschen, die hier ermordet wurden: allein in Treblinka beinahe eine Million vor allem polnischer Jüdi:nnen. Erst vor wenigen Jahren tauchte die private Fotosammlung des stellvertretenden Kommandanten des Lagers Sobibor auf, sie zeigt die anderen Bilder des Genozids: das junge deutsche Lagerpersonal bei Bier und Wein auf einer sonnigen Terrasse.[2]

Nur vier sehr unscharfe Fotos dokumentieren den Prozess der Vernichtung in den Lagern. Sie wurden im Sommer 1944 von Angehörigen des Sonderkommandos in Auschwitz-Birkenau aufgenommen und zeigen Frauen, die im Wald vor den Gaskammern warten, und die Verbrennung der Toten durch das Sonderkommando.[3] Auch die ikonischen Fotos von der »Rampe« in Auschwitz stammen aus einem Zufallsfund. Die achtzehnjährige Lilly Jacob wurde im Frühling 1944 zusammen mit ihrer Familie und der Mehrheit der ungarischen Jüd:innen nach Auschwitz deportiert. Als Einzige ihrer Familie erlebte sie die Befreiung im Konzentrationslager Dora, wo sie in den verlassenen Baracken ein Fotoalbum entdeckte. Der Zufall scheint unglaublich, aber das Album enthielt Bilder ihrer eigenen Familie und von Freund:innen,– und es ist das einzige fotografische Beweismaterial für die Ankunft von Jüd:innen in Auschwitz überhaupt.

So erfolgreich das Verbot zu fotografieren in den Lagern war, so wenig funktionierte es für die mobilen Tötungskommandos, die für die Erschießung von zwei Millionen Jüd:innen verantwortlich waren. Die Mitglieder der »Einsatzgruppen«, von SS, Waffen-SS, Polizei und lokalen Hilfstruppen, trugen Fotos als Trophäen bei sich, und selbst die Erschießungen wurden längst nicht so geheim gehalten wie die Lager. Das größte Einzelmassaker des Zweiten Weltkriegs fand in einer tiefen Schlucht in den Außenbezirken von Kyiv statt. Nach Monaten der Belagerung und Bombardierung waren die Deutschen Ende September 1941 in der Stadt einmarschiert. Kurz darauf forderten sie die noch in Kyiv verbliebene jüdische Bevölkerung unter Androhung der Todesstrafe auf, sich zur Evakuierung nach Palästina zu melden – mit etwas Gepäck, Wertsachen und Geld. Michael Sidko war damals sechs Jahre alt, aber er erinnert sich noch heute an die Details, die Bilder und den Geruch des Schießpulvers: Sie mussten ihre Dokumente abgeben, den Schmuck und die Wertsachen. Dann wurden die Männer zur Zwangsarbeit eingeteilt, die Frauen, Kinder und Alten mussten sich ausziehen und an den Rand der Schlucht von Babyn Jar treten. Michaels kleine Schwester, die dreijährige Clara, hielt sich ängstlich an ihrer Mutter fest. Ein Mitglied der ukrainischen Hilfstruppen schlug ihr auf den Kopf und trat ihr so lange auf die Brust, bis sie tot war. Dann tötete derselbe Mann den wenige Monate alten Bruder Volodya und erschoss die Mutter. Die drei wurden an den Beinen gepackt und in die Schlucht geworfen. Sein älterer Bruder Grisha zog Michael zur Seite, in der Hoffnung, er habe nicht alles beobachtet.

Erst nach 36 Stunden hörte das Schießen auf. Über 33 000 Menschen lagen tot in der Schlucht, die Kinder nicht mitgezählt. Blasse Farbfotos, die der Wehrmachtssoldat Johannes Hähle am folgenden Morgen aufgenommen hat, zeigen Kleiderberge und sowjetische Kriegsgefangene, die Sand auf die Leichen schaufeln. Babyn Jar wurde bis zur Befreiung durch die Rote Armee im Herbst 1943 zum Grab von hunderttausend Menschen, darunter weitere Jüd:innen, Kriegsgefangene, Kommunist:innen, ukrainische Nationalist:innen, Sinti:zze, Rom:nja und Menschen mit Behinderungen.[4] Während 1946 in Nürnberg das Kriegsverbrechertribunal stattfand, wurden in Kyiv zwölf der Täter von Babyn Jar zum Tod verurteilt und auf dem zentralen Platz, dem Maidan, erhängt. Für die Sowjets war das Thema damit erledigt und sie unterbanden jedwede öffentliche Erinnerung an das Massaker, wie überhaupt die Erwähnung des Holocaust als bürgerlicher Nationalismus tabuisiert wurde. Zweimal wurde die Schlucht von Babyn Jar mit dem Abwasser einer nahen Ziegelfabrik aufgefüllt und in einen schlammigen See verwandelt, rundherum entstanden Wohnblocks und ein Fernseh-sender. Als der Damm des trüben Sees brach, starben Hunderte unter der Schlammlawine.

Erst der junge Dichter Jewgeni Jewtuschenko machte den Namen Babyn Jar mit seinem gleichnamigen Gedicht 1961 welt-bekannt. In der deutschen Übersetzung von Paul Celan heißt es: »Über Babij Jar, da steht keinerlei Denkmal ... Ein schroffer Hang – der eine, unbehauene Grabstein. Wenig Sichtbares noch, wenig Greifbares! Die Blätter – verboten. Der Himmel – ver-boten. Aber einander umarmen, leise, das dürfen, das können wir noch.«[5] Einige Jahre nach ihm veröffentlichte Anatoli Kus-nezow seine Erinnerungen unter dem Titel »Babi Yar. Ein Doku-ment in Form eines Romans«. Kusnezow hatte mit seiner Fami-lie nahe der Schlucht gelebt und beobachtet, wie die Menschen verschwanden, darunter auch sein bester Freund. Und er hat-te die Schüsse gehört. Nach dem Krieg suchte er Überlebende und fand in Dina Proničeva einen der 25 Menschen, die aus der Schlucht zurück ins Leben gekehrt waren. Kusnezows dokumen-tarischer Roman war lange in Vergessenheit geraten, bis er im Februar 2023, zum ersten Jahrestag des Ukrainekriegs, in einer neuen englischen Fassung erschien. Der russische Angriffskrieg auf die Ukraine und die Bomben, die die Gedenkstätte Babyn Jar im Frühjahr 2022 nur knapp verfehlten, hatten neues Interesse an der komplexen Geschichte der Schlucht geweckt.[6]

Mit der Unabhängigkeit der Ukraine hatte sich in den 1990er Jahren nicht automatisch eine eigenständige Erinnerung an den Zweiten Weltkrieg entwickelt, die auch die Geschichte der ukrai-nischen Kollaboration umfasst. Stattdessen entstanden in die-ser Zeit ein Sportzentrum und ein Schießplatz auf dem Gelände, und mitten in die Schlucht wurde eine U-Bahn-Station gebaut. Während nach dem Fall der Mauer überall in Europa Gedenk-stätten und Holocaust-Museen entstanden, blieb Kyiv davon weitgehend unberührt – sieht man von dreißig miteinander um Aufmerksamkeit konkurrierende Denkmäler der einzelnen Opfergruppen im Park von Babyn Jar ab. Erst mit der proeuropäischen Protestbewegung am Maidan entstand 2014 ein neues Interesse an der komplizierten Täter:innen- wie Opfergeschichte des Landes. Um eine europäische Hauptstadt zu werden, sollte sich Kyiv seiner Landschaften des Holocaust erinnern und mit den Nachwirkungen des sowjetischen Gedenkregimes brechen. Es entstand ein Plan für das größte Erinnerungsprojekt Europas, das sich mit der erweiterten Gedenkstätte in Yad Vashem und dem Holocaust Memorial Museum in Washington, D. C., vergleichen wollte. Mit der Unterstützung russisch-jüdischer Oligarchen sollten auf dem Gelände von Babyn Jar insgesamt fünfzehn Museen entstehen. Ein digitales Archiv wurde initiiert, eine riesige Sammlung historischer Objekte angelegt und die Zusammenarbeit mit bekannten und weniger bekannten Künstler:innen begonnen. Bereits realisiert ist nun eine Holzsynagoge des Schweizer Architekten Manuel Herz, die sich wie ein Buch aufklappt und einen zur Landschaft offenen Sakralraum schafft. Auch eine Außeninstallation der Künstlerin Marina Abramović wurde bereits eröffnet, doch ihre »Crystal Wall of Crying« aus Kohle und Kristall erntete viel Kritik, zu protzig und vom eigentlichen Ort abgehoben erschien das Projekt. Überhaupt wurde das Gesamtkonzept als »Holocaust Disney« kritisiert, dem es nicht um die Vermittlung von Menschenrechten, Inklusion und Gleichheit ginge, sondern um einen Ort, an dem auf fragwürdige Weise dem Genozid nachgefühlt werden sollte.

Kurz vor Ausbruch des russischen Angriffskrieges reiste die russisch-amerikanische Autorin Masha Gessen nach Kyiv. Sie kannte erfolgreichere und weniger erfolgreiche Holocaust-Museen und -Mahnmale in ganz Europa und begegnete der neuen Konzeption mit Skepsis. In Babyn Jar besichtigte sie eine vor kurzem realisierte Audioinstallation, aus deren Lautsprechern Namen und Alter der Ermordeten erklingen, während Menschen mit ihren Kindern durch den Park spazieren – ein einfaches, aber wirksames Konzept, so Gessen. Beeindruckt zeigte sie sich auch von der zweiten Installation, einer vibrierenden Spiegelfläche mit ebenso verspiegelten Säulen. Die ganze Konstruktion hat Einschusslöcher, die angeblich von demselben Kaliber stammen wie dem in der Schlucht von Babyn Jar benutzten: 100 000 Schüsse für 100 000 Tote, und in der Spiegelfläche reflektiert sich das eigene Bild durchlöchert.[7] Masha Gessen beschreibt das Geräusch von brechendem Glas, als sie die Plattform betritt, und sie fühlt plötzlich, dass sie berührt ist: »This monument was unlike any other: it was constructed of light, temporary material; it pulled you in without telling you exactly what to think; and it made you feel alone in a fragile, crackling, howling, grieving world.«[8]

Ukrainische und russische Narrative prallen in der kontroversen Diskussion um die Gedenkstätte seit Jahren aufeinander. Der neue Krieg hat diese Debatten abrupt abgebrochen. Seit dem Februar 2022 ist Babyn Jar zuallererst damit beschäftigt, Holocaustüberlebende außer Landes zu bringen, Flüchtlingen zu helfen und die Sammlung historischer Objekte zu schützen. Das digitale Archiv der Gedenkstätte wird aktuell erweitert um Interviews von Überlebenden der Massaker von Butscha und Mariupol. Jeder weitere Plan für die Zukunft wird den aktuellen Krieg miteinbeziehen und eine neue Form der ukrainischen Erinnerungskultur entwickeln müssen.

Auf dem Gebiet der heutigen Ukraine gibt es neben Babyn Jar insgesamt 2000 Massengräber aus dem Zweiten Weltkrieg, von denen kaum eines als Gedenkort markiert ist. In ihrem Buch »The Ravine« widmet sich die Historikerin Wendy Lower einer dieser Schluchten und untersucht dabei ein ungewöhnliches

Foto. Auf dem Bild, das nahe Miropol aufgenommen wurde, ist eine Grube zu sehen, die in den Tagen zuvor von ukrainischen Teenagern gegraben worden war. An ihrem Rand steht eine jüdische Frau in einem gepunkteten Kleid, vornübergebeugt mit einem barfüßigen Kind an ihrer Hand. In ihrem Schoß verborgen und kaum zu sehen ist ein zweites Kind. Das Foto zeigt die Mutter in dem Moment, in dem sie von einer Gruppe Männer, rechts im Bild, erschossen wird. Rauch steigt aus den Waffen der Deutschen und Ukrainer auf. An die Kinder, so die Politik der Nazis, wurden keine Kugeln verschwendet, sie fielen lebend in die Grube. Der Fotograf der Aufnahme, so ergaben Wendy Lowers Forschungen, war ein Slowake, der sich dem Widerstand anschloss und das Foto in Sicherheit schmuggelte.[9]

Die Landschaften der Ukraine, der baltischen Staaten, Weißrusslands und Polens sind mehr als der Hintergrund dieser erzählten und – viel häufiger – nicht erzählten Geschichten: von den sanften grünen Hängen von Babyn Jar bis zu den Wäldern von Sobibor, mit ihrem »angenehmen Duft von Nadelbäumen im Regen«, schreibt Yishai Sarid in seinem Roman »Monster«. »Was hier geschehen ist, liegt bestens unter der Erde verborgen. Die Deutschen haben das Lager zerstört und den Boden sorgfältig umgepflügt. Doch meine Augen wussten die Anlagen im offenen Gelände zu platzieren – hier der Verschlag zum Auskleiden und Haarescheren, da die Stelle, wo man das erbeutete Gepäck lagerte, dort begann die ›Himmelsstraße‹, wo man die nackten Menschen zu den Gaskammern jagte.«[10] Es ist eine Landschaft, in die der Verlust der gesamten jüdischen Bevölkerung der Region eingeschrieben bleibt, und damit ein ganzes Set von tausenden von Leerstellen und von Erfahrungen des Vergessens. In seinem Dokumentarfilm »Shoah« hatte der französische Regisseur Claude Lanzmann in den 1970ern als Erster diese Landschaft in ihrer stummen Zeugenschaft befragt, dreißig Jahre nach den Ereignissen. Lanzmann verzichtete vollständig auf Archivbilder, deren Zeugenschaft er misstraute, weil so viele von ihnen aus der Perspektive der Täter aufgenommen wurden. Für ihn zählten vor allem die Erinnerungen der Menschen, zu einer Zeit, als noch kaum jemand Interesse an ihrer Zeugenschaft hatte. Indem er immer wieder die leere, scheinbar unberührte Natur in den Vordergrund rückte, lieferte Lanzmann bis heute die stärksten Bilder für die Unvorstellbarkeit des Genozids.

Vor einiger Zeit präsentierte das Polin-Museum in Warschau eine Retrospektive von Wilhelm Sasnal. Der polnische Maler stellt in vielen großen Museen der Welt aus, wird aber selten eingeladen, seine Arbeiten in seinem Heimatland zu zeigen. In der Ausstellung mit dem Titel »Such a Landscape« nach einem Gedicht des polnischen Dichters Andrzej Szmidt zeigte Sasnal großformatige Malereien polnischer Landschaften, Ansichten von Wäldern und Ruinen von Lagern. Sasnal befragt dabei eine nationale polnische Identität, die sich widerspiegelt in klischeehaften Ansichten der Natur und Projektionen historischer Größe. Seine Arbeiten sind ambivalent und offen für Interpretation und stellen zugleich eine ganz konkrete Frage: danach, ob die Politik der Erinnerung nicht eher individuell und persönlich entstehen muss als durch Regierungsprogramme. Er sucht, ähnlich wie Lanzmann, nach der Repräsentation des Holocaust, wie sie sich in erinnerten Bildern und in die Landschaft eingeschrieben hat.[11] In der Ausstellung wurden Sasnals Landschaften vor einem spiegelnden Hintergrund montiert, der den ganzen Galeriebereich auskleidete. Auf meinem Weg durch den Raum konnte ich meinen eigenen Umrissen folgen auf ihrem schemenhaften Weg an den Landschaften vorbei und in sie hinein. Für einen Moment tauchte Michael Sidkos Porträt wieder vor meinem inneren Auge auf, das Bett von Patronenhülsen, auf dem er liegt, und die grünen Wiesen von Babyn Jar, an die er sich erinnert.

ANNE FRANK
SUPERSTAR

Jeden Morgen wird sie frisiert. Kratzer, die unvorsichtige Besucher:innen hinterlassen haben, werden überschminkt. Gleich nebenan kümmert sich jemand um die Geschwister Scholl, Adolf Hitler sitzt nicht weit. Seit einigen Jahren gehört Anne Frank zur ständigen Ausstellung von Madame Tussauds Wachsfigurenkabinett in Berlin. Die Dreizehnjährige sitzt an ihrem Schreibtisch in der Prinsengracht, umgeben von den Dingen, die ihr wichtig sind. Die Geräusche im Hintergrund vermitteln den Eindruck, dass es da draußen eine Welt gibt, von der sie ausgeschlossen ist. Sie lächelt, eine Hand liegt auf ihrem Tagebuch, als würde sie nur eine kurze Schreibpause einlegen. Die räumliche Nähe der vier historischen Wachsfiguren, und vor allem zwischen Anne Frank und Adolf Hitler, sei purer Zufall, so heißt es. Der Wachsdiktator ist in Berlin nicht wie in London als Feldherr dargestellt, sondern als gebrochener Verlierer in seinem Bunker. Anders als Anne sitzt er hinter Glas, seit ihm bei der Eröffnung 2008 ein erboster Besucher den Kopf abgeschlagen hat.[1] Es ist nicht das erste Mal, dass Anne Frank und Adolf Hitler gemeinsam in einem Raum, einem Theater, einem Buch, einem Kunstwerk oder einem Meme auftauchen: hier das Gute, Unschuldige, vertreten durch die Fünfzehnjährige, die kurz vor der Befreiung durch die Briten im Lager Bergen-Belsen an Hunger und Krankheit zu Tode kam, dort der für ihre Ermordung verantwortliche Diktator als Verkörperung des absolut Bösen. Ein

Kollege an der Indiana University, der Literaturwissenschaftler Alvin Rosenfeld, unterrichtete viele Jahre lang eine Lehrveranstaltung mit dem Titel »Anne Frank and Hitler«. Studierende sollten in Texten, Filmen und Gedichten lernen, die Images, die über die Jahrzehnte entstanden sind, zu hinterfragen, um das komplexe Phänomen der historischen Repräsentation zu verstehen.

Andere Jugendliche haben während des Holocaust geschrieben. Manche ihrer Tagebücher wurden erst vor wenigen Jahren aus dem Jiddischen übersetzt, einige liegen schon lange vor, aber kaum eines der Bücher wurde außerhalb kleiner Kreise von Interessierten gelesen. Kein anderes Versteck, egal ob in Polen, Frankreich oder der ehemaligen Sowjetunion, weckt ähnliche Emotionen wie das Amsterdamer Hinterhaus. Anne Frank ist nicht nur das bekannteste Opfer des Nationalsozialismus, sondern vermutlich auch der berühmteste Teenager weltweit und eine der erfolgreichsten Autorinnen überhaupt. Aber zugleich gibt es kaum jemanden, dessen Bild und Name im Internet ähnlich oft von Rechtsextremen vereinnahmt, missbraucht und zum Ziel antisemitischer und misogyner Rhetorik wird.

Seit ihrem Tod sind weltweit eine Vielzahl unterschiedlicher Bilder und Wahrnehmungen von ihr entstanden, und alle förderten sie Anne Franks wachsende Berühmtheit. Auf Basis der verschiedenen Fassungen des Tagebuchs, die seit 1947 – mit oder ohne die Kürzungen ihres Vaters Otto Frank – erschienen, gab es eine Anne, die mehr oder weniger harsch mit ihrer Mutter ins Gericht ging, und es gab eine Anne, die über Sexualität schrieb oder es eben nicht tat. In der ersten Theateradaption, die Mitte der 1950er Jahre in New York Premiere hatte, verschwanden viele Aspekte ihrer jüdischen Identität und damit auch der Besonderheiten des Holocaust. Schritt für Schritt entwickelte sich das Tagebuch zu einem universellen Dokument des Leidens, der Unschuld, der Hoffnung und des Optimismus; und seine Autorin verwandelte sich in eine nach vielen Seiten offene Identifikationsfigur. Die Einleitungen des in zahlreiche Sprachen übersetzten Dokuments spiegeln wider, wie unterschiedlich die jeweiligen nationalen Blicke auf Anne waren und sind: Auf Deutsch etwa ist die Rede vom »Geist der Liebe«, auf Englisch »von Beglückung und Glauben«, während Anne auf Französisch zur Künstlerin und Mystikerin verklärt wird. Der russische Dichter Jewgeni Jewtuschenko gehörte zu den Ersten, der sie in einem Gedicht verewigte. In seinem 1961 erschienenen »Babij Jar« über den gleichnamigen Ort der Massenerschießungen Kiewer Juden erklärte er sie zum universellen Opfer und stellte sich vor, sie zu sein.[2]

Lange bevor in den 1980er und 1990er Jahren eine globale Erinnerungskultur des Holocaust entstand, erreichte das wandelbare Image des deutsch-holländisch-jüdischen Mädchens die Menschen auf der ganzen Welt. Die weite Verbreitung des Tagebuchs hatte allerdings wenig Auswirkungen darauf, was das Nachkriegslesepublikum über die Vernichtung der europäischen Jüd:innen erfuhr oder erfahren wollte. In Japan zum Beispiel liest man das Tagebuch, das dort von Otto Frank persönlich beworben wurde, noch immer als Antikriegsgeschichte. Drei animierte Filme und mehrere Mangas basieren darauf, und nur in den USA ist das Tagebuch noch erfolgreicher. Der jüdische Charakter der Geschichte spielt dabei fast keine Rolle – im Gegensatz dazu wird Anne Frank als Opfer des Krieges mit den Opfern der Atombombe in Verbindung gebracht. In dieser Lesart lenkt ihr Tagebuch von jeglicher Verantwortung oder Schuld Japans im Zweiten Weltkrieg ab. Gegen diese Praxis, Anne Frank zu lesen, um sich in der eigenen Geschichte wohler zu fühlen, wehrte sich Machiyo Kurokawa als Überlebende von Hiroshima zeit ihres Lebens. Denn obwohl sich Einrichtungen wie das Holocaust

Education Center in Fukuyama, nicht weit von Hiroshima, ausschließlich der Vermittlung von Anne Franks Geschichte widmen, fördern sie gleichzeitig und leise einen verantwortungsvollen Blick in die japanische Vergangenheit. Anne Franks Popularität in Japan hat allerdings nicht nur erinnerungskulturelle Gründe. In den 1950er und 60er Jahren wurde ihr Tagebuch vor allem als die persönliche Geschichte eines Teenagers gelesen. Für viele war es die erste Berührung mit einem Text über Menstruation. Bald war »Annes Tag« die geläufige Bezeichnung für den Beginn der Monatsregel. Der Tabubruch war so erfolgreich, dass eine findige Firma daraufhin ein Tampon mit dem Namen »Anne« produzierte.[3]

Bis heute machen Japanerinnen und Japaner einen großen Teil der Besucher:innen in der Amsterdamer Prinsengracht 263 aus. Insgesamt kommt jedes Jahr weit über eine Million Menschen, um das Anne-Frank-Haus zu besuchen, und sie stehen stundenlang bei Wind und Wetter in der Schlange. Das Hinterhaus, das heute zu den bedeutendsten Sehenswürdigkeiten der Niederlande gehört, hatte einst eine ungewisse Zukunft. Nach dem Krieg sollte es abgerissen werden, und noch bei der Eröffnung 1960 war unklar, was genau hier passieren sollte. Otto Frank wünschte sich einen Ort, an dem sich junge Leute aus der ganzen Welt treffen würden. Hier sollten sie die Gelegenheit bekommen, sich über die Vergangenheit auszutauschen und – mehr noch – über die Zukunft zu sprechen. Mit der International Youth Conference 1963 nahm dieser Plan Gestalt an, und bis Ende der 1960er Jahre entwickelte sich das Haus zu einem Ort der Diskussion und Information über Menschenrechtsverbrechen weltweit: vom Vietnamkrieg über die amerikanische Bürgerrechtsbewegung bis hin zur Apartheid in Südafrika und sogar zum israelisch- palästinensische Konflikt. Die Relevanz des Holocaust wurde zusehends darin gesehen, aktuellen globalen

Herausforderungen zu begegnen. Dafür erntete das Museum Kritik, da die jüdische Erfahrung aus dem Blick zu verschwinden drohte.[4]

Die Globalisierung des Gedächtnisses brachte noch weitere Herausforderungen mit sich, wie sich zeigen sollte. 1954 hatte die Fotografin Maria Austria die Räume des Hinterhauses fotografiert, so wie sie bis dahin erhalten waren. Marie Karoline Oestreicher, so ihr bürgerliche Name, hatte als Jüdin den Krieg selbst im Versteck und im holländischen Widerstand überlebt. Ihre Fotos sind düster und passen nicht so recht zu den belebten Hinterhaus-Szenarios der Theaterstücke und Filme, die in diesen Jahren parallel entstanden. Für eine museale Nutzung musste das Haus renoviert und in Teilen auch rekonstruiert werden, wollte man Besucher:innen eine möglichst lebensnahe Erfahrung des Verstecks anbieten. Der Umstand, dass das »Original« streng gesprochen selbst eine Rekonstruktion ist, irritierte den britischen Künstler Simon Fujiwara derart, dass er sich seine eigene Rekonstruktion baute. Im Shop des Museums erstand er einen Bausatz des Hinterhauses, samt Bastelanleitung. Daraus entwickelte Fujiwara 2018 einen originalgetreuen Nachbau im Maßstab 1:1 und nannte ihn »Hope House«. Fujiwara beschäftigte sich in diesem Prozess mit den unterschiedlichen Repräsentationen Anne Franks, die sich über die Jahrzehnte herausgebildet haben. Dabei entdeckte er die vielgestaltige Industrie, die dazu beitrug, aus dem jüdischen Mädchen ein globales Phänomen zu schaffen. Den Künstler beschäftigten Fragen nach Teilhabe und Demokratie im Prozess des Erinnerns, aber auch nach dem Charakter von Gedenken als kapitalistischer Unterhaltungskultur.[5]

»Hope House« will nicht wie das echte Hinterhaus Authentizität vermitteln, sondern es will als Reproduktion im Heute erkannt werden. Deshalb steht dort Katzenstreu am Boden, Kunst (von Fujiwara) hängt an den Wänden und weiße Wäsche zum

Trocknen. Aufmerksame Besucher:innen entdecken an einem Kleiderbügel in Plastikfolie Beyoncés Jumpsuit – Fujiwara hat ihn nachschneidern lassen. Die Vorgeschichte des berühmten Kleidungsstückes geht zurück auf einen Besuch Justin Biebers im Anne-Frank-Haus, der ins Gästebuch schrieb, er hoffe, Anne wäre sein Fan gewesen – dafür erntete er einen massiven Shitstorm. Als jedoch Beyoncé einige Zeit später das Museum besuchte und sich in einem bescheidenen hellblauen Jumpsuit fotografieren ließ, war das Kleidungsstück innerhalb von weniger als einer Stunde weltweit ausverkauft.[6]

Fujiwara entwickelte sein »Hope House« für jeden Ausstellungsort weiter, bis er schließlich auch Anne selbst am Tisch sitzend als Wachsfigur rekonstruierte. Anders als bei Madame Tussauds können die Menschen Fujiwaras Anne allerdings nicht nahetreten. Stattdessen kommt eine Roboterkamera zum Einsatz, die Besucher:innen die hyperreale Figur auf unheimliche Weise nahebringt. Der Künstler betont damit das Image, das aus ihr geworden ist, im Gegensatz zu dem Menschen, der sie war – ein Image, das uns auf Kaffeetassen, T-Shirts oder Tragetaschen wiederbegegnet, und damit auch eine Ikone des weltweiten Kapitalismus.

Vor einigen Jahren wollte die Deutsche Bahn einen ICE nach Anne Frank benennen, ungeachtet der Tatsache, dass die Reichsbahn an den Deportationen, auch der des niederländischen Mädchens, viel Geld verdiente. Eine Brauerei in Birmingham bot unlängst einen vegetarischen »Anne Frankfurter« an – die Empörung war groß. Ähnlich ging es einer holländischen Firma, die kurz darauf eine Café-au-lait-Schale mit dem Namen »Hollands Glory« auf den Markt brachte. Das Porzellansouvenir war mit Cartoons von all dem bemalt, was die Niederlande ausmacht: Clogs und Tulpen, Sinterklaas und Windmühlen und eine fröhlich lächelnde Anne Frank.[7]

Über diese niederländische Praxis, Anne Frank zu lesen, auszustellen, zu inszenieren und schließlich in Folklore zu verwandeln, um, ja, um sich mit der eigenen Geschichte wohler zu fühlen, ist auch der israelische Regisseur Ari Folman gestolpert. Denn gerade in Israel hat sich lange das Image gehalten, Holland hätte seine jüdische Bevölkerung geschützt und gerettet – dabei wurden 75 Prozent der holländischen Jüd:innen ermordet. Mit seinem animierten Film »Where is Anne Frank?« richtet sich Folman gezielt an Jugendliche, und es ist nicht sein erstes Projekt zum Thema Erinnerung. 2008 hatte er mit dem ebenfalls animierten Dokudrama »Waltz with Bashir« einen beeindruckenden Film über Erinnerung, Schuld und Trauma im Nahostkonflikt vorgelegt.

»Where is Anne Frank?« spielt im heutigen Holland. In einer Gewitternacht wird Kitty, Annes imaginäre Freundin, lebendig und begibt sich auf eine Odyssee durch Amsterdam. Sie will herausfinden, was mit Anne und ihrer Familie geschah. Doch alles, was sie findet, sind Orte, die sich mit ihrem Namen schmücken: eine Brücke, ein Theater, eine Schule – über Anne weiß man dort wenig. Stattdessen entdeckt sie eine Welt, in der Menschen, die vor Kriegen und Verfolgung auf der ganzen Welt geflohen sind, keinen Platz haben. Annes Botschaft scheint verloren, bis zu dem Moment, als das Tagebuch – das unbezahlbare Original – in den Händen eines kleinen geflüchteten Mädchens landet, als Faustpfand und Versicherung dafür, nicht abgeschoben zu werden. Kitty findet sich wieder in der Gemeinschaft von Menschen, die zu den Schwächsten in der Gesellschaft gehören, Kinder und Geflüchtete, und sie wird zur Aktivistin. Doch immer wieder kehrt sie zurück in das nächtlich leere Anne-Frank-Haus, auf der Suche nach dem Ursprung ihrer Geschichte und der Quelle ihrer Existenz.[8]

Im Film hat Anne Frank einen Traum, der sie weit weg von

ihrem engen Zimmer im Hinterhaus in eine einsame Bergland-
schaft führt. Während sie auf Schlittschuhen dahinfährt, entdeckt sie plötzlich Reihen über Reihen von Nazis, die ihr ent-
gegenmarschieren. Sie blickt sich hilfesuchend um, und da
springt ihr eine farbenprächtige Armee aus Fantasiegestalten zur
Seite, griechische Gött:innen auf Pferden und mit Speeren be-
waffnet, und zwischendrin Clark Gable, der sie mitnimmt und
rettet. Die Ästhetik der Animation erinnert an Computerspie-
le und zitiert gleichzeitig den Kampf gegen das universelle Böse,
wie ihn J. R. R. Tolkiens Epos »Lord of the Rings« in Reaktion
auf den Zweiten Weltkrieg entwickelt hat. Die Armee aus Ret-
tern hat Arie Folman auf Tagebucheintragungen Anne Franks
basiert, in denen sie immer wieder über griechische Mytholo-
gie oder ihr Hollywood-Idol Clark Gable schreibt. Folman, dessen Eltern Wanda und Mordecai in derselben Woche in Auschwitz ankamen wie die Familie Frank, geht es nicht darum, die
Schuld der Deutschen und das jüdische Leiden in einem mytho-
logischen Kampf zwischen Gut und Böse zu verwischen. Wichtig ist ihm eine Botschaft für die Gegenwart, wie sie sich in diesem Dialog zwischen Anne und der imaginären Kitty entspinnt:

KITTY

Anne, I don't understand – why did they pick on the Jews?
What's their issue with Jews?

ANNE

Why the Jews? Why not?! For all of human history, people
have always found a minority to blame for the bad things
that happen to them …
The Gypsies here in Europe, the Armenians in Turkey, the
Namibians in Africa, the Apaches in Mexico … Should I go
on?

KITTY
No. No, I get it …
Anne … Am I Jewish?

ANNE (firmly)
No.

KITTY
Why not?

ANNE
Because I made you up, you only exist in my imagination, and since you're in there, I don't want you to be Jewish. Period!

KITTY
What does it mean to be Jewish anyway?

ANNE
It means making a decision.

KITTY
That's it?

ANNE
Making a decision that you are taking on the Jews' destiny. And their history.

KITTY
Well, then, I don't care what you say. I've made my decision. I'm Jewish.[9]

Die Entscheidung der imaginären Kitty, jüdisch zu sein, korrespondiert mit ihrer Entscheidung zum Aktivismus. Die Verantwortung liegt bei jedem und jeder selbst. Nicht die Frage »Was hätte ich damals getan«, sondern die Frage »Was mache ich heute?« ist für Folman relevant.

Der Film kommt gerade rechtzeitig für eine geschichtspolitische Kontroverse um das Thema Widerstand und Kollaboration in Holland, die eine Ausstellung des Amsterdamer Widerstands-Museums Ende 2022 ausgelöst hat. Für die Schau »Die Niederlande im Zweiten Weltkrieg« hat das Museum entschieden, den Begriff »Helden« nicht länger zu verwenden und den Blick, anstatt auf wenige Mutige, auf die ganz normalen Menschen zu richten: auf einen Jugendlichen, der auf die deutsche Propaganda hereinfiel und in die Wehrmacht eintrat, oder auf den Anführer einer Gruppe von Kopfgeldjägern, die sich jeden aufgefundenen Juden, jede Jüdin bezahlen ließen. In über hundert Geschichten werden Menschen einander gegenübergestellt, deren Biografien eng verwoben sind, die aber bislang durch die Täter-Opfer-Kluft voneinander getrennt waren: wie Hannie Schaft, eine Widerständlerin, und Emil Rühl, ein Nazi-Agent. Die rothaarige Jurastudentin schloss sich dem bewaffneten Widerstand an und wurde monatelang von Rühl gejagt, bis er sie schließlich zu fassen bekam. Daraufhin wurde Hannie Schaft zum Tode verurteilt und erschossen.

Die Ausstellung, so die Kritik, würde den Tätern das Monströse und den Opfern das Heldenhafte nehmen und sie alle zu ganz »normalen Menschen« erklären. Genau darum geht es, so Direktorin Liesbeth van der Horst, um die Grauzonen und Schattierungen. Denn auch die holländischen Nazis und Kollaborateur:innen sind für sie Teil der Geschichte. »Man kann nicht von jedermann Widerstand erwarten«, erklärt sie in einem Interview. »Das ist es, was wir zeigen. Darum müssen wir verhindern, dass Totalitarismus überhaupt passiert. Wir müssen unsere Demokratie verteidigen und unsere Rechtsstaatlichkeit.«[10]

Die Diskussion um die Grauzonen hat in den Niederlanden erst ihren Anfang genommen. In zwei Jahren endet die Sperrfrist für 32 Millionen Dokumente, die in lokalen Archiven liegen und die Auskunft geben über 300 000 Holländerinnen und Holländer, die nach dem Krieg als Kollaborateur:innen ausgesagt haben.[11] Noch ist das Thema ein Tabu, aber nach Frankreich (und dem Vatikan) wird auch in Holland eine breite gesellschaftliche Debatte helfen zu verstehen, weshalb Menschen und Institutionen sich widersetzt oder dem Druck des Regimes nachgegeben haben: Warum waren sie feige und haben weggeschaut? Was hat sie dazu bewogen, von der Verfolgung zu profitieren oder sich zu bereichern? Wer war mutig und hat Widerstand geleistet, wer hat Freunde und Nachbarn verraten?

Einer der ersten Historiker des Holocaust, Raul Hilberg, hat diesen Grauzonen mit dem wegweisenden Titel »Täter, Opfer, Zuschauer« bereits früh seine Aufmerksamkeit gewidmet. Bewusst wandte Hilberg den Blick ab von den ikonischen Figuren und den wenigen berühmten Täter:innen und rückte stattdessen immer wieder die blassen Mitmacher:innen ins Zentrum. In seinem Buch »Zerborstene Zeit« beschreibt Michael Wildt mit Luise Solmitz eine begeisterte Unterstützerin Adolf Hitlers, die plötzlich »furchtbar niedergeschlagen« war, als die Boykotte jüdischer Geschäfte im März 1933 losgingen. Die Mitläufer:innen und Zuschauer:innen, von denen so viele freigesprochen und rehabilitiert wurden, in ihrer Zeugenschaft zu befragen war auch in Deutschland weitgehend verabsäumt worden. Der Journalist Hannes Leitlein, ein Angehöriger der Millenial-Generation, machte sich zum 75. Jahrestag des Kriegsendes in einem Essay mit dem Titel »Die Nazis, das waren wir« Gedanken über seine Mitläufer-Großeltern und darüber, dass er es versäumt hatte, sie über den Krieg zu befragen. Und so bleibt ein großer Teil der Erzählung des Nationalsozialismus bis heute unscharf, vage und blass, dabei sind die Spuren eng verwoben mit der Gegenwart.[12]

In seinem Dokumentarfilm »Occupied City«, der im Mai 2023 in Cannes Premiere hatte, unternimmt der afrobritische Regisseur Steve McQueen ein Experiment, um diese Verwobenheit sichtbar zu machen. Ursprünglich hatte er vor, einen Film über die Spuren der Vergangenheit im heutigen Amsterdam zu drehen. Doch dann entstand ein vierstündiger Dokumentarfilm, der auf dem Buch seiner Partnerin, Bianca Stigter, basiert, einem Atlas der besetzten Stadt von 1940 bis 1945. Dieser Atlas macht die Orte sichtbar, an denen sich die zusehends brutale Verfolgung der Amsterdamer Jüd:innen und die beginnenden Deportationen ereigneten, er zeigt die Schauplätze der »Hungerwinter« von 1944 und 1945, sowie die Verstecke jüdischer Familien und des Widerstands. Eine Sprecherin liest Berichte und Erfahrungen vor, während die Kamera die Orte in der Stadt ausfindig macht – allerdings nicht in Archivbildern, sondern im heutigen Amsterdam und mit heutigen Menschen. Während der Text von einem Gefängnishof berichtet, in dem jüdische Häftlinge gezwungen waren, »Ich bin ein Jude, schlag mich tot, ich bin selbst schuld« zu skandieren, zeigt die Kamera das Arial heute, wo sich ein Hard Rock Cafe befindet. In dem Gebäude, in dem früher das Hauptquartier der Gestapo untergebracht war, ein Ort von Angst und Schrecken, besuchen heute Kinder, darunter die Tochter des Regisseurs, die Schule. Alltägliche Routinen, vergangene und gegenwärtige, legen sich in dieser künstlerischen Praxis übereinander, ein Prozess, der beim Betrachten ein Gefühl von Verlust und Abwesenheit auslöst. Ähnlich wie Claude Lanzmann, auf den er sich beruft, verzichtet McQueen auf historisches Bildmaterial und ermöglicht uns damit nicht, einen schnellen Ausweg zu nehmen in die Vorstellung einer weit zurückliegenden schwarz-weißen Welt, einer mythischen dunklen Zeit. Wie Ari Folman macht Steve McQueen die Kluft sichtbar, die zwischen gestern und heute liegt, und beide Regisseure stellen schwierige Fragen: nach der Musealisierung und Historisierung von Geschichte – von Anne Frank im Besonderen – und nach der Verantwortung in einer gegenwärtigen Welt.

EIN ANDERER KRIEGSSCHAUPLATZ

Der Schrein liegt in einem weitläufigen Areal, umgeben von Kirschbäumen, deren Blüte gerade vorbei ist. Es ist ruhig, nur wenige Menschen sind an diesem Vormittag hierhergekommen, eine ältere Frau hebt die Hände zum Gebet, ein junger Mann wirft Münzen in den *saisen bako*, den Opferstock. Nichts deutet darauf hin, dass der Shinto-Schrein im Tokioter Stadtbezirk Chiyoda einer der umstrittensten Erinnerungsorte Asiens ist und bis heute Anlass gibt für diplomatische Verwerfungen. Nur ein Schild am Eingang weist auf Japanisch, Englisch, Koreanisch und Chinesisch darauf hin, dass Demonstrationen und Versammlungen auf dem Gelände verboten sind, ebenso wie das Hissen von Flaggen und »jedwede Handlung, die dazu führt, dass andere Besucher:innen sich nicht wohlfühlen«. Seit dem Jahr 1869 gedenkt der Yasukuni-Schrein der gefallenen Soldaten und zivilen Kriegsopfer im Dienst des Staates. Im Park rund um den Schrein erinnern Statuen an die im Krieg umgekommenen Pferde, Brieftauben und Hunde.

Bereits in den 1930er Jahren war der Yasukuni-Schrein ein politisch hoch aufgeladener Erinnerungsort, der nicht zufällig im August 1938 von Deutschen besucht wurde. Eine Gruppe von dreißig Mitgliedern der Hitlerjugend legte Blumen nieder, später fuhren sie in den eleganten Sommerfrischeort Karuizawa, wo sie mit zum »deutschen Gruß« erhobener Hand durch die Stadt marschierten. Insgesamt drei Monate tourten sie durch

Japan, um der Welt zu zeigen, wie gut sich die beiden Länder verstanden. Heute erinnert der Schrein an zweieinhalb Millionen Gefallene, darunter verurteilte Kriegsverbrecher, die in der Mandschurei Experimente mit biologischen Waffen an Kriegsgefangenen und chinesischen Zivilisten durchgeführt hatten. Dass die nationalkonservative Rechte an der politischen Symbolkraft des Schreins festhält, führt deshalb noch immer zu diplomatischen Verwerfungen mit China und Korea.

Die meisten Menschen, die mir hier begegnen, sind auf dem Weg zum angrenzenden Museum. Das Yūshūkan ist eines der ältesten Museen Japans und existiert seit 1882. Ursprünglich im Stil eines mittelalterlichen italienischen Schlosses erbaut, musste es nach dem großen Erdbeben von Tokio 1923 neu errichtet werden. Vor allem Männer und einige Tourist:innen besuchen das privat geführte Haus, das eine eigenartige Mischung aus Gedenkort und Militärmuseum ist. Während manche Räume, in denen hunderter gefallener Soldaten in Biografien und Fotos gedacht wird, sich nur an ein Japanisch sprechendes Publikum richten, ist die historische Ausstellung über den fünfzehnjährigen Krieg von 1930 bis 1945 zumindest teilweise in englischer Sprache beschriftet. Zwischen Samurai-Rüstungen, Flugzeugen, Panzern, Geschossen und Munitionsresten wird dort eine einseitige Opfer-und-Helden-Geschichte entwickelt und mit einer vagen Friedensbotschaft verwoben.

Als erstes Opfer wird in dieser Erzählung der japanische Nationalstaat beschrieben, und zwar als ein Land, das im 19. Jahrhundert vergeblich versuchte, mit den wirtschaftlichen und industriellen Sprüngen der Europäer und Amerikaner mitzuhalten. Diese Frustration und die damit einhergehenden Zwänge hätten Japan einer Politik des Imperialismus und Expansionismus in die Arme getrieben. Der japanische Angriffskrieg war, so die Ausstellung, zugleich dem noblen Zweck geschuldet, Asien vom Joch westlicher Kolonialisierung zu befreien – in einem sakralen Akt hätten sich die Soldaten für Kaiser und Vaterland selbst geopfert.

Kriegsverbrechen wie das grausame Massaker und die Massenvergewaltigungen in der chinesischen Stadt Nanjing im Sommer und Herbst 1937, werden im Yūshūkan konsequent übergangen oder nur zur Hälfte erzählt. Weder die zur Prostitution gezwungenen »Trostfrauen« werden erwähnt, noch die Millionen von Zwangsarbeiter:innen, die in den besetzten Gebieten und in Japan selbst ausgebeutet wurden. Sie alle warten bis heute auf eine offizielle Entschuldigung und individuelle Reparationszahlungen, die sie seit Jahrzehnten fordern. Für Japan gelten alle finanziellen Verpflichtungen mit den einmaligen Zahlungen an Korea und China in den 1960er und 70er Jahren als beglichen, jegliches Verständnis für die Notwendigkeit einer Entschuldigung fehlt. Trotz dieser Leerstellen und seiner bellizistischen Agenda äußert sich das Museum immer wieder kritisch gegenüber dem Krieg, Militarismus und Pazifismus stehen unvermittelt nebeneinander. Aber wie könnte es auch anders sein? Die gefallenen Helden, derer hier gedacht wird, taugen nicht als Vorbilder, denn ein heroischer Krieg, der in einer Niederlage endet, lässt sich nun einmal nicht feiern.

Genug Helden für einen Tag und meinen Geschmack. Ich nehme die Bahn und fahre zum Haus meines Bruders im Westen Tokios, wo ich für ein paar Tage wohne. In westlichen Kreisen wird der Yasukuni-Schrein häufig genannt, wenn Japans historische Amnesie beklagt wird und die fehlende Aufarbeitung der unter japanischer Flagge begangenen Kriegsverbrechen. Das sei schon richtig, aber trotzdem nicht ganz so einfach, findet mein Bruder, der seit vielen Jahren in Tokio lebt und unweit des Schreins sein Büro hat. Er hat Reis mit Seeigel vorbereitet und wir unterhalten uns während des Essens. Für die meisten

Japaner:innen hätte der Schrein keine Bedeutung, meint er, bis auf einige rechtskonservative, nationalistische Kreise. Nach dem Essen zieht er Pankaj Mishras »Aus den Ruinen des Empires« aus dem Bücherregal. In dem Buch geht es um die die Reaktionen asiatischer Intellektueller auf den Kolonialismus und ihre Konstruktion einer binären Opposition zwischen West und Ost. Japans Eroberungskrieg hatte 20 Millionen Tote, schreckliche Hungersnöte, Massaker, Zwangsarbeit und Zwangsprostitution zur Folge und war ohne Zweifel ein grausamer Krieg, schreibt Mishra. Aus japanischer Sicht habe die kaiserliche Armee allerdings keine asiatischen Nachbarn besetzt, als sie 1941 mit verwirrender Schnelligkeit ein Land nach dem anderen zu erobern begann – von den Philippinen über Singapur, Malaysia, Hongkong, Niederländisch-Indien, Teile von Siam und dem französischen Indochina, Burma bis an die Grenzen Indiens. Sie eroberte Länder, die sich damals im Besitz Englands, Amerikas, der Niederlande und Frankreichs befanden. Doch die eroberten Länder warfen Japan zu Recht vor, den Imperialismus des Westens zu imitieren: Die angebliche Befreiung Asiens sei nichts als Propaganda und Rechtfertigungsnarrativ. Zugleich gab es Kräfte innerhalb des japanischen Kaiserreichs und der Armee, die gezielt lokale Nationalbewegungen unterstützten. In Burma schulten die Japaner eine erste Generation postkolonialer Führungspersönlichkeiten, in Vietnam ermutigten sie dazu, das Französische als Kolonialsprache zu verbieten. So schrecklich die japanische Besatzung gewesen war, so sehr hatte sie den Dekolonisierungsprozess beschleunigt, argumentiert Mishra, sehr zum Schock der Europäer, die ab 1944 wieder zurückkehrten.[1]

Ich lege das Buch beiseite und mache mich noch einmal auf den Weg in den Chiyoda-Bezirk, wo sich nicht weit vom Yasukuni-Schrein das National Showa Memorial Museum, oder kurz Showa-kan, befindet. Der Krieg im »pacific theater«, dem pazifischen Kriegsschauplatz, wie die Amerikaner es nannten, bleibt ein kontroverses Thema diesseits und jenseits des Stillen Ozeans. So führte der 50. Jahrestag des Kriegsendes in Tokio zu einer heftigen Kontroverse um ein Museum, die bis heute nachwirkt. Anfang der 1990er Jahre waren Forderung laut geworden nach einem Friedensmuseum, das die Bombardierung Tokios zum Thema haben sollte. In der Nacht vom 9. auf den 10. März 1945 hatten amerikanische Streitkräfte die Stadt mit Streumunition aus Napalm und Phosphor überzogen, mehr als ein Drittel der Häuser brannten nieder und eine Million Menschen wurde obdachlos. In dieser Nacht fielen 100 000 Menschen den Bomben zum Opfer, viele weitere starben in den kommenden Jahren an Krankheiten, Hunger und den Folgen der katastrophalen Lebensumstände in einer dem Erdboden gleichgemachten Stadt.[2]

Das neue Museum sollte nicht nur auf den Wunsch der Angehörigen von Opfern reagieren, sondern auch die längst überfällige kritische Aufarbeitung von Japans Imperialismus und der Auswirkungen des pazifischen Krieges nachholen. Doch konservative Politiker verdammten das Projekt als »antijapanisch« und »masochistisch« und brachten es zu Fall. Als Ersatz für das geplante Museum eröffnete 1999 das Showa-kan, das sich vor allem an Kinder und Jugendliche richtet und das Leid der Menschen unter dem Joch des Krieges abbildet. Krampfhaft versucht die Ausstellung, sich sowohl von nationalistischen als auch progressiven Narrativen zu distanzieren, und enthält sich jedweder historischen Bewertung. Der Krieg selbst ist nur eine Hintergrundgeschichte für das Alltagsleben einer Bevölkerung, die als Opfer militärischer und staatlicher Eliten dargestellt wird und keinerlei Mitverantwortung trägt. Das ganze Museum wirkt wie ein fast unmöglicher kuratorischer Kompromiss von geradezu auffälliger Unauffälligkeit. Denn trotz des prominenten Baus von Kiyonory Kikutake, einem bedeutenden Vertreter des japanischen Metabolismus, wurde die Eröffnung von der internationalen Presse weitgehend ignoriert. Bis heute hat das Showa-kan, anders als die meisten Tokioter Museen, keine englische Website, fast als wünschte es sich, in der internationalen Museumslandschaft nicht aufzufallen.[3]

Am nächsten Morgen treffe ich im Goethe-Institut den japanischen Künstler Hikaru Fujii, für den das nicht eröffnete Museum bis heute eine verpasste Chance darstellt. In seinen Videoarbeiten reflektiert Fujii die Verbindung von Kunst, Erziehung und Gewaltgeschichte. Er stellt Fragen nach der Rolle eines Schulsystems, das Jugendliche in den 1930er Jahren zum Nationalismus und Militarismus erzogen hat, und kritisiert die immer noch umstrittene Aufarbeitung und Verantwortung für die japanischen Verbrechen. In einer Installation, die Fujii 2015 für das Museum für Moderne Kunst in Tokio erarbeitete, wollte er die Leerstelle visualisieren, die das gecancelte »Tokyo Peace Memorial Museum« hinterlassen hat. Über 5000 Dokumente und Objekte waren bereits für die geplante Dauerausstellung gesammelt worden, dazu 330 Interviews von Überlebenden des Bombenkriegs. Die Sammlung befindet sich seitdem unter Verschluss in den Depots eines städtischen Museums und darf nicht ausgestellt werden. Für seine Installation folgte Fujii dem in den 1990er Jahren entwickelten Ausstellungsdrehbuch, das den Anfang machte mit Dokumenten über die Bombardierung Chinas durch die japanische Armee. Die Besucher:innen des Museums für Moderne Kunst erwartete nichts außer leeren, weißen Vitrinen, mitsamt den Bildunterschriften und Objekttexten des unter Verschluss gehaltenen Wissens. Der Künstler schuf damit eine Art Gedenkraum der Imagination, der dazu aufforderte, die Erinnerung zu erkämpfen und die leeren Vitrinen zu füllen.[4]

Für die Soziologin Akiko Hashimoto prägen drei sich widersprechende Formen des Erinnerns die japanische Gesellschaft seit dem Zweiten Weltkrieg: einmal das umstrittene Heldengedenken am Yasukuni-Schrein, zum anderen die Erinnerung an die zivilen Bombenopfer in Tokio, Hiroshima und Nagasaki und nicht zuletzt ein kritischer Diskurs über die imperialen japanischen Täter. Die westliche Kritik an der historischen Amnesie Japans, so Hashimoto, treffe nicht den Punkt, es handle sich vielmehr um eine Pattsituation dieser drei konträren Erinnerungen. Als Ergebnis eines erbitterten, mehrstimmigen Kampfes um das nationale Erbe fehlt ein kohärentes, verbindliches Narrativ, und Geschichte wird immer wieder um- und neugeschrieben. Auseinandersetzungen um Schulbücher werden in Japan immer wieder vor Gericht ausgetragen, mit dem Ergebnis, dass der kritische Blick, der den Schulunterricht der 1990er prägte, inzwischen von einem nationalistischen abgelöst wurde. Viele Jugendliche betrachten diesen Revisionismus mit Misstrauen und wenden sich alternativen populären Medien zu. Japanische Geschichts-Comics erkunden die Welt nicht in Gut-und-Böse-Schemata, sondern suchen bewusst nach den Grauzonen von Pazifismus, Nationalismus und Versöhnung. Eines der ersten war »Barefoot Gen«, das von 1973 bis 1987 erschienen ist und lose den Erfahrungen des Autors und Zeichners folgte. Keiji Nakazawa überlebte als Sechsjähriger die Atombombe in Hiroshima und schuf mit Gen Nakoaka eine ikonische Figur, die in keiner Schulbibliothek fehlt. In der Manga-Serie kommen weder das Militär noch der Kaiser gut weg, aber auch den amerikanischen Ärzten, die in den Überlebenden von Hiroshima nur ein Forschungsfeld sehen, ist nicht zu trauen. Neben Barefoot Gen gibt es inzwischen so viele historische Mangas, dass sie ganze Bibliotheken mit alternativen Geschichtserzählungen füllen.[5]

Ein Drittel der Friedensmuseen auf der ganzen Welt, insgesamt 65, befindet sich in Japan. Sie widmen sich der Aufarbeitung lokaler, kultureller Traumata ebenso wie der Vermittlung des Krieges als nationale Niederlage. Hunderte Schulausflüge führen täglich in Friedensmuseen, wo Kinder und Jugendliche erfahren, dass drei Millionen Japaner:innen im Krieg starben und allein die Hälfte der kaiserlichen Soldaten infolge der imperialen Politik verhungerte. Aber auch dass Japan für den Tod von weiteren 20 Millionen Menschen in ganz Asien verantwortlich war, wird ihnen erzählt. Gespräche mit Zeitzeug:innen, Erfahrungsberichte von Kriegswaisen und die Simulationen von Bombenanschlägen sollen bei den Kindern Antikriegsgefühle auslösen. Im Zentrum der Museumsarbeit steht nicht das Wissen um die geschichtlichen Zusammenhänge, sondern der Wunsch, in den Kindern ein pazifistisches Grundgefühl zu wecken. Denn Krieg ist schlecht, so die Message. Da jedoch die Fragen von Täterschaft und Verantwortung nicht hinreichend thematisiert werden, bleibt die Ambivalenz von Schuld und Unschuld ungelöst.[6] Die Wahrnehmung, zugleich Täter und Opfer zu sein, geht auf die Erfahrung zurück, als einziges Land der Welt zum Ziel nuklearer Waffen geworden zu sein. Um besser zu verstehen, was das bedeutet, mache ich mich auf den Weg nach Hiroshima. Dort befindet sich eines der bekanntesten japanischen Museen und einer der ersten Gedenkorte weltweit, der die Erfahrung von Opfern ins Zentrum rückte.

Die Atombomben von Hiroshima und Nagasaki werden global als Katastrophe wahrgenommen und erinnert – obwohl es zuerst ganz so aussah, als wollte die Welt sie rasch vergessen. Das lag zum einen am Kalten Krieg und dem atomaren Wettrüsten, bei dem die Erinnerung an Hiroshima und Nagasaki nur störte. Auch die Regierung hatte wenig Interesse, das Gedenken zu ermutigen, würde es doch nur unerwünschte Fürsorgeansprüche der Überlebenden wecken, für die sich Japan nicht zuständig fühlte. Die alten militaristischen Eliten Japans, die sich glücklich unter dem neuen nuklearen Schirm der Nachkriegs-USA wähnten, waren ebenfalls dagegen. Selbst die *hibakusha,* die »Überlebenden der Bombe«, hatten Angst, die Erinnerung würde ihre Stigmatisierung verschlimmern, nachdem die unbekannten Langzeitfolgen der radioaktiven Verseuchung sie bereits zu Außenseitern gemacht hatten. Und schließlich wollten die amerikanischen Besatzer jedwede Diskussion darüber vermeiden, ob das Zünden der Atombombe wirklich notwendig gewesen war, um den Krieg zu beenden.

Die USA hatten im besetzten Japan ein strenges Zensursystem eingeführt, mit dem Ziel, den Militarismus der Kriegsjahre zu überwinden und eine demokratische Gesellschaft zu etablieren. Nicht weniger als 6000 Zensoren waren damit beschäftigt, Zeitungen und Buchveröffentlichungen auf jede Form der Kriegsverherrlichung zu kontrollieren. Absolut verboten war jedwede Erwähnung der Atombomben, im Besonderen die Veröffentlichung von Fotos der zerstörten Städte, der Toten oder der Auswirkungen auf die Überlebenden. Als im August 1946 der Bericht »Hiroshima« des amerikanischen Journalisten John Hersey erschien, durfte er in Japan nicht veröffentlicht werden. Hersey war als einer der ersten Journalisten nach Hiroshima gereist, um dort die Geschichte der Toten zu dokumentieren und dem Alltag von sechs Überlebenden in der zerstörten Stadt zu folgen. Er berichtete von Menschen, von denen die Bombe nichts als einen Schatten auf dem Untergrund zurückgelassen hatte. Herseys Text erschien als eine komplette Ausgabe des Magazins *The New Yorker,* die sofort ausverkauft war. Radioprogramme weltweit interviewten ihn, und bereits zwei Monate später erschien sein Bericht als Buch im Verlag Alfred A. Knopf. Hatte Amerika sich im vergangenen Jahr von jedweder Schuld an der Entscheidung, die Bombe einzusetzen, frei gefühlt, zumal aus Japan keine Vorwürfe kamen, änderte sich das jetzt. Ein Wissenschaftler des Manhattan-Projekts schrieb, er habe beim Lesen von Herseys Bericht vor Scham darüber geweint, dass er im August 1945 den Einsatz der Bombe gefeiert hatte. In Japan durfte Herseys Buch erst 1949 erscheinen und wird bis heute immer wieder nachgedruckt. Der Philosoph und Schriftsteller Günther Anders, der vor den Nazis aus Europa geflohen war, zählte zu den Initiatoren einer internationalen Anti-Atombewegung, die sich in den Jahren nach dem Krieg zu organisieren begann. In den 1950er Jahren reiste er nach Hiroshima, um dem jährlichen Gedenken am 6. August beizuwohnen, und bei diesem Anlass stellte er irritiert fest, dass die »Täter dieses Tages mit keinem Kranze« gedenken würden.[7]

Die Welt wollte vielleicht vergessen, aber in Hiroshima und Nagasaki waren lokale Akteur:innen von der Wichtigkeit überzeugt, möglichst rasch ein offizielles Gedenken zu institutionalisieren. Bereits in den ersten Jahren nach Kriegsende fanden Zeremonien statt, wurden Ruinen zu Mahnmalen erklärt und Planungen für einen Friedenspark und ein Museum aufgenommen. In Anbetracht der Herausforderungen, die sich mit den Nachwirkungen der Bomben und dem Wiederaufbau stellten, ist das erstaunlich. Bis zum Ende des Jahres 1945 waren in den beiden Städten zwischen 150 000 und 245 000 Menschen gestorben, entweder durch die Bomben selbst oder an den Auswirkungen der Strahlenkrankheit. Hiroshima war in einem Radius von drei, fast vier Kilometern dem Erdboden gleichgemacht worden, die ober- und unterirdische Infrastruktur waren komplett zerstört.[8]

Ich komme an einem klaren Frühlingsmorgen in Hiroshima an. Der Weg in die Stadt führt durch sanfte, dicht bewaldete Hügel, und die Stadt am Fluss erinnert mich ein wenig an Salzburg – wäre da nicht das Meer. Am Bahnhof schaue ich mich suchend um und entdecke einige andere, die ebenfalls in Richtung des Atombombenmuseums unterwegs sind. Obwohl es sich um die zentrale Sehenswürdigkeit der Stadt handelt, fehlen Wegweiser oder Orientierungsschilder – vermutlich, weil die meisten Menschen in Gruppen und mit Bussen hier ankommen. In einer altmodischen Straßenbahn, die noch eine Schaffnerin hat, fahre ich in Richtung des Friedensparks. Es ist dieselbe Linie, die bis zum August 1945 den Bahnhof mit dem dicht besiedelten Bezirk Nakajima verband – nur war die von den Flüssen Motoyasu-gawa und Honkawa gebildete Insel damals das Stadtzentrum. Von Nakajimas engen Gassen, Theatern, Geschäften und Holzhäusern ist nichts geblieben außer einem ehemaligen Geschäftsgebäude, in dem Kimonos verkauft wurden. Heute ist dort ein Shop untergebracht, wo Rundgänge gebucht, Eiscremes oder Fertigcurrys erstanden werden können. Der Friedenspark erstreckt sich über den ganzen Nordteil der Flussinsel als ein exterritorialer Erinnerungsort, an dem das alltägliche Leben der Stadt vorbeifließt.

Ich wandere lange durch den Friedenspark und entdecke dabei immer Neues: ein Mahnmal für die Kinder, Friedensglocken und Gedenkhallen; eine ewige Flamme, die seit den 1960er Jahren brennt; Bäume, die entfernt vom Epizentrum die Explosion überstanden und hierher verpflanzt wurden; Ausgrabungen, die die Fundamente eines Holzhauses mit Spuren von karbonisierten Tatami-Matten zeigen. Über siebzig Mahnmale, Denkmäler und Erinnerungsorte finden sich verstreut in dem weitläufigen Park – das berühmteste jedoch liegt außerhalb. Um die ikonische Ruine des »Atomic Bomb Dome« zu erreichen, überquere ich die Brücke und verlasse den Park. Das im Stil der Prager Sezession erbaute Gebäude der Industrial Promotion Hall befand sich direkt unter dem Epizentrum der Bombe. Deshalb blieben einige der Wände unversehrt und tragen die eiserne Kuppelkonstruktion des Daches bis heute. Nach dem Krieg gab es kontroverse Meinungen dazu, 1966 entschied die Stadt schließlich, die

Ruine als solche zu erhalten. Heute ist das Gebäude von einem Zaun und einer niedrigen Rhododendronhecke umgeben, sodass ich es gemeinsam mit vielen anderen Menschen nur von weitem betrachten, aber nicht betreten kann.

Die Stadt, zwischen dichten Wäldern, an zwei Flüssen und am Meer, war ein beliebter Ferienort, bis sie während des Krieges zum Zentrum der Rüstungsindustrie und, wie Nagasaki, zum strategischen Kriegsziel wurde. Nur die Burg aus dem 17. Jahrhundert wurde nach 1945 rekonstruiert und wiederaufgebaut, ansonsten entstand eine moderne Stadt ohne Ähnlichkeit zu dem, was vorher war. An Los Angeles fühlte sich Günther Anders erinnert, als er in den 1950er Jahren zu Besuch kam. In der Phase des Wiederaufbaus war man hin- und hergerissen zwischen dem Wunsch, dem Gedenken Raum zu geben, und gleichzeitig eine attraktive Stadt entstehen zu lassen. Eine lokale Zeitung vermutete 1948, dass die Stars des japanischen Tourismus vor dem Krieg – Geishas und Mount Fuji – im Nuklearzeitalter von der Erinnerung an die Atombombe abgelöst würden. Der Name Hiroshima würde für immer mit der Bombe verbunden bleiben, und so entschied man sich allein schon aus wirtschaftlichen Gründen, das Gedenken prominent und sichtbar umzusetzen. Für zukünftige Tourist:innen sollte die Erinnerungslandschaft aber nicht entlang der Schrecken der Bombe entwickelt werden, sondern mit der Perspektive auf das größere und außerdem positive Thema Frieden. Die Planungen begannen noch unter der amerikanischen Besatzung, die das Projekt eines Friedensmuseums guthieß. Wenn die Atombombe schon nicht vergessen werden konnte, war die Verlagerung auf eine universelle Friedensbotschaft auch für die USA der beste Weg. Aus japanischer Sicht lenkte der Fokus auf Frieden von der japanischen Täterschaft ab und von einem Kaiser, der sich geweigert hatte, den Krieg selbst nach der ersten Atombombe zu beenden.

So entstand von Hiroshima aus ein nationalistisches Narrativ von Japan als erstem Opfer nuklearer Waffen.[9]

Mitten im Friedenspark gelegen wurde 1955 das Friedensmuseum in einem Bau des Architekten Kenzō Tange, einem der wichtigsten Vertreter des »Neuen Bauens«, eröffnet. Es ist ein ironisches Detail, dass der Plan des Museums und des Parks auf eine Vision zurückging, die der Architekt bereits 1942 entwickelt hatte. Tange hatte damals eine monumentale Erinnerungslandschaft am Fuß des Mount Fuji entworfen, die Japans imperialen Traum eines Groß-Asien feiern sollte. Er adaptierte diesen Entwurf, der von den Denkmälern des europäischen Faschismus inspiriert war, und realisierte ihn viel kleiner und bescheidener für Hiroshima. Der imperiale Traum ging einerseits über in ein nationalistisches Geschichtsbild, in dem die japanische Nation das Opfer der Bombe war, und andererseits in einen »nuklearen Universalismus«, der die Bedrohung der Menschheit ins Zentrum rückte. Vergessen war damit die Geschichte des japanischen Angriffskrieges, aber auch die koloniale Vergangenheit und ihre multiethnische Gesellschaft. Bereits in den 1960er Jahren errichteten in der Stadt lebende Koreaner:innen ein Mahnmal für die 20 000–30 000 koreanischen Zwangsarbeiter:innen und Opfer der Bombe. Doch erst 1999 durften sie es auf das Gelände des Friedensparkes verlegen.[10]

Das Friedensmuseum wird jährlich von einer Million Menschen besucht, vor allem von Schulkindern und ausländischen Besucher:innen. Die Ausstellung beginnt mit dem 6. August 1945 um 11.02 Uhr, als die nukleare Ladung, die eigentlich für den zwei Kilometer entfernten Mitsubishi-Rüstungskonzern bestimmt gewesen war, über dem Stadtzentrum von Hiroshima abgeworfen wurde. Die Bombe scheint aus dem blauen Himmel zu fallen und »out of the blue« in der Weltgeschichte aufzutauchen. In den dunklen, schwach beleuchteten Ausstellungsräumen wird es eng, und die vielen Menschen mit ihren Audioguides schieben sich geräuschlos von Objekt zu Objekt. Nur eine französische Mutter versucht ihrem Kind im Grundschulalter die Fotos und Objekte zu erklären, die oft schwer zu fassen und erklärungsbedürftig sind: die bescheidenen Besitztümer eines Kindes, ein karbonisiertes Dreirad oder eine Blechbox, in der sich die Brotzeit in verkohlte Brocken verwandelt hat. Fotografien zeigen Menschen, die durch die Bombe oder nachfolgende Krankheiten gestorben sind, und unter den Objekten befindet sich die – echte, konservierte – Zunge eines Soldaten, die Spuren der Strahlung zeigt. Nachdem das Museum häufig dafür kritisiert wurde, die Vorgeschichte des japanischen Imperialismus, aber auch des Manhattan-Projekts ausgelassen zu haben, wurde beides in einem 1994 neu eingerichteten Trakt nachgeholt. Über allem steht die globale, friedvolle, postrassistische Botschaft und Warnung vor Krieg und Zerstörung.

Abends komme ich wieder in Tokio an. Ich treffe meinen Bruder in einem winzigen Lokal, das ein junger Koch betreibt. Er serviert levantinisches Essen und wir bestellen ein Glas Wein, einen Teller Hummus und Lamm Sinya. Mein Bruder grinst und entschuldigt sich für die ungewöhnliche Wahl – ich hätte vielleicht japanisches Essen erwartet? Es schmeckt anders als in Tel Aviv oder Ein Rafa, aber es schmeckt. Ich erzähle ihm von meinem Gefühl der Ambivalenz über die Erzählung von einer Bombe, die aus dem blauen Himmel fiel, als habe es sich um eine Naturkatastrophe gehandelt. Und darüber, wie schwer es fällt, über Verantwortung zu reden – des japanischen Kaisers, der Militärs und all der Menschen, die sich nicht gegen den Krieg wehrten, sondern mitmachten; aber auch über die Verantwortung der Wissenschaft und derer, die den militärischen Befehl gaben, die Bombe zu zünden, eine Kaskade menschlicher Entscheidungen.

Etwa zur selben Zeit, als in Hiroshima die erste Ausstel-

lung des Friedensmuseums entstand, fand das Wort »Shoah«
zum ersten Mal seinen Weg in das öffentliche Bewusstsein, ein
Wort, das in der hebräischen Bibel Desaster und äußerste Zerstörung beschreibt. Der Schriftsteller Yehuda Erez benutzte es
1938 zum ersten Mal, als er in Palästina einen Artikel veröffentlichte über die zunehmende Gewalt gegen deutsche und österreichische Jüd:innen, ihre Vertreibung und Enteignung. Der Begriff »Holocaust«, der eine Brandkatastrophe meint, wurde ab
den späten 1950er Jahren immer wieder auf den Massenmord
an den europäischen Jüd:innen angewandt. Zuvor war er immer wieder benutzt worden, um die Brandtoten von Hiroshima und den »atomaren Holocaust« (Erich Fromm) zu benennen. Erst mit der amerikanischen Fernsehserie »Holocaust«,
Ende der 1970er Jahre, verschwindet die fehlende Trennschär-
fe zwischen dem Genozid und der Atombombe – zwei völlig unterschiedlichen Ereignissen, die sich weit voneinander entfernt
ereignet hatten, aber durch denselben Krieg verbunden waren.
Wie der Historiker Ran Zwigenberg zeigen konnte, entwickelten
sich Auschwitz und Hiroshima in den ersten Nachkriegsjahr-
zehnten als zwei durch die Katastrophe des Weltkriegs verbundene Erinnerungsorte, die für ein Versagen der Menschlichkeit
und den systematischen, technologisierten Mord standen. Prominente Holocaustüberlebende wie Elie Wiesel, Primo Levi oder
Nelly Sachs waren es, die diese gedankliche Verbindung immer
wieder betonten. Im Wunsch, eine tatsächliche, physische Verbindung herzustellen, machte sich 1962 eine Gruppe von Ak-
tivist:innen, unter ihnen buddhistische Mönche und ehemalige japanische Soldaten, zu einem Friedensmarsch auf, der sie
von Hiroshima nach Auschwitz führte. Am 27. Januar 1963 ge-
dachten sie dort, Hand in Hand mit Überlebenden, der Befreiung des Lagers, achtzehn Jahre zuvor. Der Marsch fand unter
dem Eindruck mehrerer Ereignisse statt, die in den Jahren zuvor

Einfluss auf die Welt nahmen. Mit der Kubakrise und dem Bau der Berliner Mauer war die Angst vor einem Nuklearkrieg gestiegen, während der Eichmann-Prozess in Jerusalem das Ausmaß und die Grausamkeit des nationalsozialistischen Genozids an den europäischen Jüd:innen weltweit bekannt machte. Über Singapur, Saigon und Jerusalem erreichten die Friedensaktivist:innen Auschwitz, doch ihre universelle Botschaft wurde unterwegs mehrfach infrage gestellt. Während ihnen in Asien Menschen begegneten, die Japan als Täter und nicht als Opfer sahen, trafen sie in Jerusalem auf Überlebende, für die die Lehre des Holocaust nicht in einer universellen Botschaft des Pazifismus aufgehen konnte – für sie ging es um Gerechtigkeit für das jüdische Volk und darum, in einer Welt Gehör zu finden, die die Relevanz des Holocaust nicht verstehen oder akzeptieren wollte. In Auschwitz wiederum trafen die Aktivist:innen auf einen Ort des nationalen polnischen Gedenkens, wo man Anfang der 1960er Jahre in erster Linie der 75 000 polnischen Auschwitz-Opfer gedachte, nicht der einen Million jüdischer Opfer. Erst im Lauf der Zeit sollte sich die Gedenkstätte zu einem international vernetzten und relevanten Ort des Holocaustgedenkens entwickeln.[11]

Bevor wir unseren Wein austrinken, erzähle ich meinem Bruder noch von dem älteren Mann, den ich im Park vor dem »Atomic Bomb Dome« eine Weile lang beobachtet hatte. Er versuchte die Aufmerksamkeit der Vorübergehenden zu wecken und erzählte, er habe die Bombe als ungeborenes Kind im Bauch seiner Mutter überlebt. Das Museum, so beschwerte er sich, erzähle nicht die ganze Wahrheit über die Verantwortung Japans und der USA. Vor allem Amerikaner:innen blieben stehen, um ihm zuzuhören. Die Stimmen der Überlebenden von Hiroshima und Nagasaki werden außerhalb Japans nur selten gehört, wobei sich ihre Interviews unter anderem in der Sammlung der USC Shoah

Foundation befinden. Etwa 370 000 *hibakusha* überlebten den Atombombenabwurf – heute leben nur mehr wenige von ihnen. Einer ist der 84-jährige Hiroshi Harada, der als Sechsjähriger mit seinen Eltern am Bahnhof von Hiroshima stand, um aufs Land evakuiert zu werden. Er überlebte unter den Ruinen des Gebäudes und wurde viele Jahre später, 1993, zum Direktor des Friedensmuseums berufen. Kurz darauf, so erinnert er sich, erhielt er Post aus Washington, D. C. Das National Air and Space Museum plante eine Ausstellung zum 50. Jahrestag des Kriegsendes und bat um Objekte aus der Sammlung in Hiroshima. Die Reaktionen in der Stadt waren geteilt, manche sorgten sich, die Objekte könnten in Washington missbraucht werden, um die Macht der Bombe zu demonstrieren, und damit der eigenen Friedensbotschaft widersprechen. Harada ließ sich schließlich überzeugen, dass die Chance einer Ausstellung außerhalb Japans größer war als die Gefahr. Doch dann sagte das Air and Space Museum das Projekt im letzten Moment ab.[12]

Was war passiert? Für den amerikanischen Militärhistoriker Richard H. Kohn war diese Absage der Ausstellung eine Tragödie. Ursprünglich war die Idee für das Projekt entstanden, als das Air and Space Museum entschied, mit der »Enola Gay« den B29-Bomber auszustellen, der am 6. August über Hiroshima geflogen war. Doch bald entstand ein mehrere hundert Seiten starkes Ausstellungsdrehbuch, das einen großen Bogen schlagen wollte von der Geschichte des Weltkrieges über die Entscheidung, die zum Einsatz der Bombe führte, bis hin zu ihren Auswirkungen, die amerikanische Wissenschaftler:innen in Hiroshima studierten. Wie Kohn bemerkte, hatte die Ausstellung das Potential, Millionen von Besucher:innen zu zeigen, wie destruktiv die inzwischen viel tödlicheren nuklearen Sprengkörper sind und wie schwierig es zugleich ist, die Leidenschaften zu kontrollieren, die ein Krieg zwischen Staaten auslösen kann.

Das Air and Space Museum liegt an der National Mall, zwischen dem Holocaust Memorial Museum und dem National Museum of American History, wo die Geschichte der Internierung japanischstämmiger Amerikaner:innen während des Zweiten Weltkriegs erzählt wird. Die Ausstellung hätte, so Kohn, eine große Chance geboten, das Zerstörungspotential von Nationalismus und Rassismus zu zeigen und gleichzeitig zu erklären, warum manche Kriege, wie der Krieg gegen Hitler, es wert sind, geführt zu werden. Doch auf massiven politischen Protest und Kritik durch Veteranenorganisationen sagte das Museum die Ausstellung ab – sie habe zu viel Empathie für die Opfer wecken wollen. Eine gefährliche Entscheidung in den Augen des Militärhistorikers Richard H. Kohn, denn, so schreibt er mit Verweis auf George Orwell, wer immer die Vergangenheit kontrolliert, kontrolliere auch die Zukunft.[13]

Im Frühjahr 2023 veröffentlichte die *New York Times* einen Kurzfilm von André Hörmann und Anna Samo, der auf anderem Weg beim amerikanischen Publikum Empathie für die Opfer der Atombombe wecken will. In ihrem animierten Kurzfilm erzählen die Filmemacher:innen die Geschichte von Akiko Takakura, die weniger als 300 Meter vom Epizentrum der Bombe entfernt, an ein Wunder grenzend, überlebt hatte. Zwei Zeichnungen von Akiko Takakura, die im Friedensmuseum in Hiroshima ausgestellt sind, stehen im Zentrum des Films. Die eine zeigt eine Frau, die so durstig ist, dass sie radioaktiven schwarzen Regen trinkt, die andere zeigt eine Hand, aus der blaue Flammen aufsteigen, und erinnert daran, wie Akikos Vater in einer Geste großer Sanftheit ihr den Schmerz der brennenden Hitze von den Händen wusch.[14] Dass dieser mit einem Appell verbundene Kurzfilm gerade jetzt produziert wurde, überrascht wenig. Selbst Japan, das sich 1967 dazu verpflichtete, auf den Besitz und den Einsatz von nuklearen Waffen zu verzichten, hat mit Blick auf

Nordkorea, China und Russland ein Atomwaffenprogramm entwickelt. Als im Mai 2023 das G7-Treffen in Hiroshima stattfand, hofften die letzten noch lebenden *hibakusha,* eine ihrer letzten Chancen wahrzunehmen, um die Welt von der Dringlichkeit des Abrüstens zu überzeugen. Vergleichbare Appelle kommen aus den Nuklearwissenschaften.

Die Doomsday Clock war zum ersten Mal im Juni 1947 auf dem Cover des *Bulletin of the Atomic Scientists* erschienen. Albert Einstein und ehemalige Mitglieder des Manhattan-Projekts hatten das Magazin zwei Jahre zuvor gegründet. Als Wissenschaftler, die für die Entwicklung der Atombombe verantwortlich gezeichnet hatten, plädierten sie im Herbst 1945 dafür, das nukleare Wissen in die Hände einer »Weltregierung« zu legen. Die Eindrücke von Hiroshima und Nagasaki waren noch frisch, und sie hofften, dass die Welt den Nationalismus als eine Verirrung der Vergangenheit begreifen würde. Doch der Kalte Krieg war 1945 bereits in vollem Gang, und so versuchten die Wissenschaftler:innen mit der Erfindung der Doomsday Clock der Welt ein Gefühl zu vermitteln, wie ernst die atomare Bedrohung war und bleiben würde. Die Künstlerin Martyl Langsdorf entwarf das Design der Uhr, die bei ihrer Präsentation auf sieben Minuten vor Mitternacht gestellt wurde. In den kommenden Jahrzehnten bewegte sich der Zeiger vor und zurück, je nachdem, ob gerade Atom- und Wasserstoffbomben in der Wüste von Nevada und der kasachischen Steppe gezündet wurden oder die Welt im Wettrüsten oder Abrüsten begriffen war. Zum Ende des Kalten Krieges erreichte die Doomsday Clock mit siebzehn Minuten vor Mitternacht ihre bislang hoffnungsvollste Position. Seitdem bewegt sie sich kontinuierlich wieder auf Mitternacht zu. Infolge des russischen Angriffskriegs in der Ukraine und der Klimakrise, die von den Wissenschaftler:innen zum ersten Mal in ihre Berechnungen miteinbezogen wurde, kommt der Zeiger der Doomsday Clock im Januar 2023 mit neunzig Sekunden vor zwölf der Apokalypse so nah wie nie zuvor. Dass die Nuklearmächte seit der Veröffentlichung von ChatGPT ein Wettrennen begonnen haben, künstliche Intelligenz in ihre militärische Struktur und Planung einzubinden, wird nicht ohne Einfluss auf die Position des Zeigers bleiben. Niemand weiß, wie eine andere als die menschliche Intelligenz die Möglichkeit eines Nuklearkriegs bewerten, was sie als Niederlage und was als Sieg einschätzen wird. Günther Anders sah in der Atombombe ein Grundproblem der Menschheit, nämlich die Unfähigkeit, sich die eigene, selbstgewollte Zerstörung vorstellen zu können. Die Welt habe nur dann eine Zukunft, wenn Menschen beginnen, sich vor ihren eigenen Schöpfungen zu fürchten, so dachte er, wenn wir unsere Blindheit gegenüber der Apokalypse überwinden.[15]

KEIN TROST

Eine schwere Metalltür schließt sich hinter mir. Der Eingangsbereich des War and Women's Human Rights Museum in Seoul
ist ein kleiner, fensterloser Raum, in dessen Zentrum der Boden kreisrund erleuchtet ist. Tritt man ins Licht, startet eine Pro-
jektion und an der Wand erscheint ein angedeuteter Schmet-
terlingsschwarm, der einem entgegenzufliegen scheint. Die
Symbolik des Schmetterlings begleitet mich durch das Haus,
das sich an der Schnittstelle von Aktivismus und Dokumentation der Geschichte der »Trostfrauen« widmet, Zwangspros-
tituierten in den Kriegsbordellen der japanischen Armee. Neben einem Audioguide habe ich ein Ticket erhalten, auf dem die
Biografie einer Frau und ihr Foto abgedruckt sind. Bae Bon-Gi
wurde 1914 im südkoreanischen Yesan geboren. Sie fiel auf einen
Menschenhändler herein, der sie davon überzeugte, sich zum
Arbeitseinsatz in Okinawa, im Süden Japans, zu melden. Dort
wurde sie gezwungen, in einer »Troststation« zu arbeiten, wie
die Bordelle für das japanische Militär euphemistisch genannt
wurden.

Ich verlasse das Foyer und trete durch eine andere Tür wieder nach draußen, wo ein schmaler Weg entlang der Außenwand
des Hauses führt. Am Boden grober Schotter, an der Wand ein
Relief mit den Gesichtern und Händen alter Frauen. Über eine
Treppe führt der Weg weiter in einen Kellerraum, vorbei an bunten Zeichnungen der Frauen, die Szenen aus Bordellen wiedergeben. Drinnen tauchen kleinformatige Bildschirme aus dem
Dunkel auf, Videointerviews, in denen die Betroffenen ihre Ge-

schichte erzählen. Die meisten Frauen waren jünger als Bae Bon-Gi, nicht älter als sechzehn oder siebzehn Jahre alt, manche sogar erst vierzehn, wie Kim Bokdong, die sich zur Zwangsarbeit melden sollte. Sie hatte Angst, die Eltern würden ihre Lebensmittelrationen verlieren, wenn sie nein sagte. Die Fabrik stellte sich als Bordell heraus, und die Mädchen und Frauen wurden gezwungen, der japanischen Armee auf ihren Feldzügen zu folgen, zu Fuß oder auf Lastwagen, per Schiff bis nach Taiwan, China, Hongkong, Malaysien, Indonesien und Singapur. Erst nach zwölf Jahren, als die japanische Armee 1945 kapitulierte, kehrte Kim Bokdong zu ihrer Familie zurück.[1]

Ich wende mich um und mein Blick fällt in einen zweiten Raum, der nicht betreten werden kann, so niedrig ist er: darin zwei Paar Schuhe auf noch mehr grobem Schotter im Halbdunkel, eingerahmt von Fotos der Frauen und der Bordelle. Ein weiterer Raum ist dem Andenken gewidmet, und man wird eingeladen, eine Blume zu hinterlassen. All das, die Schuhe und der Schotter, das Halbdunkel und die beengten Räume, die Videozeugnisse und die Tickets mit den Biografien der Opfer – all das erinnert mich frappierend an die Ästhetik von Holocaust-Museen, nur etwas kleiner, enger, improvisierter. Ob dies Absicht sei?, frage ich die Direktorin des Museums später. Na-Young Lee nickt. Die Soziologin wünscht sich, dass ihr Museum als Teil einer internationalen Gedenklandschaft gesehen wird. Holocaust-Museen auf der ganzen Welt haben eine Sprache und Ästhetik des Erinnerns entwickelt, die sich das Museum zum Vorbild genommen hat. Viele Besucherinnen – und es sind vor allem Frauen – kommen aus dem Ausland und bringen Erwartungen an einen transnationalen Gedenkort mit. Ich verstehe, wie es zu diesem Bedürfnis kommt, frage mich aber gleichzeitig, wie eine lokale Form der Erinnerung aussehen könnte oder sollte.

In den oberen Geschossen des Hauses, wo es hell und licht

ist, wird die Geschichte der *Jugun ianfu*, der »Trostfrauen der Armee«, erzählt. Nach dem Einmarsch der Japaner in Shanghai veranlasste das Militär die Planung und Einrichtung des ersten Bordells, das geheim bleiben und ausschließlich Angehörigen der Armee zur Verfügung stehen sollte. Die Soldaten bei Laune zu halten und unkontrollierte Vergewaltigungen in der Bevölkerung zu verhindern wurden als Gründe für die Einrichtung eines immer größeren Netzes von Militärbordellen angegeben. Die Frauen mussten regelmäßige Untersuchungen auf Geschlechtskrankheiten über sich ergehen lassen, die häufig in Vergewaltigungen endeten. Wurden sie krank, mussten sie sich schmerzhaften Behandlungen unterziehen, Schwangerschaften wurden abgetrieben. Unter den ausgestellten Objekten finden sich architektonische Pläne für »Troststationen«, Zutrittsscheine für die Soldaten und Päckchen mit Kondomen. Während ich von Objekt zu Objekt gehe, klingen die Geschichten der Frauen nach, die ich auf dem Weg aus den Kellergeschossen nach oben gehört habe: von Selbstmordfantasien oder davon, dass es den Soldaten egal war, ob ihre Opfer schrien oder nicht, ob sie lebendig oder tot waren. Auch das Foto und Tagebuch eines Soldaten sind ausgestellt, und er erzählt darin von seinen regelmäßigen Besuchen in den Bordellen. Sein Sohn ist aus Japan angereist, um dem Museum die Objekte zu übergeben. Er zählt zu den japanischen Unterstützern und Förderern des Museums, von denen es einige gibt, darunter der Künstler Yajima Tsukasa, der in Seoul im House of Sharing gearbeitet hat. In diesem Altenheim wird den liebevoll »Halmonis« – Großmütter – genannten Frauen mit Kunsttherapie geholfen, ihre Geschichte zu verarbeiten. Tsukasa fotografierte sie und nahm sie auf, während sie ihre Lieblingslieder sangen. Seine Ausstellungen zeigte er in Deutschland, Japan, Südkorea und Taiwan.[2]

Bis heute ist unklar, wie viele Frauen betroffen waren – eine

Schätzung der UNO geht von 200 000 Frauen und Mädchen aus vierzehn Ländern aus, vermutlich waren es mehr. Auf einer Wandkarte sind alle Orte eingezeichnet, die in den Berichten von Zeitzeug:innen, ehemaligen Soldaten oder Zuschauer:innen erwähnt oder aus den Dokumenten des japanischen Militärs ermittelt werden konnten. Die bunten Markierungen reichen von Burma und Thailand im Westen bis Papua-Neuguinea im Osten, von der Mandschurei im Norden bis Osttimor im Süden. Ungeachtet dieser Dimension wurden die Erfahrungen der Frauen nach 1945 als »vielleicht nicht schöne, aber unvermeidliche und letztlich natürliche Begleiterscheinung von Kriegen« verstanden.[3]

Auch eine Kopie der »Friedensstatue« steht in der Ausstellung, jener Skulptur, die weltweit diplomatische Verwerfungen auslöst. Dabei zeigt die Bronze des südkoreanischen Künstlerpaars Kim Seo-kyung und Kim Eun-sung nur ein junges Mädchen in einem traditionellen Hanbok, mit einem Schmetterling auf der Schulter. Sie blickt stumm geradeaus, ihre Fäuste im Schoß sind geballt. Neben ihr steht ein leerer Stuhl, der einlädt, sich zu setzen und ihren Protest zu unterstützen. Seit über dreißig Jahren treffen sich die »Halmonis« gemeinsam mit Aktivist:innen jeden Mittwoch vor der japanischen Botschaft in Seoul, um für die offizielle Anerkennung ihrer Verletzungen und Traumata durch die japanische Regierung zu demonstrieren. Die »Friedensstatue« wurde anlässlich der eintausendsten Demonstration errichtet, weitere Kopien stehen inzwischen unter anderem in den USA, in Kanada, Australien, Hongkong und auf den Philippinen – immer begleitet von heftigen Kontroversen. In Deutschland wurden Statuen in Kassel, Berlin und 2017 auch eine Miniaturversion im KZ Ravensbrück aufgestellt. Als der japanische Außenminister verlangte, die Berliner Statue abzubauen, trafen beim Bezirksbürgermeister von Berlin-Mitte,

Stephan von Dassel, zahlreiche Petitionen ein – sogar aus Tokio, wo im Innenstadtbezirk Shinjuku ein privates Museum für die »Trostfrauen« existiert, das »Women's Active Museum on War and Peace«. Dahinter verbirgt sich nur ein kleiner Ausstellungsraum mit angrenzender Bibliothek und Büro im dritten Stock eines Bürogebäudes, es ist nicht leicht zu finden. Die Ausstellungstexte und Publikationen sind allesamt auf Japanisch, das Zielpublikum ohne Zweifel die japanische Gesellschaft, die aufgefordert wird, ihre eigene Gewaltgeschichte aufzuarbeiten.

Für die offizielle japanische Seite sind die »Trostfrauen« noch immer das Thema eines bilateralen Konflikts mit Korea. Doch die Skulptur steht für die Kontinuität von sexueller Gewalt als Teil kriegerischer Auseinandersetzungen auf der ganzen Welt. Aus diesem Grund klärt das Museum in Seoul auch über die Geschichte der Vergewaltigungen durch koreanische Truppen im Vietnamkrieg auf und unterstützt mit seinem »Butterflyfund« Frauen und Kinder, die weltweit zu Opfern von Militärgewalt werden. Wie die ehemalige Leiterin der Gedenkstätte Ravensbrück, Insa Eschebach, in einem gemeinsamen Text mit der Historikerin Regina Mühlhäuser bemerkt, hat der Aktivismus der »Trostfrauen« großen Einfluss auf die Sichtbarmachung von Vergewaltigung und sexueller Versklavung als systematisches Kriegsverbrechen.[4] Auch Ruth Klüger erinnerte in ihrer Rede zum Gedenktag an die Opfer des Nationalsozialismus 2016 im Deutschen Bundestag daran, dass Zwangsprostituierte nach 1945 nicht als Zwangsarbeiter:innen eingestuft wurden. Sie konnten also keinen Anspruch auf Restitution geltend machen, noch weniger »ihre Familien, die sich ihrer schämten. Der Respekt, den man den Überlebenden der Lager entgegenbrachte, wenn nicht immer, so doch oft, galt für sie nicht.«[5]

In Seoul haben die »Trostfrauen« eine öffentliche Bühne geschaffen für Frauenrechte in einer zutiefst patriarchalischen

Gesellschaft. Inzwischen wehren sich kleine, aber radikale feministische Gruppierungen überall in Korea gegen die hohen Erwartungen, die tagtäglich an Frauen gestellt werden, und gegen die Einschränkungen und die Gewalt, die sie gleichzeitig erleben.[6] Das Museum, das 2012 eröffnet wurde, musste aus privaten Spenden, teilweise von den »Trostfrauen« selbst, finanziert werden. Ursprünglich war geplant gewesen, das Haus im Unabhängigkeitspark im Nordwesten der Stadt, einem der wichtigsten nationalen Gedenkorte, zu eröffnen. Es wäre dann in unmittelbarer Nähe zu einem anderen Museum, dem Seodaemun-Gefängnismuseum, entstanden. Doch dagegen gab es heftigen Widerstand: Die Geschichte der »Trostfrauen« würde das Andenken der patriotischen Märtyrer, die im Unabhängigkeitspark geehrt werden, diffamieren, hieß es. Und mehr noch würde für die Besucher:innen des Parks die verzerrte Idee einer Nation entstehen, die nur durch das Leid unter dem japanischen Imperium vereint sei.[7]

Besucht man den Unabhängigkeitspark, stellt man fest, dass der Gegensatz zum War and Women's Human Rights Museum nicht drastischer sein könnte. Dort wenige Besucherinnen in konzentrierter Ruhe, hier ein Parkplatz für über fünfzig Reisebusse, der an diesem Nachmittag fast voll ist. Schulklassen strömen zwischen üppig blühenden Rhododendronhecken in Richtung der Gedenkstätte. Zwischen 1910 und 1945 sperrten die japanischen Kolonialherren in diesem Gefängnis vor allem Dissidenten ein. Das ehemalige Gefängnis ist ein Ort, der die koreanische Unabhängigkeit, Patriotismus und Nationalismus feiert – so kündigen es die riesigen südkoreanischen Flaggen an, die an den historischen Gebäuden befestigt sind. Jedes zweite Wort in der Ausstellung ist »Unabhängigkeitskämpfer«, jedes dritte »japanische Imperialisten«.

Nur wenige ausländische Besucher:innen kommen hierher,

doch den Teenagern in Sweat Pants, die fröhlich kichernd durch die Gänge laufen, wird etwas geboten: Kellerzellen, in denen lebensgroße Puppen Verhörsituationen, Einzelhaft und Folterszenen nachstellen, fächerförmige Ziegellabyrinthe im Außenraum, in denen die Insassen einst einsame Hofrunden drehten, und Exekutionsstätten, die ein unauffälliges Wegschaffen der Toten ermöglichten. Die patriotische Inszenierung lenkt von der Härte und Kälte des Ortes ab, freilich vergeblich. Im Gedenkraum etwa tapezieren 5000 Fotos von Gefangenen die Wände. Zwischen den Männern sind auch einige junge Frauen zu entdecken, fast noch Kinder, die nicht dem Profil der politischen Dissidenten entsprechen.

Die Zeit des modernen Südkorea wird auffälligerweise nur en passant erwähnt, denn das Gefängnis existierte nicht nur bis 1945, sondern bis 1987, bis zum Ende der autoritären Militärregierung Koreas. In dieser Zeit beherbergte das Gefängnis ehemalige Kollaborateure mit der japanischen Besatzungsmacht, Kommunisten, linke Gegner des Koreakrieges, politische Gefangene, Demokratieaktivisten und ganz normale Straftäter. Auch sie froren in den ungeheizten Zellen während der harten koreanischen Winter, doch mit ihrer Geschichte beschäftigt sich das patriotische Narrativ des Hauses nur am Rand.[8]

Ich trete hinaus in die Frühlingssonne und schaue mich um. Das Tal jenseits der Ziegelmauern ist von niedrigen Bergen eingerahmt, die verdeckt werden von 25- bis 30-stöckigen Wohnhäusern. Bis vor wenigen Jahren befand sich dort noch die Okbaraji-Nachbarschaft, mit ihren niedrigen Häusern, rostigen Wasserleitungen und tiefhängenden Stromleitungen. Auf Koreanisch bedeutet »ok« Gefängnis und »baraji«, sich um jemanden zu kümmern. In dutzenden Herbergen entlang der engen Gassen lebten die Frauen und Mütter der im Seodaemun-Gefängnis eingesperrten Männer, um sie vor dem Verhungern zu bewahren. Wie viele andere historische Viertel in Seoul musste auch diese Nachbarschaft den Großinvestoren und ihren Neubauten weichen. Die Gasse wurde zwangsgeräumt, es half nichts, dass sich ein Bewohner aus Verzweiflung anzündete. Es half auch nicht, dass mehrere Museumsdirektoren auf die historische Bedeutung der »Inn-Alley« hinwiesen. Dabei hätte die Gasse der Herbergen einen anderen Blick auf die turbulente Geschichte Koreas ermöglichen können als der Unabhängigkeitspark mit seinen Flaggen und Helden.[9]

Das War and Women's Human Rights Museum scheint auf jeden Fall außerhalb dieses Komplexes besser aufgehoben zu sein. Aber es ist kompliziert, denn die »Trostfrauen« stehen seit einigen Jahren im Zentrum des diplomatischen Konfliktes über Entschuldigung und Wiedergutmachung zwischen Korea und Japan. Kritiker weisen darauf hin, dass das Problem nicht nur diese beiden Länder betroffen hat, und beklagen eine Nationalisierung der Erinnerung an die »Trostfrauen«: Sie würden benutzt, um die koreanische Opferrolle zu betonen, und ihre Geschichte würde damit zum Spielball der Interessen in einem ungelösten diplomatischen Streit. Ist das ein Grund dafür, warum das War and Women's Human Rights Museum sich an einer transnationalen Erinnerungsästhetik und vor allem an Holocaust-Museen orientiert? Damit wäre seine Rolle in der nationalen koreanischen Erinnerungslandschaft affirmativer, als ich angenommen hatte. Auf der anderen Seite positioniert sich das Museum mit seiner Entscheidung, die Geschichte der »Trostfrauen« in den globalen Kontext von Menschen- und Frauenrechtsinitiativen einzubetten und auch die Geschichte koreanischer Täter nicht auszulassen, ohne Zweifel als Gegen-Ort nationalistischer Gedenkpolitik.

Am nächsten Tag ist das schöne Wetter vorbei und ich verlasse das neblige Seoul in Richtung der Satellitenstadt Incheon.

Dort liegt auf einer Insel, die über eine lange Brücke mit dem Festland verbunden ist, der internationale Flughafen der Hauptstadt. Auf dem Weg dorthin blättere ich im Ausstellungskatalog des War and Women's Human Rights Museum und durchsuche gedankenverloren die Karte der »Troststationen« nach Incheon. Der rote Punkt steht für den Bericht einer Zeitzeugin, dem zufolge sich auch hier, in den Hügeln am Gelben Meer, eine »Troststation« befand.

Berühmt ist Incheon allerdings für eine der wichtigsten Schlachten im Koreakrieg, als im September 1950 UN-Truppen unter amerikanischer Führung hier an Land gingen und Seoul befreiten. Nördlich der Hauptstadt, in Dongducheon, richteten die amerikanischen Truppen Kasernen ein, und nun war es die südkoreanische Regierung, die für sie »Troststationen« bauen ließ: 10 000 Koreaner:innen mussten hier die Bedürfnisse von 50 000 Soldaten befriedigen, auch viele von ihnen wurden zwangsverschleppt. Zwischen fünf und zehn Dollar erhielten sie für jedes Mal, das Geld ging an die Zuhälter und half schlussendlich, die koreanische Wirtschaft zu stabilisieren. Die »Dongducheon Special Tourist Zone for Foreigners«, ein Areal voll mit Clubs und Bordellen, existierte bis in die 1970er Jahre. Bis heute ist das Thema in Korea ein Tabu, und Akten werden unter Verschluss gehalten. In Anbetracht der offenen Forderungen an Japan besteht die Sorge, die japanische Rechte würde die Geschichte benutzen, um sich selbst von jedweder nationalen Verantwortung zu befreien.

Aus der Zeit der Militärregierung gibt es andere verdrängte Geschichten, eine davon verbirgt sich hinter den Mauern des Seoul Youth Hostel, einer beliebten Billigunterkunft im Stadtteil Namsan. Vor dem Haus ist eine Messingplakette in den Bürgersteig eingelassen, die entfernt an einen Stolperstein erinnert. Es handelt sich um einen Wegweiser für zwei Stadtrundgänge, den

»Pfad der nationalen Erniedrigung« und den »Pfad der Menschenrechte«, die Tourist:innen auf den Spuren der japanischen Kolonialzeit durch die Stadt führen. Die Jugendherberge selbst hat allerdings ihre eigene Geschichte, auf die nicht hingewiesen wird. In dem Gebäude befand sich bis 1987 die Zentrale des südkoreanischen Geheimdiensts mit seinem berüchtigten Folterkeller. Bis heute meiden viele Stadtbewohner:innen die Gegend, um dem Gebäude nicht zu nah zu kommen. Ausländische Jugendliche hingegen scheinen sich in dem historischen Gebäude wohlzufühlen, sie bewerteten das Haus mit vier Sternen auf Tripadvisor.[10]

DIE SANFTE MACHT
DES ERINNERNS

Angeblich gibt es mehrere hundert Sorten Frangipanis, und jede blüht anders. In Phnom Penh säumen die Bäume den mehrspurigen, dicht befahrenen Boulevard der Russischen Föderation. Nicht der Duft der großen weißen Blüten steigt mir in der tropisch-feuchten Luft in die Nase, sondern der süßliche Geruch von Abgasen. Über Kambodschas Hauptstadt am Mekong hängt eine Wolke von Smog. Öffentliche Verkehrsmittel gibt es kaum in dem Land, das zu den ärmsten der Region zählt. Die meisten Menschen fahren Moped, manchmal ganze Familien auf einem Fahrzeug. Wer es sich leisten kann, bestellt eines der überdachten dreirädrigen Motorradtaxis, die an Grill- und Garküchen vorbei in dichten Kolonnen durch die Stadt fahren.

Frangipanis blühen auch im Innenhof des einstigen Sicherungszentrums S-21, neben Jackfrucht, Mangos und anderen Obstbäumen. Wo sich heute ein Museum befindet, war früher eine Mädchenschule. Die zweckmäßigen Gebäude, die sich um einen weitläufigen Hof gruppieren, stammen aus den frühen sechziger Jahren. Von der Straße aus wurden die Klassenzimmer durch große Fenster beleuchtet, auf der Hofseite führen Laubengänge zu den Treppenhäusern. Die Böden sind mit Fließen im Schachbrettmuster ausgelegt. In manchen Räumen hängen noch Schiefertafeln an den Wänden, neben einigen metallenen Bettrahmen ohne Matratzen sind sie die einzige Möblierung des Gebäudes.

Als das Sicherheitszentrum S-21 im Januar 1979 entdeckt wurde, sah es nicht viel anders aus als heute. Für beinahe vier Jahre bildete die ehemalige Schule das Zentrum eines geheimen Systems von Gefängnissen. Hier vegetierten Menschen in winzigen Verschlägen oder zu hunderten in den Klassenräumen, wurden gefoltert und exekutiert. Obwohl sie alle unterschiedlich waren, dienten die über 200 Haftanstalten einem Zweck: dem Kampf gegen die vermeintlichen Feinde der Khmer Rouge. Hier wurden Menschen so lange verhört und gefoltert, bis sie ihre Familien und Freunde beschuldigten. Vier Jahre lang war Democratic Kampuchea, das Regime Pol Pots, fast völlig von der Welt abgeschottet gewesen. Zwischen 1,7 und 2,2 Millionen Menschen wurden innerhalb dieser Zeit ermordet, in den Hungertod getrieben oder durch Zwangsarbeit und medizinische Experimenten zu Tode gebracht. Beinahe ein Drittel der kambodschanischen Bevölkerung wurde zum Opfer der Khmer Rouge.

Nach dem Zweiten Weltkrieg hatte Kambodscha nur kurze Phasen des Friedens erlebt. 1946 begann der erste Indochinakrieg, in dem die Franzosen ihre Kolonialhoheit in der Region wiederherzustellen versuchten. Dazu rekrutierten sie unter anderem 30 000 Fremdenlegionäre aus Deutschland – vor allem ehemalige Wehrmachtssoldaten, aber auch einige Angehörige der Waffen-SS und der SS, die bei der Niederschlagung des Warschauer Ghetto-Aufstandes dabei gewesen waren.[1] Der darauf folgende Frieden währte nur eine Dekade, dann wurde das Land in den Vietnamkrieg hineingezogen. Innerhalb von acht Jahren ließen die amerikanischen Streitkräfte über Kambodscha mehr Bomben fallen als in ganz Asien während des Zweiten Weltkriegs. Mit dieser aggressiven Kriegsführung hofften die USA, ein kommunistisches Regime in Kambodscha zu verhindern. Doch sie trieben die Menschen in Pol Pots Arme.[2]

Eine Million Flüchtlinge waren vor den Flächenbombardements in die Hauptstadt geflüchtet, sie ließen ein zerstörtes Land hinter sich. Nicht jubelnd, aber in stiller Erwartung begrüßten die Einwohner:innen Phnom Penhs den Einmarsch der Khmer Rouge im April 1975. Ihr Erwachen kam rasch und war bitter. Bereits am nächsten Tag begann eine Herrschaft der Grausamkeit und Zwangsarbeit, des Hungers und Verrats. Fast die gesamte Bevölkerung der Hauptstadt musste innerhalb von Tagen ihr Zuhause verlassen und aufs Land ziehen. Phnom Penh mit seinen belebten Straßen rund um den Phsar Thmei, die Art-déco-Markthalle aus den 1930er Jahren, verwandelte sich in eine Geisterstadt. Die Khmer Rouge machten aus dem ganzen Land ein Zwangsarbeitslager: Frauen, Männer, Kinder wurden in Brigaden eingeteilt, die in den Reisfeldern, beim Straßenbau oder in den Wäldern schufteten. Alles, was früher aus dem Ausland kam – Maschinen, Autos, Medikamente –, wurde als Gift feudaler und kapitalistischer Gesellschaften verteufelt. Es gab keine Ausbildung mehr, keine Bücher, keine Kultur. Das Feld ist euer Papier, der Pflug euer Stift, so lautete Pol Pots Slogan. Geboren mit dem Namen Saloth Sar, hatte Pol Pot selbst eine privilegierte Kindheit erlebt, in der Bildung eine große Rolle gespielt hatte. Er besuchte eine christliche Privatschule und später ein Gymnasium mit Internat. Nach dem Zweiten Weltkrieg verbrachte er drei Jahre zum Studium in Paris, wo er vor allem die Schriften Stalins und Maos las, die ihn inspirieren sollten.

Vom ersten Tag an führte das Regime einen Kampf gegen seine angeblichen Feinde. Dazu zählten Angehörige nationaler und konfessioneller Minderheiten, aber vor allem die gesamte gebildete Schicht Kambodschas: Wer einer Fremdsprache mächtig war, war gefährdet, wer Lehrer oder Professor gewesen war, wer eine Brille trug, wer eine Krawatte besaß. Nur wenige Menschen haben S-21 überlebt, sie wurden entweder hier oder südlich der Stadt getötet, auf dem Areal eines ehemaligen Obstgartens und chinesischen Friedhofs. Heute befindet sich dort der Gedenkort Choeung Ek, der an die 20 000 »killing fields« im ganzen Land erinnert. Unbefestigte Straßen führen dorthin, vorbei an Wellblechhütten und Reihen über Reihen neu gebauter Villen mit Säulen und Kapitälchen für eine kleine Oberschicht.

Im Vergleich zu Thailand oder Vietnam ist Kambodscha heute noch immer isoliert und keine Destination für den Massentourismus. Diejenigen, die kommen, reisen zu den Tempeln von Angkor oder ins Kardamomgebirge, unternehmen eine Bootsfahrt am Mekong – und besuchen Choeung Ek. Es ist eine Mischung aus Lust am Schauder und dem Wunsch, mehr von der Geschichte zu erfahren und Zeuge zu sein, die tausende Menschen hierherbringt. Während ich mein Ticket kaufe, treffen mehrere Motorradtaxis und kleinere Busse ein. Ein Künstler stellt Landschaftsmalereien der »killing fields« aus, daneben bietet ein Zeitzeuge an, seine Erfahrungen auf Englisch zu erzählen. Audioguides werden desinfiziert und ausgegeben, es gibt Saft zu kaufen und buddhistische Opfergaben wie Blumen und Räucherstäbchen.

Die ikonische Glaspagode im Zentrum der Gedenkstätte hat Choeung Ek weltbekannt gemacht. Über 8000 Schädel sind hier ausgestellt, ein Turm der Toten, der sich über mir in den Himmel reckt. Sie sind nach Geschlecht und Alter geordnet, teilweise tragen sie sichtbare Spuren von Gewalt. Daneben liegen Tatwaffen ausgestellt, Kleider der exhumierten Opfer, aber auch die schwarzen Uniformen und rotkarierten Schals der Khmer Rouge. Es ist eigenartig still auf dem Gelände. Menschen in Flipflops und bunten Hosen bewegen sich von Station zu Station ihrer Audioguides, während sie den Erinnerungen von Zeitzeugen, Überlebenden, Tätern oder Anrainern der Tötungsstätten folgen. Zu sehen gibt es wenig, alle Gebäude wurden längst abgerissen. Geblieben sind die Mondlandschaft der Massengräber, ein See von eigenartig grüner Farbe, ein Baum, an dem die Kinder erschlagen wurden. Bis heute tauchen in den Regenmonaten Knochen auf, sie werden gesammelt und in der Pagode oder in kleineren Glaskästen gesammelt und ausgestellt. Immer wieder werden Forderungen laut, die Toten mit Respekt zu behandeln und nach buddhistischem Ritual zu kremieren. Doch die Regierung hat das Gelände für dreißig Jahre an eine japanische Firma verpachtet, mitsamt den Toten. Die Firma betreibt den Gedenkort und hat ein kleines Museum eingerichtet. Für sie sind die ausgestellten menschlichen Überreste eine Garantie für das anhaltende Interesse an Choeung Ek und damit für zukünftigen Gewinn.

Die Menschen in Kambodscha verbindet ein ambivalentes Verhältnis mit Choeung Ek und S-21. Beide Erinnerungsorte waren von Anfang an für ausländische Augen gedacht und nicht als Orte der Trauer für die Familien. Zudem gab es strategische und politische Gründe, die zur Einrichtung der Gedenkstätten führten. Das Ende der Khmer Rouge war Anfang 1979 gekommen, als vietnamesische Truppen Phnom Penh besetzten und Pol Pot und seine Anhänger in die Flucht schlugen. Für die nächsten zehn Jahre sollte Kambodscha unter direktem vietnamesischem und damit auch sowjetischem Einfluss stehen. Die Erinnerung an den Autogenozid, die Ermordung von Menschen durch die eigene Regierung, stand deshalb von Anfang an unter den Vorzeichen einer transnationalen, dem Kalten Krieg untergeordneten Logik.

Nur drei Monate nach der Befreiung öffnete das vormalige Gefängnis S-21 unter dem Namen Tuol-Sleng-Genozid-Museum seine Türen für Besucher:innen. Das war bemerkenswert, denn das Land stand am Rand einer weiteren katastrophalen Hungersnot, Hunderttausende waren obdachlos und der Wiederaufbau musste ohne Fachkräfte und Akademiker auskommen.

Das Museum wollte über die Verbrechen der Khmer Rouge auf-
klären, aber nicht, um einen inneren Prozess der Aufarbeitung
anzustoßen. In erster Linie ging es darum, die vietnamesische
Besatzung des Landes zu rechtfertigen. Der Krieg zwischen Vietnam und Kambodscha war rund um die Frage der Vormacht-
stellung auf der Indochinesischen Halbinsel ausgebrochen, doch
jetzt wurde er ausschließlich als humanitärer Akt der Befreiung
von einem grausamen Regime dargestellt.

Und so wurde zwar ein Überlebender zum ersten Direktor
des Museums ernannt, die inhaltliche Linie gab aber Mai Lam
vor, ein vietnamesischer Oberst und der Kurator der ersten Ausstellung. Mai Lam reiste nach Europa und besichtigte hiesige Erinnerungsorte. Inspirieren ließ er sich wohl vor allem von den
Gedenkstätten der DDR, die kollektiv an die »Opfer des Faschismus« erinnern, ohne auf die unterschiedlichen Gründe der Verfolgung einzugehen. Auch ästhetisch orientierte sich Mai Lam
an den damaligen KZ-Gedenkstätten und entwickelte eine Ausstellung, die sich bis heute kaum verändert hat. Im Zentrum
steht der authentische Tatort, das Gebäude selbst und der Hof
der ehemaligen Schule, die so gut wie möglich konserviert werden sollten – in den ersten Jahren angeblich noch mit Blutspu-
ren am Boden. Zu den weiteren Objekten zählen Aufnahmen
von Massengräbern, Schuhe und Kleider der Opfer, aber auch
Tatwaffen und Fotos der Täter. Großformatige Gemälde eines
Überlebenden veranschaulichen die praktizierten Foltermetho-
den, und in den ehemaligen Klassenzimmern werden tausende Schwarz-Weiß-Fotos der Ermordeten gezeigt. Bis vor einigen Jahren erreichte der Rundgang seinen Höhepunkt mit einer
von Mai Lam selbst entworfenen Installation: einer raumhohen
Landkarte Kambodschas, die aus 300 exhumierten Totenköpfen
und menschlichen Knochen zusammengesetzt war; blutrote
Farbe markierte den Tonle-Sap-See und die Flüsse Mekong und

Tonle Sap. Inzwischen ist die Landkarte abgebaut, doch bis heute werden die Knochen in Glasvitrinen ausgestellt.[3]

Kein pädagogisches Konzept, das Menschenrechte und Gewaltfreiheit ins Zentrum stellt, sondern Schock und Emotion sind hier die Handwerkszeuge der Vermittlung. In Westdeutschland einigte man sich Mitte der 1970er Jahre darauf, Überwältigung in der Gedenkstättenpädagogik zu vermeiden. Aus meiner Erinnerung taucht eine berühmte Fotografie aus Treblinka auf, die nach der Befreiung und Öffnung der Massengräber aufgenommen wurde: ein spitz zulaufender Berg von Totenköpfen, Asche und menschlichen Knochen. Es ist ein Foto, das inzwischen selten ausgestellt wird. In Treblinka wurden bis zu einer Million Menschen ermordet, in Tuol Sleng und Choeung Ek waren es vermutlich 16 000–17 000. Ohne Zweifel sollte mit den ersten Ausstellungen über den kambodschanischen Autogenozid ein Bezug zu den Verbrechen der Nationalsozialisten hergestellt werden. Und so reagierte auch die internationale Berichterstattung, vom »Auschwitz Asiens« und vom »kambodschanischen Holocaust« war die Rede. Diese Kommentare spiegelten zugleich die europäischen und amerikanischen Debatten dieser Jahre wider. Als ein Jahr zuvor, 1978, erste Berichte über die Verbrechen der Khmer Rouge den amerikanischen Kongress erreicht hatten, war dort gerade die Serie »Holocaust« im Fernsehen gelaufen. Zum ersten Mal stand der Genozid an den europäischen Jüdi:nnen im Zentrum einer breiten öffentlichen Diskussion. »Never again« wurde zum Appell, die Lektionen aus der Geschichte ernst zu nehmen und neuerliche Genozide zu verhindern. Vor diesem Hintergrund debattierte der Kongress über erste Schätzungen, die von 2,5 bis 7,7 Millionen kambodschanische Opfern ausgingen. Der demokratische Abgeordnete Stephen Solarz, selbst jüdisch, sprach von »einem neuerlichen Holocaust« und forderte den Kongress auf, umgehend zu handeln.

Doch Amerika hatte sich, der Logik des Kalten Krieges folgend, auf die Seite der Khmer Rouge geschlagen und stand dem mit Russland verbündeten Vietnam feindlich gegenüber. Die amerikanische Zivilgesellschaft und Hollywood sahen die Sache anders. Anfang der 1980er Jahre verfilmte der britisch-jüdische Regisseur Roland Joffé die Erinnerungen von Dith Pran, einem Journalisten, der das Pol-Pot-Regime überlebt hatte. Als »Killing Fields« 1984 in die Kinos kam, wurde der Film mit Auszeichnungen und Preisen überhäuft. Erst die Regierung Clinton distanzierte sich 1994 öffentlich von der politischen Haltung des amerikanischen Kongresses in diesen Jahren.[4]

Die Ausstellungen von Tuol Sleng und Goeung Ek waren in diesem Sinne auch das Ergebnis eines transnationalen Aushandlungsprozesses über Erinnerung. In den vergangenen vierzig Jahren hat sich dort kaum etwas verändert. Die beiden Erinnerungsorte konservieren eine »gefrorene Vergangenheit« der späten 1970er und frühen 1980er Jahre und sind damit selbst ein historisches Objekt. Nicht zu vergessen ist auch, dass den beiden Orten Zeugenschaft in einem bis heute offenen Prozess zugesprochen wird. Denn 2006 wurde durch die UNO ein internationaler Kriegsverbrecherprozess eröffnet, der die rechtliche Aufarbeitung in Gang setzen sollte. Seitdem hat dieses Tribunal, das in den Außenbezirken von Phnom Penh tagt, bereits zehntausende Betroffene involviert und 300 Millionen Dollar gekostet. Doch verurteilt wurden bislang nur drei der noch lebenden Täter. Warum das so ist, lässt die Ausstellung in Tuol Sleng erahnen. Der Autogenozid ist dort zwar als schreckliches Verbrechen dargestellt, aber bis auf Pol Pot und seine unmittelbaren Gehilfen gibt es keine Schuldigen. Die Khmer-Rouge-Kader werden kollektiv aus der Verantwortung genommen als zu jung, zu unbedarft und zur Mittäterschaft manipuliert. Um an diesem Narrativ festzuhalten, müssen Täter:innen wie Opfer notwendigerweise anonym bleiben. Als Anfang der 1980er Jahre die ersten kambodschanischen Besucher:innen in die Ausstellung gelassen wurden – zuvor war sie für ein ganzes Jahr lang ausländischen Gästen vorbehalten –, entdeckten sie Angehörige und Freunde auf den ausgestellten Fotos. Sie wollten ihnen ihre Identität zurückgeben, denn es gehört zur Praxis des Gefängnisses, den Menschen eine Nummer zu geben und von ihnen nur mehr als »es« zu sprechen. Die Besucher:innen begannen also, die Namen ihrer Lieben auf die Fotos zu schreiben. Dieses individualisierte Gedenken wurde vom Museum verboten – zum einen, weil man an einer Form des kollektiven Erinnerns festhalten wollte, zum anderen, weil die Benennung der Opfer den Blick auf eine Komplexität richtete, die bis heute nur ungern erwähnt wird: Viele der Ermordeten waren selbst Angehörige der Khmer Rouge gewesen, die denunziert und verraten worden waren. Die Parallele zu den sowjetischen Gulags bleibt bis heute unerwähnt.

In vielen kambodschanischen Familien wird bis heute nicht gern über die Zeit zwischen 1975 und 1979 gesprochen. 65 Prozent der Kambodschaner:innen sind unter dreißig, sie tun sich schwer einzuordnen, wie es zu dem Genozid kam und wer verantwortlich war, obwohl Kambodscha bis heute unter den Nachwirkungen der Gewalt leidet – allein 20 000 Menschen sind bisher beim Versuch umgekommen, vietnamesische, amerikanische und kambodschanische Landminen zu entschärfen. Es sind die Ärmsten der Armen, die diese gefährlichen Arbeiten übernehmen, und sie haben wenig Interesse, über die Vergangenheit nachzudenken, für sie ist die Vergangenheit nicht vorbei.[5] Ihnen steht eine kleine, sehr wohlhabende Oberschicht gegenüber. In Phnom Penhs Straßen wechseln sich großformatige, goldgerahmte Bilder des kambodschanischen Königs mit verblassten Billboards ab, auf denen sich die regierende und oppositionslose Partei für neue Bauten feiert. Die einzigen Baustellen, die ich entdecken kann, sind monumentale Palastbauten in Weiß und Gold, in die bald Ministerien einziehen werden. Premierminister Hun Sen begann seine Karriere selbst in den Rängen der Khmer Rouge, arrangierte sich dann mit der vietnamesischen Besatzung und übernahm schließlich die politische Führung der neu gegründeten parlamentarischen Monarchie. Das Ergebnis seiner 38-jährigen Amtszeit ist ein System aus Korruption, Kleptokratie und sozialer Ungerechtigkeit. Auch dieses autoritäre System baut nicht zuletzt auf einer Form der nationalen Amnesie auf.

In einem Hinterhof-Café in Phnom Penh treffe ich zwei junge Tänzerinnen. Ihre Arbeit beschäftigt sich mit aktuellen Themen, die die kambodschanische Gesellschaft bewegen, wie die weit verbreitete Gewalt gegen Frauen. Obwohl wir fast allein sind, sprechen sie leise. Die Angst ist groß, als Kritiker der Regierung wahrgenommen zu werden. Die Liste der politischen Gefangenen wächst, auch Klima-Aktivist:innen verschwinden immer wieder ohne Verhandlung für ein Jahr hinter Gittern. Für die beiden Tänzer:innen ist die offizielle Erinnerungspolitik vor allem destruktiv. Das Gedenken sei eine Trumpfkarte, die immer dann ausgespielt werde, wenn jemand Kritik an den Zuständen äußere. Dann hieße es: Was wollt ihr, im Vergleich zu damals geht es euch heute doch gut. Viele junge Menschen würden sich von der Politik fernhalten und einem nostalgischen Bild Kambodschas nachhängen, vor – ja vor was? – vor den Kriegen des 20. Jahrhunderts, vor der Kolonialisierung?

Youk Chhang hat die Gewalt und Zwangsarbeit des Pol-Pot-Regimes als Jugendlicher überlebt und leitet heute das DC-Cam, ein Dokumentationszentrum, das mit Unterstützung der Yale University in Phnom Penh gegründet wurde. Die pädagogischen Programme, die er mit seinem Team entwickelt, konzentrieren sich auf Fragen der Gerechtigkeit und Wiedergutmachung und darauf, eine Brücke zwischen Vergangenheit und Zukunft zu schlagen. Er würde den beiden Tänzer:innen nicht zustimmen und sieht großes Interesse bei Jugendlichen. Seine Vision ist ein Erinnerungszentrum, das zugleich Archiv, Dokumentationszentrum, Veranstaltungsort, Bibliothek, Museum, Graduiertenschule und Genozid-Forschungszentrum sein soll. Die architektonischen Pläne stammen von der inzwischen verstorbenen Stararchitektin Zaha Hadid. Sie hat ein Gebäude der sanften Formen entworfen, fünf Türme aus Holz, inspiriert von Angkor Wat. Die Erinnerung an Düsternis und Gewalt soll hier neben Reflexion und Ruhe existieren, aber letztlich Hoffnung und Optimismus versprechen. Obwohl unklar ist, wann und wie das Zentrum umgesetzt werden kann, hat es schon einen Namen. Sleuk Rith Institute bezieht sich auf eine traditionelle kambodschanische Praxis der Dokumentation, die »Macht der Blätter.« In Zeiten der Unterdrückung benutzten kambodschanische Intellektuelle trockene Palmblätter, um kulturelles und politisches Wissen im Geheimen weiterzugeben. Damit will Youk Chhang eine Brücke schlagen zwischen Tradition und Gewalt und den Widerstand und die Ausdauer der Menschen dem nationalen Erinnern einschreiben.[6]

Immer wieder stoße ich in dieser Geschichte auf die Leerstelle der fehlenden Erinnerungen. Die Khmer Rouge zerstörten bewusst auch das kulturelle Gedächtnis des Landes, Bibliotheken und Museen, Filme und Fotografien. Dazu gehörte es auch, Kameras zu zerstören und zu verbieten – die einzigen Bilder sollten die Propagandabilder der Organisation, des Angkar, sein. Der Filmemacher Rithy Panh, der die Zwangsarbeitsbrigaden als Jugendlicher überlebte, widmete dieser Bilderlosigkeit einen Film. »The Missing Picture« ersetzt die fehlenden Menschen, indem es sie mit kleinen Tonfiguren nachbaut und filmt.[7] Das glückliche Familienleben der früheren Zeit, die Gerüche und Geräusche von Phnom Penh, Musik, Tanz, Film und Poesie wechseln sich ab mit Bildern des Hunger und des Verlusts und mit dem immergleichen Alltag in den Reisfeldern und Steinbrüchen ohne Maschinen oder Hilfsmittel. Die Tonfiguren erzählen davon, wie zwei Millionen Einwohner aus Phnom Penh von Arbeitseinsatz zu Arbeitseinsatz deportiert werden; davon, dass die Khmer Rouge ihre »Feinde« niemals berühren und selbst von Kindern körperlich Abstand halten; dass die Menschen ihre Kleider schwarz färben müssen und ihr einziger persönlicher Gegenstand ein Löffel ist; von geänderten Vornamen in einer Gesellschaft, die kollektiv und militärisch organisiert ist und von tiefem Misstrauen durchdrungen. Sie erzählen von einem Neunjährigen, der seine Mutter verrät, weil sie Mangos geklaut hat, obwohl er weiß, dass sie die Nacht nicht überleben wird. »Sind die Toten da?«, fragt Rithy Panh am Ende des Films. »Ja. Manchmal fühlt es sich so an, als würden wir auf ihnen gehen. Dann trete ich einen Schritt zur Seite.«[8]

LEOPOLDS TRAUM

An der Tramstation Montgomery wartet die Linie 44, die von hier in Richtung Tervuren abfährt. Der flämischsprachige Vorort von Brüssel ist eine der reichsten Gegenden Belgiens. Hier leben Angestellte von NATO und EU zwischen Parks und entlang einer breiten Allee. Die Avenue de Tervuren beginnt am Marschall-Montgomery-Platz, benannt nach einem britischen Kommandanten und Helden beider Weltkriege. Field Marshal Bernard Montgomery war nicht irgendein Held: Er beendete den Nordafrikafeldzug der Nazis unter dem Kommando Erwin Rommels in der zweiten Schlacht von El Alamein, übernahm das Kommando für die alliierten Invasionen in Italien und setzte am D-Day als Oberbefehlshaber der alliierten Bodenstreitkräfte in die Normandie über. Montgomerys Einheiten befreiten das KZ Bergen-Belsen und weil er die letzte militärische Offensive Deutschlands in den Ardennen aufhalten konnte, schmückt sein Denkmal jetzt einen zentralen Brüsseler Platz. *Monty*, so der liebevolle Spitzname, den seine Landsleute ihm gaben, soll sich nach dem Krieg einen Spaniel und einen Foxterrier zugelegt haben, den einen nannte er Rommel, den zweiten Hitler. Der hochdekorierte Veteran galt aber auch als arrogant und undiplomatisch, war ein Befürworter der Apartheid in Südafrika und wetterte öffentlich gegen Homosexualität.[1]

Alles in allem macht sich die Ambivalenz Montgomerys ganz gut am Beginn der Prachtstraße, die König Leopold II. Ende des 19. Jahrhunderts für die Weltausstellung in Brüssel anlegen ließ. Die heutige Straßenbahnlinie 44 wurde zu diesem Anlass eröffnet. Die Tramgarnituren sind, wenn auch nicht aus dieser Zeit, so doch historisch. Ich lasse mich auf den gemütlichen Fauteuils nieder, die so klein und eng aneinander platziert sind, als wäre ich in ein Wohnzimmer von Hobbits geraten. Vorbei an Art-nouveau-Villen geht es Richtung Afrikamuseum, dem 1897 eröffneten Kongo-Pavillon der Weltausstellung. Ich bin gekommen, um zu verstehen, wie Belgien mit seiner gewaltreichen Kolonialgeschichte umgeht. Rund um die Feiern zum 50. Jahrestag der Unabhängigkeit des Kongo 2010 wurde in Belgien kontrovers diskutiert. Während einige prominente Stimmen die belgische Verantwortung herunterspielten und koloniale Vorurteile bedienten, übten kongolesische Wissenschaftler:innen harsche Kritik. Erst 2022 drückte der belgische König Philipp II. öffentlich sein Bedauern über die Ereignisse im Kongo aus. Eine Bitte um Entschuldigung und Anerkennung der Ereignisse als Genozid durch das belgische Parlament, ähnlich dem deutschen Versöhnungsabkommen mit Namibia, blieben jedoch bislang aus.[2]

Dabei liegen nicht nur die Ereignisse weit über hundert Jahre zurück, auch die Definitionsfrage ist nicht neu. Seit dem Jahr 1941 suchte der polnisch-jüdische Jurist Raphael Lemkin nach einem neuen Begriff für die Massenerschießung von Jüd:innen während des deutschen Überfalls auf die Sowjetunion. 1944 sprach Lemkin zum ersten Mal von »genocide«, auch mit Bezug auf historische Ereignisse wie den osmanischen Völkermord an den Armeniern. Es ist wenig bekannt, dass er eine Geschichte des Völkermords von der Antike bis ins 20. Jahrhundert schreiben wollte. In seinem unveröffentlichten Manuskript analysiert er auf Basis der ihm vorliegenden Quellen neben den deutschen Morden an den Ovaherero und Nama auch die sogenannten »Kongogräuel«. Was sich damals unter belgischer Verwaltung, ausgeführt mithilfe bezahlter einheimischer Milizen, abspielte, war in Lemkins Augen ein Genozid gewesen.[3]

Die belgische Geschichte in Zentralafrika nahm ihren Anfang im Winter 1885 in Berlin, in der Residenz des deutschen Kanzlers Otto von Bismarck in der Wilhelmstraße 77. Am großen Tisch versammelten sich dort die Vertreter von dreizehn europäischen Nationen zusammen mit den USA. Unter einer knapp fünf Meter hohen Landkarte Afrikas sollte die Zukunft des Kongobeckens entschieden werden – topografischer Nonsens, gezeichnet von Männern, die niemals einen Fuß in 90 Prozent des Landes gesetzt hatten, das hier abgebildet war, beschreibt der nigerianische Publizist Dipo Faloyin die Szenerie.[4] Auch wenn Afrika hier noch nicht aufgeteilt wurde, lag doch die Souveränität eines ganzen Kontinents auf dem Tisch. Die versammelten Nationen versicherten sich gegenseitig, dass ihr Interesse ausschließlich philanthropisch sei: Zivilisierung, Christianisierung und wirtschaftliche Entwicklung zum Wohl der Bevölkerung. Der US-amerikanische Vertreter war der Einzige, den die Frage beschäftigte, ob auf Basis des Völkerrechtes die Zustimmung der lokalen Bevölkerung eingeholt werden müsse. Doch afrikanische Vertreter waren, obwohl sie darum gebeten hatten, nicht eingeladen worden. Es ging um nicht weniger als 29 Millionen Quadratkilometer Land und enorme Ressourcen, die damals in einen europäischen Hoheitsbereich wechselten. Den Amerikanern war als Einzigen nicht so recht wohl bei der Sache – schließlich stammten sechseinhalb Millionen oder 13 Prozent der US-amerikanischen Bevölkerung aus Afrika.[5]

Der Kongo war die erste koloniale Verwaltungseinheit, die nach der Berliner Konferenz festgelegt wurde. Für eine angeblich philanthropische Organisation wurde dem belgischen König ein Gebiet, fünfmal so groß wie sein eigenes Land, als privates Territorium überlassen. Der belgische Staat selbst hatte kein Interesse an dem afrikanischen Abenteuer und überließ es seinem König. Vermutlich rund 20 Millionen Einwohner unterschiedlicher Sprachen, Kulturen und Zugehörigkeiten wurden im Congo Free State zusammengefasst. Was den Verhandlungspartnern am langen Berliner Tisch nicht bewusst gewesen war: Leopold hatte bereits zehn Jahre zuvor einen »Entdecker« in die Region geschickt, der ihm außerordentlich gute Nachrichten übermittelte. Das Land war voll von Rohstoffen, wertvollem Elfenbein und Kautschuk, nach dem das industriezeitliche Europa besonders lechzte. Leopold hatte versprochen, die Sklaverei abzuschaffen, aber nachdem er feststellte, dass sein privates Unternehmen Verluste machte, begann er die lokale Bevölkerung systematisch auszubeuten.[6] Jedem Dorf wurden Lieferquoten für Rohstoffe, vor allem Kautschuk, auferlegt. Die Force Publique, afrikanische Söldner, die belgischen Offizieren unterstanden, kontrollierte das Einhalten der Gummiquoten.

In den 1890er Jahren trafen immer häufiger Nachrichten über außergewöhnliche Gewalt im Kongo ein. Dem Mitarbeiter einer Reederei zufolge waren belgische Schiffe, die den Kongo anfuhren, nicht mit Handelsgütern, sondern mit Waffen und Munition beladen. Fotos von abgehackten Händen und Füßen zirkulierten. Lokale Milizen bewahrten die Gliedmaßen ermordeter Arbeiter:innen auf, um zu beweisen, dass sie ihre Munition nicht beim Jagen verschossen hatten. 1899 erschien Joseph Conrads Erzählung »The Heart of Darkness« und erreichte mit seiner Kritik der Kolonialherrschaft eine große Leser:innenschaft. Andere, wie Arthur Conan Doyle, schlossen sich der allgemeinen Empörung an. Bis heute ist unklar, wie viele Menschen im Kongo an den Folgen von Sklaverei, Zwangsarbeit und gezielten Tötungen umkamen. Manche Schätzungen gehen davon aus, dass sich die Bevölkerung der Region in dieser Zeit halbierte, wobei auch importierte Krankheiten und Hungersnöte eine Rolle spielten. 1908 beugte sich der belgische König schließlich dem internationalen Druck und übergab seine Kolonie dem Staat.

Die Zwangsarbeit in Belgisch-Kongo wurde abgeschafft und die Arbeitsbedingungen wurden verbessert, trotzdem blieb die Ausbeutung der lokalen Bevölkerung weiter an der Tagesordnung. Leopold II. selbst hat den Congo Free State während der 23 Jahre seiner Herrschaft, von 1885 bis 1908, kein einziges Mal besucht.

Als die Weltausstellung 1897 im Jubelpark im Zentrum von Brüssel stattfand, nutzte der schlaue König den Moment, um mit einer Kolonialausstellung von den Schreckensnachrichten aus Afrika abzulenken. Während sich die Ausstellung in Brüssel der Mathematik, der Physik und anderen Naturwissenschaften widmete, erwartete die neugierigen Besucher:innen in Tervuren ein neu errichteter Kolonialpalast und im weitläufig angelegten Park ein kongolesisches Dorf. Nicht weniger als 267 Frauen, Männer, Kinder und Tiere aus dem Kongo lebten hier für die Dauer eines halben Jahres. Dreißig Jahre zuvor waren in Paris zum ersten Mal Menschen aus den Kolonien ausgestellt worden, doch zur Perfektion gebracht hatte diese Idee der Hamburger Zoodirektor Carl Hagenbeck. In den 1870er Jahren hatte er angefangen, Völkerschauen in großem Stil zu organisieren. Es begann mit einigen Familien und Tieren aus Lappland, bald folgten ganze Dörfer und Tierherden aus vielen Teilen der Welt. Hagenbeck arrangierte Theaterszenen, in denen etwa »beduinische Sklavenhändler« ein Dorf überfielen, das daraufhin von europäischen Großwildjägern gerettet werden musste. In frei erfundenen Tänzen und Kostümen wurden die Menschen gezwungen, exotisch und sinnlich zu wirken. Die Völkerschauen waren so erfolgreich, dass sie durch ganz Europa tourten. Die Darsteller:innen, von denen viele an Krankheiten starben, wurden in Viehwaggons transportiert und an den Grenzen wie Ware verzollt. Es ging bei diesen »Menschenzoos« einerseits darum, die europäische Kolonialherrschaft zu rechtfertigen, denn die als »Wilde« dargestellten Menschen mussten zivilisiert und christianisiert werden. Andererseits dienten sie auch der Veranschaulichung der rassenbiologischen Forschung, die die »weiße Rasse« über alle anderen stellte.[7]

Wie die betroffenen Menschen sich fühlten, wissen wir nicht. Nur von Abraham Ulrikab, einem Inuit, sind Aufzeichnungen erhalten, in denen er von Angst, Verunsicherung und Heimweh berichtet. Ein anderer, Ota Benga, ist aufgrund seiner tragischen Geschichte bekannt geworden. Der junge Mann war ein Mitglied des Batwa-Volkes im Kongo und hatte seine ganze Familie durch die Morde der Force Publique verloren. Ein amerikanischer Missionar kaufte Ota Benga einem Sklavenhändler ab und brachte ihn mit acht anderen nach St. Louis. Dort wurden sie auf der Weltausstellung von 1904 als »Pygmäen« inszeniert und ausgestellt. Zwei Jahre später lebte Ota Benga im Affenkäfig des Zoos in der Bronx. Die *New York Times* berichtete, dass seine Anwesenheit eine Sensation war und hunderte Menschen anzog. Er habe wenig übrig für die Menge, heißt es in dem Artikel, die ihn anstarrte und neckte. Für kurze Momente ließ ihn der Tierpfleger frei, um die Wälder des Zoos zu erkunden. Aber die Menge stellte ihm nach, und Ota Benga musste in den Käfig zurückkehren.[8] Nachdem afroamerikanische Geistliche gegen diese Zurschaustellung eines schwarzen Mannes protestiert hatten, wurde er freigelassen. Zehn Jahre später beging Ota Benga Selbstmord. Ich muss unwillkürlich an Kafkas »Ein Bericht für eine Akademie« denken, der ein Jahr nach Ota Bengas Tod in Martin Bubers Berliner Zeitschrift *Der Jude* erschien.

In Tervuren betrete ich das Gebäude des ehemaligen Kolonialpalastes unterirdisch durch einen Tunnel und einen 2016 errichteten Eingangspavillon aus Glas. Das AfricaMuseum will die gewaltvolle Geschichte des Congo Free State erzählen und gleichzeitig selbstkritisch die eigene Rolle in der jahrzehntelangen Verdrängung der Gräuel im Kongo reflektieren.[9] Nur ein kleiner Teil der riesigen Sammlung, bestehend aus 120 000 ethnografischen Objekten, zehntausenden zoologischen und geologischen Sammlungsstücken, tausenden Fotos und Filmen, ist in den Galerien des Pavillons ausgestellt. Auf Bitten von Leopold II. hatten koloniale Siedler:innen seit dem späten 19. Jahrhundert Kunstgegenstände oder präparierte Tiere aus dem Kongo nach Europa geschickt. Heute will das einstige Propagandaprojekt als »museum in motion« ein Ort der kritischen Veränderung sein.

»Alles geht vorbei, außer die Vergangenheit« steht am Beginn der Dauerausstellung. Statuen, die über die Jahrzehnte für das Museum angefertigt wurden und rassistische Klischees von Menschen des afrikanischen Kontinentes wiedergeben, wurden aussortiert. Unter dem Titel »Ins Abseits geraten: Kunstwerke im Depot« stehen diese Figuren zwischen Metallgerüsten eng aneinander, in einem fensterlosen Raum. Rundherum sitzen mehrere Schulklassen am Boden und tauschen ihre Eindrücke aus. Das Museum bemüht sich, gegen eine einseitige Blickrichtung anzuarbeiten und die Geschichte des Kongo, von Ruanda und Burundi auch aus afrikanischer Perspektive zu erzählen. Zentrales Thema ist die Unabhängigkeitsgeschichte der Staaten während des Kalten Krieges und die Rolle Belgiens, als etwa der erste Premierminister des unabhängigen Kongo, Patrice Lumumba, mit belgischer Unterstützung 1961 ermordet wurde. Auch der koloniale Blick wird kritisch hinterfragt, indem die Ausstellung die Geschichte von Inforcongo/Congopress auffächert, einer Organisation, die das Kolonialministerium 1949 zu Propagandazwecken ins Leben rief.

Im Zentrum des Pavillons befindet sich die Marmor-Rotunde, mit der Leopold II. seinem kolonialen Projekt einen Tempel baute – symbolisiert durch den in den Boden eingelassen Stern des Congo Free State. Vergoldete Statuen in Wandnischen stellen wohlwollende belgische Kolonialherren dar, während Afrikaner:innen aus weniger wertvollen Materialen hergestellt sind – die Frauen sexualisiert, die Männer klischeehaft klein oder als arabisch-swahilische Sklavenhändler. Da die Rotunde unter Denkmalschutz steht, hat das Museum die Statuen nicht entfernt, sondern durch Arbeiten des kongolesischen Künstlers Aimé Mpane kontextualisiert: zwei in der Mitte des Raums platzierte Skulpturen, die die Gräuel der Vergangenheit und die Versprechen der Zukunft im Kongo zum Thema haben. Der belgische Künstler Jean Pierre Müller hat darüber hinaus sechzehn halbtransparente Tücher entworfen, die die historischen Skulpturen so verdecken, dass ich voyeuristisch dahinter spähen muss, um sie zu sehen.

Nachdem ich einige Stunden in den sich aneinanderreihenden Galerien des Museums verbracht habe, wo Kinder auf der Suche nach Stoffen, Skulpturen und Werkzeugen durch die Gänge jagen, kehre ich durch den Tunnel zurück zum Eingang. Dort, zwischen dem alten Museum und dem neuen Glaspavillon, befinden sich unterirdische Ausstellungsräume für zeitgenössische Kunst. Eine Wechselausstellung zeigt Kunstwerke von Künstler:innen, die im postkolonialen Afrika aufgewachsen sind. Einer von ihnen ist Sammy Baloji, dessen Arbeiten sich mit kolonialer Nostalgie beschäftigen. Er sammelt Munitionshüllen, die in Belgien online verkauft werden, um sie als Vasen zu benutzen. Das Kupfer stammt aus den kolonialen Mienen von Katanga, die tropischen Pflanzen in den Hüllen wurden für belgische Interieurs akklimatisiert. Die Künstlerin Katia Kameli zeigt eine fotografische Installation rund um das »Liberation Memorial«, das 1978 von dem algerischen Künstler M'hamed Issiakhem geschaffen wurde. Der Betonsarkophag des Kunstwerks umhüllt ein früheres Denkmal, »Le Grand Pavois« von Paul Landowski, dem Schöpfer der Christusstatue in Rio de Janeiro.

Landowskis Skulptur war 1928 in Erinnerung an die französischen und algerischen Opfer im Ersten Weltkrieg errichtet worden. Das ursprüngliche Denkmal blieb erhalten, wird aber durch die brutalistische Hülle vor den Augen der Öffentlichkeit verborgen. Kamelis Fotoarbeit macht das ursprüngliche Kriegerdenkmal in alten Postkarten wieder sichtbar und legt die verschiedenen Blicke auf die Vergangenheit übereinander.

Durch den Glaspavillon verlasse ich das Gebäude etwas erschöpft, weniger von den vielen Ausstellungsräumen und Objekten als von dem komplexen Dialog zwischen Vergangenheit und Gegenwart, in den das Museum eingebunden ist. Auf der Rückfahrt fällt mein Blick auf zahlreiche Art-nouveau-Gebäude, die den Weg in die Stadt säumen. Auch sie sind Spuren der Geschichte des Kongos und der dort geschehenen Gräuel in Europa. Denn obwohl die Vertreter des belgischen Modernismus nicht selbst in die Kolonien reisten, war die Ästhetik des Kongos in vielen Aspekten ihres Lebens präsent. Fotos, Magazine, Reiseliteratur und Ausstellungen brachten ihnen die neuen, aufregenden Materialien und Formen nahe: Elfenbein, Elefanten, die blütenlosen Lianen der Kautschukpflanze und nicht zuletzt die Peitsche als Symbol der Eroberung. Bis heute zieren sie Wandbemalungen, Tapeten, Möbel oder Gemälde, doch ihre Herkunft wird selten genannt.[10]

Art déco schmückt auch ein anderes, nicht weit entferntes Überbleibsel einer kolonialen Ausstellung. Das Palais de la Porte Dorée in Paris ist weniger großartig und hat keine eigene Sammlung. Das Relief an seiner Fassade bildet noch immer den Reichtum der französischen Kolonien ab und stellt zugleich die Körper der beherrschten Völker rassenbiologisch verzerrt dar. Bei seiner Gründung beherbergte es das Kolonialmuseum und im Untergeschoss ein tropisches Aquarium. Letzteres existiert bis heute und ist immer gut besucht.

1931 war im Bois de Vincennes, im armen Osten der Stadt, eine der größten, prächtigsten und wirkungsmächtigsten Kolonialausstellungen aller Zeiten eröffnet worden. Auf Einladung Frankreichs nahmen andere europäische Staaten an der Ausstellung teil und präsentierten ihre Kolonien. Doch die meisten Pavillons, Tempel, Dörfer und Moscheen waren dem französischen Kolonialimperium gewidmet, mittendrin thronte ein riesiger Nachbau des kambodschanischen Angkor Wat. Insgesamt 3000 Menschen aus den kolonisierten Ländern lebten in dieser Zeit im Bois de Vincennes und waren Teil der Ausstellung. Zeitungen berichteten, dass sie sich frei und selbstbewusst auf dem Gelände und in der Stadt bewegten. Frankreich stellte damals seit über sechzig Jahren Menschen aus den Kolonien aus, man war einander nicht mehr fremd, so meinten die Reportagen. In ganz Europa warben Plakate und Anzeigen für die Schau, die von über 33 Millionen Menschen besucht wurde, davon tausende Schulkinder aus ganz Frankreich. Zum ersten Mal regte sich jetzt auch massive Kritik an der kolonialen Propaganda. Angeregt von Protesten der französischen Kommunisten wurde eine Gegenausstellung eröffnet, die eine andere Geschichte der Kolonien erzählte.[11]

Das Kolonialmuseum ist das einzige Gebäude, das von der Ausstellung übrig blieb. Über die Jahrzehnte wechselte das Museum häufig seinen Namen und beherbergt seit 2007 das nationale Immigrationsmuseum. Im Eingangsbereich hängt noch immer der historische Plan der Kolonialausstellung, und die zwei ovalen Empfangsräume präsentieren sich unverändert seit 1931: Der eine Salon ist Asien gewidmet, der andere Afrika. Die Sonne scheint durch die lichte Galerie des Foyers, das Museumscafé ist gut besucht, ebenso eine Ausstellung mit Werken immigrierter Künstler:innen. Es weht ein wenig Nostalgie durch die Räume – von den heftigen Debatten um Erinnerung, die Frankreich seit den 1990er Jahren bewegen, ist hier wenig zu spüren.

Am anderen Ende der Stadt beherbergt das Musée du Quai Branly zehntausende Kunstobjekte fraglicher Provenienz. Bénédicte Savoy und Felwine Sarr haben vor einigen Jahren empfohlen, alle Gegenstände zurückzugeben, deren rechtmäßiger Erwerb nicht nachweisbar ist. 2020 wurden die ersten Objekte an Benin und den Senegal restituiert. In der französischen Gesellschaft leben ehemals Kolonisierte, vormalige Kolonialherren und deren Nachkommen zusammen, die Erinnerung ist in vielen Familien noch lebendig.[12] Und viele Themen sind noch offen, wie die Debatte um den Film »Tirailleurs« zeigt, der Anfang 2023 in die Kinos kam und die Geschichte senegalesischer und anderer westafrikanischer Soldaten in der französischen Armee zum Thema hat. »Tirailleurs« spielt während des Ersten Weltkriegs, aber die öffentliche Diskussion fokussierte auf jüngere Ereignisse, nämlich die Rolle der afrikanischen Truppen im Zweiten Weltkrieg. Dass Frankreich 1944 befreit wurde, war nicht nur der Normandie-Offensive unter Marschall *Monty* Montgomery zu verdanken – die Provence-Offensive war von ähnlich großer Bedeutung. Über 200 000 senegalesische und westafrikanische Soldaten waren daran beteiligt, mussten jedoch, als die Armee nach Norden weiterrückte, ihre Uniformen an Kämpfer der Resistance abgeben. Auf den Fotos der Befreiung von Paris durften sie nicht zu sehen sein. Im Gegenteil sahen sie sich nach ihrer Rückkehr nach Hause rassistischen Kolonialbeamten gegenüber, die ihnen nur einen Teil ihres Soldes auszahlten. Es kam zu Unruhen und Ende 1944 wurden vermutlich einige hundert senegalesische Soldaten von französischen Truppen in einem Vorort von Dakar ermordet.[13] Das Massaker von Thiaroye fehlt in der offiziellen Erinnerung Frankreichs bis heute, ebenso wie der Landung in der Provence nur am Rand gedacht wird. Im Abspann des Films wird an die vergessenen afrikanischen Soldaten erinnert. Omar Sy, der Hauptdarsteller und selbst Sohn senegalesischer und mauretanischer Einwanderer, kommentiert das »Whitening« der französischen Armee mit den Worten: »Wir haben nicht die gleiche Erinnerung, aber wir teilen die gleiche Geschichte.«

BEZIEHUNGEN HERSTELLEN

Jeden Abend bauen sie ihre Buden ab. Sie verpacken, schichten, stapeln Schmuck, Kleider, Holztiere, Körbe und Stoffe in Kisten, dann türmen sie zehn Stück übereinander und balancieren sie auf Handkarren durchs Viertel. Als Nächstes sind die Marktstände dran, sie werden in Stangen und Platten zerlegt und in die nahegelegenen Lagerhallen getragen. Am Greenmarket Square, im historischen Zentrum Kapstadts, verkaufen Händler:innen aus ganz Afrika ihre Waren. Was in den Geschäften an der Waterfront teuer als afrikanische Folklore angeboten wird, kann hier erfeilscht und erhandelt werden. Am nächsten Morgen, noch vor Sonnenaufgang, kehren sie wieder zurück. Viele von ihnen sind in der Hoffnung auf ein besseres Leben in Südafrika gelandet, aber sie kommen grade mal so über die Runden. Und auch davon abgesehen ist es hier nicht einfach für sie. Xenophobie und Gewalt gegen Migrant:innen und Flüchtlinge hat sich in Südafrika in den letzten Jahren so sehr verschlimmert, dass die UN Alarm geschlagen hat. Auf dem Platz, der einer der ältesten der Stadt ist, wurde im Lauf der Jahrhunderte schon vieles feilgeboten, sogar versklavte Menschen. Heute liegt er zwischen der gentrifizierten Bree Street, wo Uber-Fahrer vor teuren Restaurants halten, und der Adderley Street, wo junge Frauen mit gelben Westen »cash for gold« anbieten und sich die Gegend abends schnell leert, weil Gewalt in der Luft liegt. Und mittendrin steht vor dem Billigsupermarkt eine blinde Bettlerin und singt.

Im alten Stadtzentrum von Kapstadt liegen die Konflikte offen, die mit der Abschaffung der Apartheid nicht verschwunden sind. Während die »weiße« Minderheit bevorzugt in Vierteln wie Sea Point oder Gardens rund um den Tafelberg lebt, pendeln viele Schwarze nach wie vor in die überbevölkerten Townships der Kap-Ebene. Unter der Präsidentschaft Nelson Mandelas waren die Hoffnungen auf Veränderung groß gewesen, doch immer noch trennen wirtschaftliche und soziale Unterschiede die Bevölkerung. An der wohlhabenden Victoria & Alfred Waterfront feiert ein neues Museum schwarze Kunst und Identität. Das Zeitz Mocaa Museum für zeitgenössische afrikanische Kunst entstand aus der privaten Sammlung des deutschen Philanthropen Jochen Zeitz, der das Museum aus einem ehemaligen Silo entstehen ließ. Thomas Heatherwick, britischer Architekt und Enkel der aus Dresden geflohenen jüdischen Künstlerin Elisabeth Tomalin, hat den Bau verantwortet. Das Ergebnis ist eine beeindruckende neunstöckige Wabenstruktur zwischen Meer und Tafelberg. Der Direktorin Koyo Kouoh geht es darum, mit dem Museum zu einer eigenen Stimme, einer eigenen Sprache einer panafrikanischen Kultur zu finden, die ebenso nach Brasilien reicht wie in die USA oder nach Europa. In Ausstellungen wie »When we see us«, einer Schau über hundert Jahre figurativer afrikanischer Kunst mit 150 beteiligten Künstler:innen, zeigt sie, welche Formen eines positiven, kreativen, kulturellen Gedächtnisses es braucht, um diese gemeinsame Identität zu entwickeln. Für Besucher:innen mit Ausweisen aus afrikanischen Ländern ist der Eintritt kostenlos, und um die wirtschaftliche, kulturelle und soziale Kluft im Post-Apartheid-Südafrika zu überbrücken, erarbeitet Koyo Kouoh mit ihrem Team Outreach-Programme. Sie schicken ein mobiles Museum in die Townships um Kapstadt und haben ein Stipendienprogramm ins Leben gerufen, um eine neue Generation afrikanischer Kurator:innen auszubilden.[1]

Gäste aus dem Ausland steigen meist in den Hotels an der Waterfront ab, wo sie Kouohs Museum besuchen. In das historische Zentrum kommen sie meist mit geführten Stadttouren oder für einen Besuch des District Six Museum. Das kleine, privat geführte Museum folgt den Spuren von Segregation und Apartheid, und sein zentrales Objekt ist ein Plan des Viertels District Six, der fast den gesamten Boden des Erdgeschosses bedeckt und als partizipatives Projekt zur Eröffnung des Hauses entstand. Zwischen 1966 und 1976 ließ das Apartheidregime die gesamte Bevölkerung des Viertels in ein 25 Kilometer entferntes Township umsiedeln, damit District Six als rein »weißer« Stadtteil neu entstehen konnte. Die Wohnhäuser wurden geschleift und 60 000 Menschen verloren ihr Zuhause. Einige von ihnen führen jetzt Besucher:innen durch die Ausstellung, die an die verloren gegangene Kultur des Viertels erinnert. Einer, der hier aufgewachsen ist und international berühmt wurde, ist der Jazzmusiker Abdullah Ibrahim oder Dollar Brand, wie er früher hieß. Seine musikalischen Wurzeln liegen in den Gospels, den traditionellen afrikanischen Liedern und den indischen Raga-Melodien, die in den Straßen von District Six zu hören waren. Das neue Viertel wurde dann doch nicht gebaut, der Konflikt war immer noch zu offensichtlich. Und so ist District Six in weiten Teilen bis heute eine Leerstelle in der Stadt. Die umgesiedelten Menschen kämpfen noch immer darum, zurückzukehren, und im Zentrum der Initiative steht das Museum, das zu Community Events einlädt.

Als District Six geräumt wurde, lebten dort vor allem schwarze Stadtbewohner:innen und »Coloureds«, wie das Apartheidregime alle bezeichnete, die nicht eindeutig als weiß oder schwarz zuordenbar waren. Früher hatten in dem multiethnischen Arbeitervierteln nahe dem Hafen viele ehemals Versklavte und Immigrant:innen gelebt. Zu den Neueinwanderern gehörten auch Jüdi:nnen, die aus Osteuropa und später aus Nazi-deutschland geflohen waren. Sie sprachen Jiddisch oder Deutsch und brachten die Rezepte, die Musik und das Theater ihrer Heimat mit ans Kap. Wenig verband sie mit der bereits ansässigen jüdischen Gemeinde, die wohlhabender war und aus England stammte. Die verschiedenen Gruppen im District Six wuchsen trotz aller Unterschiede auch zusammen, durch Initiativen wie die Central Girls' School. Die Pädagog:innen Roza van Gelderen und Hilda Purwitzky, ein jüdisch-lesbisches Paar, hatten das Konzept für diese Reformschule entwickelt, an der unter anderem Sexualkunde unterrichtet wurde. Heute mag sich niemand so recht an diese vielfältige Geschichte des Viertels erinnern, nicht einmal das District Six Museum. Warum diese Vergangenheit sich zu einem derartigen Waisenkind entwickelt hat, liegt in den Ereignissen des Jahres 1948 begründet.

In diesem Jahr fanden in Südafrika Parlamentswahlen statt. Zu den Wahlberechtigten gehörten weiße Männer über 21 und seit kurzem auch weiße Frauen. Schwarze Wähler:innen waren von den allgemeinen Wahlen ausgeschlossen und durften nur eine kleine Zahl schwarzer Repräsentant:innen wählen. Als Sieger aus dieser Wahl ging mit knapper Mehrheit die Nationale Partei hervor, ein Zusammenschluss nationalistischer, burischer Gruppierungen, von denen einige während des Naziregimes offen mit Hitler sympathisiert hatten. Sie hatten empört reagiert, als die damalige britische Regierung Südafrikas den Kriegseintritt auf der Seite der Alliierten beschloss. Viele Buren standen nach 1945 noch unter dem Einfluss der nationalsozialistischen Kurzwellenpropaganda, die während des Zweiten Weltkriegs allabendlich vom Sender Zeesen aus in die Welt ging. Ihre Solidarität war so tief empfunden, dass 1948 Waisenkinder aus dem besiegten Nazideutschland nach Südafrika gebracht werden sollten, nicht nur aus humanitären Gründen – sondern um die weiße »Rasse« mit Nachwuchs des »Herrenvolkes« zu stärken. So wurden gezielt Waisenkinder ausgesucht, deren Eltern in der Partei oder noch besser in der SS gewesen waren, möglichst blond und ja nicht »jüdischer, polnischer oder russischer« Herkunft. Am Ende kamen nicht die erwünschten 10 000, sondern nur 83 Kinder an, aber der symbolische Akt war von großer Bedeutung.[2]

Aus dieser Gesinnung gingen 1948 die Apartheidgesetze hervor, die sich an der rechtlichen Zweiklassengesellschaft des Nazi-Regimes orientierten, indem sie die komplette Enteignung der schwarzen Bevölkerung verfügten und ein Verbot der Heirat sowie jedweder körperlicher Beziehungen zwischen Weißen und Schwarzen. Während der 1930er Jahre hatte sich in Südafrika vor allem unter den Angehörigen der Nationalpartei auch der Antisemitismus verschärft, und 1937 war die Einwanderung von jüdischen Flüchtlingen aus Europa auf ein Minimum reduziert worden. Doch in der »Schwarz-weiß«-Logik der Apartheid blieb der Regierung nichts anderes übrig, als die jüdische Bevölkerung zu Weißen zu erklären, obwohl es ihnen widerstrebte. In der ganzen Südafrikanischen Union, die neben dem heutigen Staatsgebiet auch Namibia umfasste, lebten nur 50 000 Jüd:innen, etwa 0,5 Prozent der Bevölkerung.[3] In einer Situation großer Unsicherheit – nur drei Jahre nach dem Holocaust und kurz nachdem im polnischen Kielce ein Progrom stattgefunden hatte, in dessen Verlauf vierzig Jüd:innen ermordet und achtzig weitere schwer verletzt worden waren – bedeuteten die Apartheidgesetze für jüdische Südafrikaner:innen, geschützt zu sein. Weiß zu werden brachte soziale Privilegien mit sich – und so kam es, dass die jüdische Bevölkerung das Arbeiterviertel District Six verließ und in wohlhabendere Viertel zog.

Zugleich war mit Helen Suzman bereits 1953 eine jüdische Politikerin im südafrikanischen Parlament vertreten, die offen gegen die Apartheid kämpfte. Andere jüdische Apartheidgegner:innen, wie Lionel Bernstein, Denis Goldberg und dessen Frau Esme Bodenstein, gehörten ebenfalls zu dem inneren Kreis um Nelson Mandela und wurden mit ihm verurteilt. Während sie in Gefängnissen für Weiße landeten, wurde Mandela gezwungen, achtzehn Jahre in Isolationshaft auf Robben Island zu leben.[4]

Die Insel im windigen Meer vor Kapstadt ist der wahrscheinlich wichtigste Erinnerungsort des Kaps. Der Andrang auf die Robben-Island-Fähren ist groß, viele Besucher:innen kommen aus ganz Afrika und der Welt an diesen Ort, an dem sich alles um Nelson Mandela dreht. Robben Island war ursprünglich von den Khoisan, den nomadischen Ureinwohner des Kaps, besiedelt worden, bis im 15. Jahrhundert die ersten fremden Schiffe aus China und Europa auftauchten. Bereits im 17. Jahrhundert betrieben die Holländer, die später von den Engländern abgelöst wurden, ein Gefängnis auf der Insel. Aufständische aus den holländischen Kolonien in Asien wurden hier ebenso eingesperrt wie Khoi Chiefs. Später verbannte man chronisch und psychisch Kranke nach Robben Island. In völliger Isolation starben hier die Leprakranken des Kaps, wie ein Friedhof bezeugt.

Die Insel ist trostlos, viel gibt es neben den ehemaligen Gefängnisbauten nicht zu sehen: ein Dorf für das Wachpersonal, das kleine Häuschen, in dem Robert Sobukwe in den 1960er Jahren als einer der ersten schwarze Befreiungskämpfer eingesperrt lebte, und der Kalksteinbruch, wo die Inhaftierten ohne die notwendige Schutzkleidung und -brillen schwerste Arbeiten verrichten mussten und aufgrund des grellweißen Steins in der Sonne dauerhafte Schäden an den Augen erlitten. Nachdem Nelson Mandela in den ersten freien Wahlen zum Präsidenten gewählt worden war, kehrte er für eine Zeremonie nach Robben Island zurück. Im Steinbruch kniete er nieder und hämmerte ein Stück Stein aus dem Fels, andere ehemalige Gefangene taten es ihm gleich. In der Mitte des Geländes häuften sie die Steine zu einem kleinen Haufen auf, der heute immer noch dort liegt. Die vielen Rundgänge, die täglich auf die Insel kommen, halten von dem kleinen Monument Abstand, sodass keiner der Steine verschwindet. Aber wie die Guides erzählen, beobachten sie, dass der Berg immer kleiner wird und die Steine mit den Jahren im Boden versinken.

Ein alter Mann führt uns über das Gelände und durch die Gefängnisgebäude. Es ist seine letzte Tour, nicht nur für heute, sondern überhaupt. Auch er war hier für viele Jahre eingesperrt, nicht im Bau für die Prominenten, wo Mandela und andere in völliger Einsamkeit in ihren Zellen lebten, aber nicht weit davon entfernt. Aber auch für ihn gehörte die Isolation zu den schlimmsten Erfahrungen der Haft. Nur zwei Briefe pro Monat und ein einziger halbstündiger Besuch pro Jahr waren erlaubt. Kindern war der Besuch verboten, und viele der Gefangenen trafen ihre Kinder erst als Erwachsene wieder. Mandela erzählte immer wieder, wie schwer es ihm fiel, überhaupt keine Kinder mehr zu sehen, fünfzehn, zwanzig Jahre lang. Dabei gab es auf der Insel Kinder, und nicht wenige wurden hier geboren. Sie lebten auf der anderen Seite des Steinbruchs in den Familien des burischen Wachpersonals. In historischen Filmaufnahmen sieht man sie mit ihren Eltern und Freunden beim Picknick und am Lagerfeuer. Sie lachen und erzählen, wie glücklich sie sind und dass sie nirgendwo anders leben möchten.

Die segregierte Gesellschaft Südafrikas schuf auch innerhalb des Gefängnisses auf Robben Island Hierarchien. Häftlinge, die als »coloured« galten, erhielten besseres Essen und Kleidung – Brot, Schuhe, lange Hosen, während Schwarze sich mit Maisbrei, kurzen Hosen und Sandalen zufriedengeben mussten. Erst nach langen Zeiten des Protestes wurden die Männer einander gleichgestellt und erhielten außerdem Zugang zu Büchern. Dieses individuelle Studium war die Basis dafür, die Befreiungsbewegung am Leben zu halten.

Ein Buch war den Gefangenen im Prominententrakt besonders wichtig gewesen. Es musste auf die Insel geschmuggelt und im Geheimen von Leser zu Leser weitergegeben werden. Nelson Mandela und Govan Mbeki berichteten davon, als sie Mitte der 1990er Jahre eine vieldiskutierte Ausstellung eröffneten. »Anne Frank in the World 1929–1945« wurde in drei Städten gezeigt, und das Buch, das so viele der inhaftierten politischen Aktivisten beeindruckt hatte, war ihr Tagebuch.

Die Wanderausstellung war vom Amsterdamer Anne-Frank-Haus für die ganze Welt entwickelt worden. Damals begann die Erinnerung an den Holocaust als eine gemeinsame globale Kultur Fuß zu fassen. Das Ausstellungskonzept sah vor, an den jeweiligen Orten lokale Bezüge herzustellen, um möglichst viele Menschen anzusprechen. In Südafrika, wo die Einrichtung der Wahrheits- und Versöhnungskommission zur Aufklärung der Verbrechen des Regimes in Planung war, sollte neben der Anne-Frank-Ausstellung eine zweite Schau über Apartheid und Widerstand gezeigt werden. Gemeinsam sollten beide Ausstellungen aufzeigen, dass Rassismus und Antisemitismus nicht aus der Welt waren und weiterhin existierten. Die jüdische Gemeinde Südafrikas betrachtete das Projekt mit Sorge, hatte das Anne-Frank-Haus doch in den 1970er Jahren Ausstellungen verantwortet, die direkte Parallelen zwischen dem Holocaust und dem Apartheidregime zogen. In diesen Jahren des Übergangs, vom Apartheidstaat in eine demokratische Gesellschaft, fanden sich südafrikanische Jüd:innen in einer unklaren und vulnerablen Position wieder. Am Ende jedoch überzeugte das Ausstellungskonzept auch die jüdische Gemeinde, die eine Chance darin sah, die ursächliche Verbindung zwischen dem Holocaust und der Gründung des Staates Israel einem weitgehend antizionistischen Publikum zu erklären. In den 1950er und 60er Jahren hatten israelische Politiker:innen den Apartheidstaat regelmäßig scharf kritisiert, doch mit dem Sechs-Tage-Krieg und dem Jom-Kippur-Krieg sah sich Israel zusehends isoliert von den meisten afrikanischen Ländern. So entstand eine realpolitische Nähe zu Südafrika, in der es vor allem um wirtschaftliche und militärische Verbindungen ging. Parallel dazu knüpften seit den 1970ern die südafrikanische und palästinensische Befreiungsbewegung Verbindungen zueinander, und damit entstand ein spürbarer Antisemitismus und Antizionismus in der schwarzen Bevölkerung, der bis heute anhält.[5]

Zu den Schirmherr:innen der Ausstellung zählten neben jüdischen Vertreter:innen wie Helen Suzman auch prominente Angehörige des African National Congress, und ungeachtet der langen Diskussionen im Vorfeld waren beide Ausstellungen ein enormer Erfolg. Wenn der Holocaust in Südafrika zuvor als eine Geschichte wahrgenommen wurde, die nur Jüd:innen betraf, etablierte die Anne-Frank-Ausstellung die Verbrechen der Nazis als Paradigma, an dem die Einschätzung der Apartheid sich nun orientieren sollte. Außerdem diskutierte die südafrikanische Öffentlichkeit zum ersten Mal darüber, dass Rassismus nicht nur eine Frage von schwarz und weiß ist, und es wurde eine Sensibilität geschaffen für die jüdische Geschichte und Verfolgung.[6]

Holocaust-Erinnerung sollte auch in der weiteren Entwicklung einer Darstellung der Apartheidgeschichte Vorbildwirkung haben. In den 1980er Jahren erhielten Abraham und Solomon Krok, zwei Brüder und Millionäre, die Genehmigung, im Süden Johannesburgs auf einer aufgelassenen Mine einen Vergnügungspark und ein Casino zu errichten. An die Erlaubnis geknüpft war die Bedingung, ein philanthropisches Projekt für die lokale Bevölkerung umzusetzen. Die Krok-Brüder reisten daraufhin in die USA und besichtigten das Holocaust Memorial Museum in Washington, D. C. Als sie zurückkehrten, hatten sie einen Plan: Sie würden ein Apartheidmuseum errichten. 2001 eröffnete das Haus, das direkt an den Gold-Reef-City-Freizeitpark grenzt. Mit der Verwendung von Stahl, Beton, Eisen und roten Ziegeln erinnert das Museum ästhetisch an das Holocaust Memorial Museum. Die Ausstellung wurde von einem multidisziplinären Team zusammengestellt und verbindet historische Objekte, Fotos und Filme mit Kunst. Es zählt zu den meistbesuchten Häusern und ist, neben dem partizipativen Red Location Museum in Port Elizabeth, das einzige Apartheid-Museum in Südafrika.[7] Außerhalb des Stadtzentrums gelegen, verbindet es auch das »weiße« Johannesburg mit der Township Soweto. Nicht weit entfernt steht ein Denkmal zur Erinnerung an Hector Pieterson, den zwölfjährigen Schüler, der 1976 bei Protesten gegen die Bildungspolitik der Regierung erschossen worden war, zusammen mit 550 anderen, vor allem Jugendlichen. Miriam Makeba, die aus Johannesburg stammende Sängerin, hatte auf die Ereignisse mit dem Protestsong »Soweto Blues« reagiert, den sie auch auf Paul Simons »Graceland«-Tour performte.

Als das südafrikanische Unterrichtsministerium 2007 entschied, einen Schwerpunkt Menschenrechtserziehung in die Lehrpläne einzubauen, sollte auch die Geschichte des Holocaust behandelt werden. Doch bis auf ein kleines Holocaust-Museum der jüdischen Gemeinde Kapstadt gab es keinen Ort, der 600 000 Lehrer:innen mit dem Thema vertraut machen konnte. Für die israelische Historikerin Tali Nates, die damals schon länger in Südafrika lebte, war dies der Moment, über ein Holocaust-Museum in Johannesburg nachzudenken. Aus vielen Spenden und in privater Trägerschaft entstand das Holocaust and Genocide Centre, mit inzwischen zwei gleichnamigen Partnereinrichtungen in Durban und Kapstadt. Im Bezirk Forest Town, zwischen Einfamilienhäusern und kleinen Museen gelegen, ist das Zentrum zugleich ein Ort des Gedenkens wie der Diskussion über aktuelle Formen von Rassismus, Antisemitismus oder Queerfeindlichkeit.

Die Dauerausstellung des Holocaust and Genocide Centre ist in zwei Bereiche unterteilt, von denen sich der erste der Geschichte des Holocaust widmet, von den Anfängen der Verfolgung in Deutschland bis zu den Vernichtungslagern und Massenerschießungen. Im Zentrum stehen die Geschichten von Überlebenden und deren Familien, die in Johannesburg gestrandet sind. Viele von ihnen haben dem Museum persönliche Gegenstände und Briefe überlassen, die Johannesburg mit den Orten des Holocaust in Europa verweben. Auch Tali Nates' Vater, der von Oskar Schindler gerettet wurde, ist mit einem Objekt in der Ausstellung vertreten. Der zweite Bereich der Dauerausstellung ist dem Völkermord in Ruanda gewidmet, dem im Frühjahr 1994 innerhalb von nur drei Monaten 800 000 Menschen zum Opfer fielen. Angehörige der Hutu-Mehrheit ermordeten 75 Prozent der Tutsi-Minderheit sowie alle Hutu, die sich nicht an dem Gewaltexzess beteiligen wollten. Die Vorgeschichte ist eine lange Auseinandersetzung um die soziale und kulturelle Hegemonie, die sich mit der Kolonialisierung des Landes radikalisiert hatte. Die deutschen und später belgischen Kolonialherren deuteten die sozialen Hierarchien zwischen den beiden Gruppen als »rassische« Verschiedenheit und schufen damit eine Kluft, die sich vertiefte, als zuerst die eine und dann die andere der beiden Gruppen in das koloniale Herrschaftssystem miteinbezogen wurde. In Südafrika war man 1994 mit den ersten demokratischen Wahlen beschäftigt gewesen, erinnert sich Tali Nates, während nur dreieinhalb Flugstunden entfernt ein Genozid passierte. Überlebende flohen nach Johannesburg und ihre Geschichten sind in die Ausstellung geflossen.

Um für Besucher:innen differenzierte Beziehungen zwischen

den beiden historischen Ereignissen herzustellen, beginnt die Dauerausstellung mit einer Orientierung zur Geschichte der Genozide im 20. Jahrhundert. Die Suche nach einem Begriff für ein Verbrechen, das keinen Namen hatte, steht im Zentrum dieser Einleitung. Zum ersten Mal sprach der Jurist Raphael Lemkin 1944 öffentlich von einem Genozid an den europäischen Jüd:innen, also noch während die Ereignisse im Gang waren. Hier im Holocaust and Genocide Centre treffen Überlebende des Holocaust auf Überlebende des Genozids in Ruanda und ihre unterschiedlichen Erfahrungen werden gemeinsam vermittelt, ohne sie gleichzusetzen. Die Dauerausstellung endet mit großformatigen Porträts von zwei Menschen, die sich anzublicken scheinen. Links ist Irene Klass zu sehen, eine Holocaust-Überlebende, rechts der viel jüngere Sylvestre Sendacyeye aus Ruanda »Ich dachte, das, was uns passiert war, nachdem die Welt davon erfuhr, könne nie wieder passieren …«, ist auf Irene Klass' Fotografie zu lesen, und Sylvestre Sendacyeye antwortet ihr mit folgendem Satz: »… und ein weiterer Genozid hat sich bei uns in Ruanda ereignet, und die Welt schaute zu.«

Wie Tali Nates in einem Interview erklärt, spielt transnationale Erinnerungsarbeit für sie und ihr Team nicht nur in Verbindung mit Ruanda eine Rolle, sondern auch mit dem benachbarten Namibia. Südafrika hatte Namibia zwischen 1916 und 1990 besetzt, was dem Land 1948 die Apartheidgesetze einbrachte. Damit ist Südafrika mitverantwortlich für die herrschende soziale Ungleichheit in Namibia und den Erhalt der kolonialen Besitzverhältnisse bis heute. Wie die Forschergruppe Forensic Architecture vor kurzem herausfand, gehen diese Besitzverhältnisse auf die Zeit des Krieges gegen die Ovaherero und Nama zurück, als deutsche Truppen in den Jahren 1904 bis 1908 rund 70 000 Menschen ermordeten. Die Bundesregierung hat dieses Verbrechen inzwischen als Genozid anerkannt, doch wurde bisher nicht über den damit verbundenen Landraub gesprochen. Waren vor dem Völkermord nur sechs Prozent des Landes in deutscher Hand gewesen, so befanden sich drei Jahre nach den Ereignissen bereits 20 Prozent in deutschem Besitz. Heute kontrollieren 0,3 Prozent der Bevölkerung, fast ausschließlich Landbesitzer:innen mit europäischen und teilweise deutschen Wurzeln, 70 Prozent des kommerziell nutzbaren Landes in Namibia.[8]

Da die Ovaherero und Nama nur zehn Prozent der namibischen Bevölkerung ausmachen, bilden sie politisch nur eine Minderheit. Das deutsche Abkommen über Reparationen wurde hingegen mit der namibischen Regierung geschlossen, ohne ihre wichtigsten Vertreter:innen mit an den Tisch zu holen. Manche Ovaherero-Bauernfamilien, die am Rand des Existenzminimums leben, hoffen darauf, dass mit den Reparationszahlungen ein Teil des Landes zurückgekauft werden kann, andere wünschen sich Visa für Studierende in Deutschland oder die Einrichtung eines Dokumentationszentrums über den Genozid – in Windhoek, Swakopmund oder am Hauptschauplatz, dem Waterberg.[9]

Deutsche Kultur und Sprache sind in Namibia auch heute noch omnipräsent. Obwohl Deutschland seine Kolonie im Ersten Weltkrieg verloren hatte, blieben die wirtschaftlichen und familiären Verbindungen erhalten. Südafrika hatte keine Einwände dagegen, sondern begrüßte im Gegenteil den weiteren Zuzug von weißen, deutschen Siedler:innen. Seit 1917, also nachdem Deutschland seine Kolonie verloren hatte, erscheint in Windhoek die *Allgemeine Zeitung,* nun im 107. Jahrgang. Jeden Tag landet auf dem kleinen Flughafen der Stadt eine Maschine aus Frankfurt. Egal ob Straßennamen, Supermarktketten, Backwaren, Wurstprodukte, vieles sieht deutsch aus oder klingt und schmeckt nach Nostalgie. Deutsche Schulen, Turnvereine, Kindergärten oder der Frauenbund prägen das Stadtbild. Eine der

Schulen hat eine kleine Ausstellung in ihrem Foyer aufgebaut, mit der sie an die nationalsozialistische Vergangenheit der Institution erinnert. Noch stehen einige der siegesgewissen deutschen Denkmäler von damals, andere wie das Bronzedenkmal des Schutztruppenreiters in Uniform – »zum ehrenden Angedenken an die tapferen deutschen Krieger, welche für Kaiser und Reich zur Errettung und Erhaltung dieses Landes während des Herero- und Hottentottenaufstandes 1903 bis 1907 und während der Kalahari-Expedition 1908 ihr Leben ließen« – wurden vor einigen Jahren entfernt. An seiner Stelle vor der Christuskirche steht jetzt ein Denkmal, das an die Ovaherero- und Nama-Opfer erinnert. Auch auf Shark Island, wo sich eines der Lager befand, wurde vor kurzem ein Denkmal errichtet.

Eine junge Wissenschaftlerin, Pena Brock, hat sich in ihrer Forschung mit den Frauen beschäftigt, die in diesen Lagern Zwangsarbeit leisteten – dass es vor allem Frauen und Kinder waren, beweist unter anderem die Größe der eisernen Handfesseln. Pena trägt einen Nachnamen, den in Namibia jeder kennt. Woermann & Brock ist eines der größten und ältesten deutschen Handelsunternehmen in der Region und betreibt Supermärkte im ganzen Land. Der eine Teil ihrer Familie, die Brocks, gehörten zu den ersten deutschen Siedler:innen in der Region, der andere Teil ihrer Familie ist schwarz. Ihr Großvater, Adolf Brock, und zwei weitere Mitglieder ihrer Familie waren Teil des Teams, das 1948 jene 83 deutschen Kinder in die Südafrikanische Union brachte, die aus Solidarität mit den unterlegenen Nazis aufgenommen wurden und die Zahl der Weißen in der Region erhöhen sollten. In ihrer Forschung beschäftigte sich Pena auch mit den Vergewaltigungen, die zur Folge haben, dass viele Ovaherero und Nama heute hellere Haut haben als andere Ethnien in der Region.

»Rape-colored skin« nennt die amerikanische Autorin Caroline Randall Williams diese Farbe, »vergewaltigungsfarben«. Williams erklärte 2020 ihren eigenen Körper, ihre Haut, zu einem Denkmal, als in den USA die Diskussion darüber begann, was mit den Monumenten der Konföderierten passieren sollte. Denn »was wäre ein Denkmal, wenn nicht eine stehende Erinnerung. Ein Objekt, das die Wahrheit der Vergangenheit greifbar macht. Mein Körper und mein Blut sind eine greifbare Wahrheit …« – »What is a monument but a standing memory? An artifact to make tangible the truth of the past. My body and blood are a tangible truth …«[10]

IM TRÜBEN WASSER
DER GESCHICHTE

Es war wieder so weit, wir packten Staubtücher und Putzlappen ein und fuhren zur Schule. Zweimal im Halbjahr, das war unsere Aufgabe, nahmen wir uns die Schulbibliothek vor, wir sortierten, wischten und staubten ab. Andere Eltern organisierten Feste oder saßen im Beirat der Schule, während wir Greenhorns dankbar diesen wenig beliebten Job übernommen hatten. Wir hatten noch viel zu lernen, und die sozialen und kulturellen Codes im amerikanischen Bundesstaat Indiana fühlten sich an wie fremde Kleider. Mit dem Schneeschippen waren wir zu spät dran, auch mit den Blättern im Herbst, die in bunten Farben auf den Gehweg vor unserem Haus fielen und dort liegen blieben. Dass wir Löwenzahn als Unkraut ausjäten sollten, anstatt uns an den Blüten und Pusteblumen zu freuen, verstanden wir nicht. Wir machten Scherze und ernteten ein höfliches aber unverständiges Lächeln und ärgerten uns über die starre Bürokratie. Das Kind reagiert allergisch auf das Schulessen, mag keine Macaroni and Cheese oder Sloppy Joe on a bun? So sorry, aber eine Abmeldung vom National Foodprogram ist nur möglich, wenn die Allergie zum Tod führen kann. Der Direktor schüttelt den Kopf und wünscht sich vermutlich im Stillen, wir wären ein wenig demütiger und dankbarer.

Doch mit den Büchern war es einfach, die waren mit uns vertraut und wir mit ihnen. Die Bibliothek war ein wunderbarer, stiller Ort, den Kinder wie Lehrer:innen und nun auch wir mochten. Unter den hohen Fenstern standen Bänke, und der Blick fiel in den Schulgarten mit seinen riesigen Walnussbäumen. Die Auswahl an Büchern war groß, es gab alle Bände des »Magic Tree House« und von »Anne of Green Gables«, literarische Klassiker aus England und den USA, Historisches über die unterschiedlichen Ethnien und Kulturen und Naturwissenschaftliches von Mikroorganismen bis zur Weltraumforschung. Für uns tat sich eine Welt auf, weil uns viele der Bücher und Autor:innen neu waren. Und so wurde die langweilige Arbeit des Abstaubens und Wischens immer wieder unterbrochen von Pausen des Blätterns und Lesens, und der Vormittag ging rasch vorbei.

Eines Abends, gleich zu Beginn des Schuljahres hatten wir einen Anruf der Lehrerin bekommen. Ob es in Ordnung sei, fragte sie, wenn sie mit der Klasse der Siebenjährigen über den Urknall spräche? Aber gern, antworteten wir, warum denn nicht? Nun, sie klang etwas zögerlich, nicht für alle Menschen, besonders im Mittleren Westen, gehöre der Urknall zum Allgemeinwissen. Deshalb waren Eltern manchmal dagegen, dass in der Klasse darüber gesprochen werde. Wir hatten zwar von den Kreationisten gehört, schließlich war der damalige Gouverneur von Indiana und spätere Vizepräsident Mike Pence bekennender Evangelikaler und Gegner der Evolutionstheorie. Aber was uns als Humbug schien, war hier in der Gegend weiter verbreitet, als uns bewusst gewesen war.

Das Zentrum der Kreationisten lag nur zwei Autostunden von uns entfernt auf dem Weg nach Cincinnati. Als eines der umstrittensten Museen in den USA will das Creation Museum Besucher:innen davon überzeugen, dass die Evolutionstheorie falsch ist und die wortwörtliche Auslegung der Bibel richtig. Über eintausend Menschen arbeiten in dem Komplex, der zugleich die Zentrale einer fundamentalistischen, christlichen Organisation und Parakirche ist. »Prepare to believe« ist das Motto des Museums, »sei bereit, zu glauben.« Die Ausstellung erinnert an die traditionellen Dioramen eines naturhistorischen Museums, wäre da nicht das etwas verdrehte Geschichtsbild der biblischen Chronologie – samt dem Dinosaurier Ebenezer. Wie passt der ins Bild? Ganz einfach, so die Erklärung, Saurier lebten gleichzeitig mit Menschen, aber sie fielen der Sintflut zum Opfer und sind ein Beweis dafür, dass diese tatsächlich stattfand. Sie passten vermutlich nicht in Noahs Arche, die im Park des Museums nachgebaut und Teil des Rundgangs ist. Nach einer weiteren Ausstellung über die Gründe für Abtreibungsverbote, auch das Teil der evangelikalen Weltanschauung, ist man am Ausgang angelangt. Für alle, die noch immer nicht überzeugt sind, wartet dort die Frage »Where you there?« Nein? Na also. Dass der Kreationismus nicht Teil des amerikaweiten Lehrplans ist, sondern nur in den Schulen von dreizehn Bundesstaaten unterrichtet wird, ist dem Obersten Gerichtshof zu verdanken, der bisher alle Initiativen dieser Art abgelehnt hat.[1]

Der aktuelle Kampf gegen »Wokeness«, den konservative Republikaner:innen führen und der die USA spaltet und polarisiert, ist in gewisser Weise eine Fortsetzung der Agenda der Kreationisten und eine ähnliche Manipulation der Vergangenheit. »Woke« bedeutet eigentlich nicht mehr, als wach und sensibel zu sein für Rassismus. Es als eine linke Ideologie zu labeln, die unsere Meinungsfreiheit bedrohe, wie man es aus argumentativ wohlfeilen Bestsellern kennt, ist nicht nur ein transatlantisches Missverständnis, sondern redet einer tatsächlich gefährlichen autoritären Wende das Wort. Einer der Hauptschauplätze dieser Revolution gegen die liberale Gesellschaft sind Bibliotheken, Museen und Unterrichtsräume: Orte, an denen die Vielheit und Diversität der amerikanischen Gesellschaft in einem friedlichen Nebeneinander von Ideen, Menschen und Artfakten existieren, Orte des kollektiven Gedächtnisses, die Kinder und Jugendliche mit den schönsten und den schrecklichsten Momenten der Geschichte und der Imagination in Berührung bringen, von Mordor bis Rivendell, von den Plantagen des Südens bis nach Woodstock, New York.

Besonders in Bibliotheken, in gut sortierten wie wild zusammengewürfelten, wird die amerikanische Demokratie immer öfter grundsätzlich infrage gestellt. »Joyful warriors« sind dort unterwegs, freudige Kämpferinnen der »Moms for Liberty«, einer Organisation, die von Florida aus Kampagnen gegen die Meinungsfreiheit organisiert. Sie tauchen uneingeladen auf, wenn sich Schulgremien beraten und Eltern mit Pädagog:innen die Inhalte des Lehrplans diskutieren. In den USA setzen sich Schulbehörden bürgerschaftlich zusammen, als basisdemokratische und damit auch vulnerable Einrichtungen. In einem solchen Gremium in einer Kleinstadt in Louisiana verteidigte die Bibliothekarin Amanda Jones ein Jugendbuch zum Thema Queerness, das von einer Mutter infrage gestellt wurde. Jones betonte, wie wichtig das Buch für betroffene Jugendliche sei, die den Mut aufbrächten, das Buch auszuleihen und es zu diesem Zweck ihr, der Bibliothekarin, auf den Tisch zu legen. Eine große Gruppe von älteren Schüler:innen unterstützte ihr Plädoyer für die Notwendigkeit einer diversen, vielfältigen Bibliothek. Doch kurz darauf fiel die erfahrene Bibliothekarin einer Online-Hasskampagne gegen ihre Person zum Opfer. Ihr wurde vorgeworfen, Pornografie im Kinderbuchregal zu platzieren. Amanda Jones wehrte sich und zog vor Gericht. Sie ist kein Einzelfall, und zahlreiche Bibliothekar:innen haben ähnliche Erfahrungen gemacht oder ihre Jobs aufgegeben, bevor es so weit kommen konnte. In erster Instanz hat Amanda Jones das Verfahren gegen ihre Belästiger verloren, aber trotz einer Erkrankung als Folge der Kampagne bleibt sie kämpferisch und geht in Berufung. Und sie will ein Buch schreiben, über ihre Erfahrungen und die Geschichte verbotener Bücher in den USA.[2]

Denn das Zensurfieber ist nicht neu. Organisationen wie »Moms for Liberty« arbeiten auf ähnliche Weise wie die John Birch Society in den 1960er Jahren, die mit ihrer antikommunistischen Agenda zahlreiche Bücher angefochten hatte. Mit dem Trumpismus und MAGA-Extremismus wächst die schiere Zahl der verbotenen Bücher und der breite Zuspruch zu dieser Agenda. Dem PEN-Club zufolge wurden 2022 insgesamt 1200 Bücher verboten, und seit Beginn des Jahres 2023 ist die Zahl um ein weiteres Drittel gestiegen. Bücher, die wegen ihrer rassistischen Sprache oder Inhalte angefochten werden, bilden dabei eine verschwindende Minderheit, wie etwa Harper Lee's Roman »Wer die Nachtigall stört« von 1960, der noch immer in vielen Bundesstaaten zur Schullektüre gehört. Obwohl das Buch den Rassismus anprangert, stellt es Schwarze nur als Statisten und Randfiguren dar, die von einem weißen Helden gerettet werden, argumentieren die Kritiker.[3] Liberale und Konservative unterscheidet in dieser Debatte, dass Erstere Kinder und Jugendliche vor Rassismus schützen wollen, während Letztere sie »vor dem Wissen um die Existenz des Rassismus« schützen wollen und sich zugleich dafür einsetzen, »dass rassistische Bücher auf dem Lehrplan bleiben«, so der Literaturwissenschaftler Philip Nel.[4] Die große Mehrheit der verbotenen Titel sind Bücher über queere, afroamerikanische, indigene und andere Minderheitengeschichten, und sie werden als Ergebnis einer rechtskonservativen bis rechtsextremen Agenda gecancelt. Und so kommt es, dass die afroamerikanische Literaturnobelpreisträgerin Toni Morrison regelmäßig die Hitlisten der verbotenen Bücher anführt.

Das demokratische Amerika wäre aber nicht das demokratische Amerika, wenn es darauf keine Antwort fände: Buchhandlungen, Leihbüchereien und Universitätsbibliotheken im ganzen Land veranstalten regelmäßige »Banned Books Weeks«, Wochen, in denen sie verbotene Bücher ausstellen, verkaufen, diskutieren – und die Meinungsfreiheit feiern. »Go ahead and ban my book«, schrieb Margaret Atwood vor kurzem, »macht nur, verbietet mein Buch.« Der Roman »The Handmaid's Tale« der kanadischen Schriftstellerin ist eines der Lieblingsbücher der Book Banners. Auf Webseiten wie BookLooks.org wird man über Obszönität, Gewalt und Sexualität im Buch informiert und kann die einzelnen Passagen auch gleich nachlesen – vielleicht etwas irritiert, wie in meinem Fall, sind sie doch alle völlig harmlos. Weniger explizit als in der Bibel wären die »kritischen Stellen« über Sexualität, bemerkt Atwood, und die sei doch auch noch nicht verboten (wobei ein Schulbezirk in Utah gerade das inzwischen getan hat). Atwoods dystopischer Roman ist ein Gedankenspiel um die Frage, welche Art von Totalitarismus in den USA Realität werden könnte. Die Antwort auf diese Frage, so Margaret Atwood, würde sich nun im realen Leben vor aller Augen abspielen.

Trotz der berechtigten und hoffnungsvollen Einwände, dass die Meinungsfreiheit im Schatten der Bücherverbote nur wachsen und gedeihen könne, bleibt es kompliziert. In Indiana ist auch unsere frühere Schulbibliothek seit kurzem ernsthaft gefährdet. Im Mai 2023 hat der republikanische Gouverneur einen Gesetzesentwurf unterzeichnet, dem zufolge Lehrer:innen und Bibliothekar:innen in Zukunft strafrechtlich belangt werden können, wenn sie Bücher und Unterrichtsmaterialien verbotenen Inhalts verwenden. Ein verbotenes Buch kann Menschen diesem Gesetz zufolge ihren Job kosten oder eine Geldstrafe und sie sogar ins Gefängnis bringen. Die Konsequenzen, von Selbstzensur über massenweise Kündigungen bis hin zu verwaisten Bibliotheken, mag man sich nicht ausdenken.

Indianas Nachbarstaat Illinois hat währenddessen ein anderes Verbot erlassen, genauer ein Verbot von Bücherverboten. Der demokratische Gouverneur will die Entscheidung über Lese- und Lernmaterialen entpolitisieren und zurück in die Hände derer geben, die dafür zuständig sind – pädagogische und bibliothekarische Expert:innen. Republikaner fürchten nun, dass mit dem Gesetz ein weiteres Verbotsverbot einhergeht, nämlich das Verbot, Drag-Lesungen zu verbieten. Und Proteste gegen Drag-Lesungen sind inzwischen eines der wichtigsten Tools der rechten Cancel Culture. In den USA marschieren bewaffnete, rechtsextreme Milizen vor Kindergärten und Schulen auf, teilweise mit Hakenkreuzfahnen, und drohen mit roher Gewalt. Im Gefolge der Verschwörungsideologie QAnon hat die Fantasie der »sozialen Ansteckung« Einzug gehalten, nach der Kinder allein durch eine entsprechende Bekanntschaft zu Transpersonen gemacht würden. Im Vorwurf des »Groomings«, der gezielten Kontaktaufnahme Erwachsener mit Minderjährigen in Missbrauchsabsicht, taucht eine alte, schwulenfeindliche Unwahrheit auf, der zufolge Homosexuelle sich so »fortpflanzen« würden.[5]

Muddying the waters ist ein schwer zu übersetzender Begriff und benennt den Prozess, dort Unklarheit und Verunsicherung zu schaffen, wo eigentlich Klarheit herrschte. Das seit einiger Zeit in Teilen der USA geltende Neutralitätsgebot produziert viel trübes Wasser. In Texas entschloss sich eine Schule, die Memoiren von George Dawson zu verbieten. Dawson, Enkel eines Sklaven, beschreibt dort, wie sein bester Freund der Vergewaltigung einer weißen Frau bezichtigt und für diese unbewiesene Anschuldigung gelyncht wurde. Warum machte gerade dieses Bücherverbot Schlagzeilen? Nun, die George Dawson Middle School ist nach dem Mann benannt, dessen Buch sie verbieten wollte. In einem anderen Fall wies der Direktor einer Schule in Philadelphia den Bibliothekar an, ein Poster abzunehmen, das gegen das Neutralitätsgebot verstoße. Das Poster zitierte den Auschwitz-Überlebenden Elie Wiesel und dessen Gelöbnis, niemals leise zu sein, wann immer und wo immer Menschen Leid oder Erniedrigung ertragen müssten. Neutralität, so ist auf dem Poster zu lesen, helfe dem Unterdrücker, niemals dem Opfer, Schweigen ermutige den Folterer, niemals den Gefolterten. Da Elie Wiesels Memoiren »Nacht« aus dem Jahr 1960 Teil des Lehrplans der Schule sind, durfte der Bibliothekar das Poster wieder aufhängen, aber der Zwischenfall veranschaulicht das Klima, das derzeit an vielen amerikanischen Institutionen herrscht.[6]

Als ein Schulbezirk in Tennessee Art Spiegelmans berühmten Holocaust-Comic »Maus« verbot, ging die Nachricht um die Welt. Das Buch war 1980 erschienen und diskutiert worden. Auschwitz im Comic? Ein Überlebender als schwieriger alter Mann? »Maus« wurde ein Bestseller und zählt längst zu den Klassikern der Holocaust- und Erinnerungsliteratur, mit seinen als Mäusen dargestellten Jüd:innen und Deutschen als Katze. Nun also sollte »Maus« 2022 in Tennessee verboten werden. Das Magazin *Jewish Currents* reagierte darauf in der Sprache Art Spiegelmans mit einem Comic. Der Zeichner Eli Valley ließ in zehn Panels Mäuse mit Katzen und Hunden darüber sprechen, wie es sein konnte, dass Spiegelmans »Maus« aufgrund seiner angeblichen Geschmacklosigkeit verboten wurde. Der Holocaust solle also »ohne Gewalt, Nacktheit, Brutalität, Flüche, Bosheit, Gehässigkeit, Fehlbarkeit und anhaltenden Schrecken« erzählt werden, fragen die Tiere. »God bless America for Liberating Auschwitz« lässt Eli Valley seine Comic-Maus antworten, eine bissige Kritik daran, Amerika ausschließlich als Retter und Befreier zu sehen. – und nicht als das Land, das vor lauter Angst vor dem wachsenden Antisemitismus in der Bevölkerung entschied, keine Kindertransporte aufzunehmen. In den weiteren Panels seines Comics erinnert Eli Valley an Steven Spielbergs Film »Feivel, der Mauswanderer im Wilden Westen«, der, zu Art Spiegelmans Entsetzen, gleichzeitig mit der Veröffentlichung von »Maus« in die Kinos kommen sollte. Steven Spielberg, der damals noch junge Regisseur des epischen Kinoerfolgs »Der weiße Hai«, produzierte die Fluchtgeschichte der jüdischen Comicmaus Feivel Mousekewitz aus dem Osteuropa des späten 19. Jahrhunderts mitten hinein in den amerikanischen Traum. Art Spiegelman hatte mit »Maus« ein Manifest gegen den Nationalismus, jeden Nationalismus an jedem Ort, geschrieben, und Spielberg produzierte nun eine Ode an die Retternation USA. Für Eli Valley war das Verbot von »Maus« eine Fortsetzung dieser Unfähigkeit, die eigene Geschichte kritisch zu hinterfragen.[7]

Bücher werden momentan überall in den USA verboten, aber nirgends ist es schlimmer als in Florida, dem »Labor des illiberalen Umbaus der Demokratie«, wie die Publizistin Carolin Emcke schreibt.[8] Eine Schule in Florida stellte ein Video auf TikTok, das riesige Kisten voll mit Büchern zu allen erdenklichen Themen – von jüdischer Geschichte über Biologie bis »Pocahontas« – zeigt, die aussortiert und abgeholt würden. Was wird mit den Büchern passieren? Who knows. Ein zweites Video zeigt die Regale der Schulbibliothek, die nun fast leer sind.[9] Unterdessen feiert Gouverneur und Präsidentschaftskandidat Ron DeSantis jede Einschränkung der Meinungsfreiheit als Errungenschaft einer neuen Freiheit: Lehrer:innen, die das Thema Homosexualität oder Queerness im Unterricht erwähnen, droht Berufsverbot. Michelangelos »David« ist, den Eltern eines Schülers zufolge, Pornografie und wird gecancelt. Alle Studiengänge zum Thema »Diversität, Gleichheit und Inklusion« werden, so beschloss der Senat des Bundesstaats, von der staatlichen Förderung ausgeschlossen und damit auch die Themen Minderheitenrechte, Gender oder soziale Benachteiligung. Weiße Studierende, so die Begründung, müssen davor bewahrt werden, angesichts einer Geschichte von Sklaverei, Segregation und strukturellem Rassismus Scham, Schuld gar Verantwortung zu empfinden. Und so unterstehen alle neuen Schulbücher einer strengen Kontrolle und werden inzwischen zu 80 Prozent abgelehnt oder müssen überarbeitet werden. Die Gründe für die Ablehnungen sind breit: Begriffe wie »soziale Gerechtigkeit« zum Beispiel dürfen nicht einmal mehr im Kontext der hebräischen Bibel vorkommen. Themen wie die amerikanische Bürgerrechtsbewegung, Martin Luther King, Black Lives Matter oder George Floyd werden aufs Genaueste kontrolliert und häufig zensiert. Selbst Bücher über den Holocaust werden immer öfter abgelehnt, besonders dann, wenn sie im Sinn einer klassischen Menschenrechtserziehung andere Genozide wie Armenien, Kongo, Kambodscha oder Ruanda erwähnen.[10]

Während in den vergangenen Jahren ein Kampf um die Deutung der amerikanischen Geschichte ausgebrochen ist, haben eine Reihe von Bundesstaaten – inzwischen sind es 24 – die Geschichte des Holocaust fest in ihrem Lehrplan verankert. In derselben Zeitspanne, so beobachtete die Autorin und Historikerin Dara Horn, hätten antisemitische Übergriffe in den USA zugenommen, und immer mehr Menschen erlebten kleine Beleidigungen oder offene Aggression. Lange Zeit war der Antisemitismus hier gefühlt eine Sache der Vergangenheit, oder allenfalls ein europäisches Problem. Dass antisemitische Diskriminierung bis weit ins 20. Jahrhundert auch in Nordamerika existierte, ist lange vergessen. Dabei berichtete die Jewish Telegraphic Agency noch 1964, dass sechzig Prozent der Hotels, die 1957 noch keine Jüd:innen akzeptiert hatten, nun endlich ihre Politik ändern würden.

Auch das erste amerikanische Holocaust-Museum hat seine Wurzeln in einem gemeinsamen Protest von Jüd:innen und anderen Amerikan:erinnen gegen den lokalen Antisemitismus.

1977 hatte die National Socialist Party of America einen Marsch durch die Kleinstadt Skokie nördlich von Chicago angekündigt. Der Gegenprotest war so vehement, dass die Demonstration abgesagt werden musste. Holocaust-Überlebende begannen daraufhin, ihre Geschichte zu erzählen, und aus der Koalition engagierter Bürger:innen entstand in einem ehemaligen Ladengeschäft ein kleines Museum. Illinois nahm daraufhin als erster Bundesstaat das Thema Holocaust in den Lehrplan auf, und Skokie feiert bis heute jährlich seine Vielheit und Diversität. Aus dem kleinen Museum im Ladengeschäft entstand 2009 eines der größten Holocaust-Museen der USA. Doch ungeachtet all dessen wurden während der Pandemie auch in Skokie Flyer ausgelegt, die eine jüdische Weltverschwörung für Covid-19 verantwortlich machten.[11]

Dara Horn besuchte dieses und andere Holocaust-Museen im ganzen Land und fragte sich, ob das dort weitergegebene Wissen nicht dazu beitrage, den Antisemitismus zu verschlimmern. Denn, so ihr Argument, der Holocaust werde losgelöst von der jüdischen Geschichte und Kultur erzählt, da Eltern Angst hätten vor einer Missionierung ihrer Kinder. Die Vor- und Nachgeschichte des Antisemitismus – auch in Amerika – bliebe ebenfalls unerzählt. Deutsche Nazis tauchen in dieser Darstellung plötzlich und unerwartet auf der Bühne der Geschichte auf, während Jüd:innen als Opfer ohne diverse und komplexe Identitäten dargestellt werden – oder schlimmer noch als körperlose Geister. Die Begegnung mit Zeitzeug:innen im Holocaust-Museum von Skokie galt lange als vielleicht wichtigstes Vermittlungstool, inzwischen sind es deren Hologramme. Digitale Überlebende beantworten die Fragen der Schüler:innen, denen diese Begegnung sogar lieber ist als die mit den echten Menschen, irgendwie bequemer und unkomplizierter. Vom Austausch mit dem Hologramm geht es weiter durch die Gänge des Museums zur Virtual Reality Experience, einmal die Brille aufsetzen und schon ist man im Viehwaggon nach Auschwitz oder im Inneren einer Gaskammer.[12]

Für Lehrer:innen in Bundesstaaten wie Florida oder Texas ist es einfacher, so berichten sie, mit ihrer Klasse über den Holocaust zu sprechen als über die Geschichte der Bürgerrechtsbewegung oder der Immigration aus Mittel- und Südamerika. Der Völkermord an den europäischen Jüd:innen liegt achtzig Jahre zurück und passierte in Europa, und vor allem war Amerika nicht verantwortlich für die Verbrechen, sondern war Befreier. Und vieles, was in der eigenen Stadt oder heute passiert, gilt als kontrovers und politisch. Eine texanische Lehrerin wollte mit ihren Schüler:innen eine immersive VR-Anwendung, »Carne y Arena – Fleisch und Sand«, besuchen, die Migrant:innen bei ihren Versuchen folgt, die amerikanische Grenze illegal zu überqueren. Nein, sagte die Verwaltung der Schule, diese Erfahrung könnte die Jugendlichen traumatisieren. Außerdem gilt die Vorgabe, kontroverse Themen immer aus verschiedenen Perspektiven darzustellen, die Lehrer:innen dürfen selbst keine Position beziehen. Sie sollen Gewaltgeschichte so unterrichten, dass Schüler:innen keine Verantwortung empfinden für Taten, die von Menschen ihrer »Rasse« oder ihres »Geschlechts« ausgeübt wurden. Für das Holocaust-Museum in Dallas bedeutet das, eine Doppelbotschaft zu vermitteln – nämlich Jugendliche aufzufordern, für Gerechtigkeit einzustehen, aber gleichzeitig neutral zu bleiben.[13]

Dabei könnten anhand einer lokalen Geschichte wie die der Insel Galveston vor der Küste von Houston eine inklusive, vielstimmige Erzählung der USA angeboten werden. Zu Beginn des 16. Jahrhunderts kam ein Einwanderer aus Nordafrika in Galveston an. Der muslimische Estebanico war in Spanien zur Konversion zum Christentum gezwungen und übers Meer geschickt worden. Er erreichte die Gegend im Gefolge des Seefahrers Álvar Núñez Cabeza de Vaca, für den er als Übersetzer arbeitete. Obwohl auch Estebanico kein freier Mann war, datiert seine Ankunft lange vor der Sklaverei auf Plantagen und erzählt eine andere »schwarze« Geschichte Amerikas. Als Übersetzer kam ihm eine zentrale Rolle in der Vermittlung zwischen den Europäern und der indigenen Bevölkerung zu. Andere schwarze Neuankömmlinge dieser frühen Jahre befreiten sich aus ihrer Versklavung und leiteten Expeditionen nach Mittel- und Südamerika.[14]

Jahrhunderte später wurde die inzwischen gegründete Kleinstadt Galveston zur Bühne eines historischen Ereignisses. Am 19. Juni 1865 erklärte General Gordon Granger hier das Ende des Amerikanischen Bürgerkriegs und damit die Abschaffung der Sklaverei. Seitdem wird dieser Tag jährlich als »Juneteenth« vor allem in schwarzen Communitys gefeiert, wobei er auch eine Erinnerung an die schwierige Fortsetzung der Geschichte ist. Denn die weiße Bevölkerung der Südstaaten fand Wege, für weitere hundert Jahre an ihren Privilegien festzuhalten. Sie erließ eine Vielzahl von Gesetzen, benannt nach der Karikatur eines schwarzen Mannes, »Jim Crow«, die eine Welt der Diskriminierung, Segregation und Ausgrenzung schufen.

Und ein weiteres Mal, diesmal zu Beginn des 20. Jahrhunderts, spielte Galveston eine Rolle in der größeren Geschichte der USA. Der Galveston Plan war eine Initiative jüdischer Organisationen, die sich schnell etwas einfallen lassen mussten. Seit den 1880er Jahren, als es in Russland zu gewalttätigen antijüdischen Pogromen gekommen war, trafen so viele jüdische Flüchtlinge aus Osteuropa auf Ellis Island an, dass sich die Vorsitzenden mehrerer Organisationen allmählich Sorgen machten. Zu viele Menschen waren das, und anders als die deutschen Jüd:innen, die von 1820 bis 1880 angekommen waren, waren sie zumeist mittellos. Es gab bereits ein Einwanderungsverbot für Chines:innen, so die Sorge, und der Antisemitismus nahm zu. Um den Druck von New York und der Ostküste zu nehmen, wollten sie den Einwanderungsstrom nach Galveston umleiten. Die Stadt war klein genug, dass Neuankömmlinge sich nicht niederlassen, sondern weiterziehen würden in die Weiten des Mittleren Westens. Doch obwohl die Zahl der Ankommenden weit unter der geplanten Zahl blieb, verschlimmerte sich der lokale Antisemitismus derart, dass das Programm nach einigen Jahren gestoppt werden musste.

Doch derart verwobene, gemeinsame Geschichtserzählungen sind rar geworden im amerikanische Süden, oder waren es schon lange gewesen. Bereits um 1900 breitete sich hier eine nostalgische Verklärung des Amerikanischen Bürgerkrieges aus. Patriotische Organisationen wie die »Daughters of the Revolution« und Kriegsveteranen schrieben sich auf die Fahnen, das Andenken der gefallenen Soldaten der Konföderierten zu feiern. Ein Mythos der Südstaatenarmee wurde geschaffen, dem zufolge die Männer zur Verteidigung ihres Erbes, ihrer Werte und ihrer Familien in den Krieg gegen ihr Brüder im Norden gezogen waren – und nicht, um die Institution der Sklaverei in einer modernen Welt zu erhalten. Dieses nostalgische Bild wird bis heute gefeiert, wenn in vielen Orten der Confederate Memorial Day begangen wird. Dabei hatten die Konföderierten selbst offen erklärt, warum sie in den Krieg zogen, nämlich aufgrund der einen, alles verbindenden »Wahrheit«, dass Schwarze nicht gleichwertig mit Weißen seien.[15]

Als Mitte der 1920er Jahre ein Schulbuch die Errungenschaften schwarzer Amerikaner:innen betonte, wurde einer afroamerikanischen Schule von der Behörde verboten, das Buch zu verwenden. Es sei »klanfeindlich«, hieß es dort, und Schulen dürften weder »klanfeindliche noch klanfreundliche« Literatur verwenden. Alle Exemplare des Buches wurden beschlagnahmt, der Direktor entlassen und der Lehrer bestraft. Der Autor des Schulbuches Carter G. Woodson rief daraufhin die »Negroe History Week« aus, die bis heute als Black History Month gefeiert wird. Es ist bezeichnend, dass die afroamerikanische Geschichte, die keinen Raum und keine Sichtbarkeit erhielt, sich auf diese Weise zeitlich begrenzt für einen Monat lang jedes Jahr in die amerikanische Kultur einschreiben sollte.[16]

Wie bedrohlich für eine gemeinsame amerikanische Geschichte eine Vielheit von Erfahrungen von manchen wahrgenommen wird, zeigen die heftigen Kontroversen um das »1619 Project«. Unter diesem Titel veröffentlichte das *New York Times Magazine* 2019 zur Erinnerung an 400 Jahre Sklaverei eine Sonderausgabe mit Beiträgen von Wissenschaftler:innen und Journalist:innen. Daraus entstand ein Buch, und in einem weiterhin offenen Prozess will das Projekt die amerikanische Geschichte neu erzählen.[17] Meist beginnen Gründungsgeschichten der USA mit der Ankunft der »Mayflower« am Plymouth Rock im März 1621. Die puritanischen Pilgerväter und -mütter waren nach langer Überfahrt und einem schweren Winter in Cape Cod hier gelandet, um von dort aus das Land zu besiedeln. Doch bereits eineinhalb Jahre zuvor war im August 1619 in Virginia ein anderes Schiff angekommen. Die »White Lion« hatte zwanzig versklavte Afrikaner:innen an Bord, von denen einige nach der Ankunft die Freiheit erlangten, andere versklavt blieben. Bald darauf wurde die Sklaverei in den Kolonien offiziell etabliert und so der DNA Amerikas von Anfang an eingeschrieben, genauso wie die Präsenz schwarzer Menschen. Das »1619 Project« will die Leerstellen in den Schulbüchern und lokalen Museen füllen, die davon wenig oder gar nichts berichten – wie zum Beispiel über die Geschichte des Zuckers. Denn es war der Zucker, der die ersten europäischen Siedler:innen nach Amerika zog und der für die Institution Sklaverei eine ähnlich große Rolle spielte wie die Baumwolle. Zucker wird bis heute auch im größten Gefängniskomplex der USA, dem Angola Prison in Louisiana, angebaut. Ehemals eine Zucker- und Baumwollplantage, wurde das Areal nach der Abschaffung der Sklaverei in ein Gefängnis umgewandelt. Der Staat inhaftierte damals zahlreiche befreite Sklaven und verlieh sie über das Convict Lease System an Einrichtungen wie das Angola Prison. De facto existierte die Sklaverei auf diese Weise weiter. Noch heute sind 80 Prozent der Gefangenen im Angola Prison schwarz, viele von ihnen zu Unrecht lebenslang hinter Gittern und zu einem Leben in Brutalität und Gewalt verurteilt. Für ein paar Pennys verrichten sie Zwangsarbeit, aber nicht irgendeine Tätigkeit. Sie pflücken Baumwolle von Hand und verarbeiten Zuckerrohr in einer von einem Maultier betriebenen Mühle. Was als nostalgisches »doing it the old way« in Zeitungsberichten über das Gefängnis beschrieben wird, ist für die Gefangenen eine Erniedrigung und tägliche Erinnerung an die Zeit der Sklaverei.[18]

Diese und andere Geschichten wollte das »1619 Project« jenseits der Universitäten und wissenschaftlichen Publikationen bekannt machen. Bis heute wissen die wenigsten Menschen in Amerika über die Sklaverei mehr als das, was in vielen Schulbüchern steht: eine Verirrung auf dem Weg in eine freie Gesellschaft und nicht etwa ein Teil der amerikanischen Geschichte, der bis heute seine Spuren in der Gesellschaft hinterlassen hat – in einem Gesundheitssystem, in dem weitaus mehr Schwarze sterben als Weiße, einem Kreditwesen, das die einen bevorzugt, die anderen benachteiligt, einer Stadtplanung im Süden, die noch immer der Logik der Segregation folgt, in Polizeigewalt und Massenverhaftungen, oder im dramatisch ungerecht verteilten Wohlstand, der eine Folge von Sklaverei, Enteignung und fehlender Restitution ist.[19]

Die Begeisterung über das »1619 Project« war enorm. Menschen kauften das Heft, gaben es weiter an Familie und Freunde, Schulen nahmen es in ihren Lehrplan auf, und die Herausgeberin erhielt den Pulitzerpreis. Doch der gleichzeitige Backlash kam mit ähnlich großer Wucht. Republikanische Senator:innen im ganzen Land erließen Gesetze, um »die amerikanische Geschichte zu retten«, und verboten, das Projekt in den Unterricht aufzunehmen. Donald Trump im Weißen Haus setzte mit der »1776 Commission« einen politischen Beratungsausschuss ein, der, benannt nach dem Jahr der Unabhängigkeitserklärung, eine patriotische Gegenerzählung anbieten sollte. Der »1776 Report« wurde ausgerechnet am Martin Luther King Day 2021 veröffentlicht, einem der letzten Tage Trumps im Amt des Präsidenten. Der Bericht konzentrierte sich darauf, die nachstehenden Ideologien – in dieser Reihenfolge – als Feinde der amerikanischer Prinzipien zu benennen: Sklaverei, Progressivismus, Faschismus, Kommunismus, Rassismus und Identitätspolitik. Als Amerikas historische Feinde wurden unter anderem jüdische Migrant:innen aufgeführt, besonders die Mitglieder der Frankfurter Schule als Urheber eines linken, »woken« Amerika genannt. Der Philosoph und Soziologe Herbert Marcuse habe erkannt, dass er die amerikanischen Arbeiter:innen nicht in den Klassenkampf treiben konnte, also zettelte er einen Kulturkampf rund um »rassische Identität« an, so heißt es da. Bereits 2017 hatte Donald Trump in seiner dunklen Rede am Mount Rushmore einer »linken Kulturrevolution« und ihrem »kulturellen Marxismus« den Kampf angesagt – eine Ansprache voll von antisemitischen Stereotypen, die sich nun in der Präsidentschaftskampagne von Ron DeSantis und seiner eigenen fortsetzt. Und obwohl Joe Biden an seinem ersten Tag im Amt die Kommission auflöste und obwohl sich die einflussreiche Vereinigung amerikanischer Historiker:innen klar von ihrem Bericht distanzierte, ist das Machwerk weiterhin im Umlauf und treibt sein Unwesen.[20]

Das »1619 Project« war nicht die erste Plattform, mit der ein größeres Publikum jenseits der Universität erreicht werden sollte. Im Jahr 2014 öffnete das erste amerikanische Museum zur Geschichte der Sklaverei seine Türen. Während auf vielen noch existierenden Plantagen Hochzeiten stattfinden und »Gone with the Wind«-Nostalgie gepflegt wird, ließ John Cummings das erste amerikanische Museum der Sklaverei entstehen. Der pensionierte Anwalt kaufte die ehemalige Whitney Zucker- und Indigoplantage in Louisiana und entwickelte sie gemeinsam mit dem senegalesischen Kurator Ibrahima Seck zu einem Ort des Gedenkens und der Auseinandersetzung mit der Geschichte. Das Land, auf dem die Plantage entstand, war 1752 von einem deutschen Einwanderer, Ambroise Heidel, gekauft worden. Der war mittellos in den USA angekommen, doch die Sklaverei machte ihn reich: nicht nur ihn, sondern die ganze Region am Mississippi westlich von New Orleans, eine Gegend, die nach ihren deutschstämmigen Bewohner:innen »German Coast« genannt wurde, und in der 60 Prozent der Bevölkerung versklavt waren.[21] Wie eine Mitarbeiterin des Whitney Plantation Museum berichtet, ist eine der häufigsten Fragen von Besucher:innen, ob es auch anständige Sklavenhalter gegeben hätte. Ihre Antwort darauf? Egal, wie diese Person die Sklav:innen seiner Plantage ernährte, welche Kleider er ihnen gab, ob er sie prügelte oder nicht – er unterstützte das System und profitierte davon. Besucher:innen würden dann manchmal entsetzt reagieren, bei der Vorstellung, ihre Urgroßeltern oder Ur-Urgroßeltern wären Monster gewesen.

John Cummings will mit seinem Museum zeigen, dass es keine Region der USA gab, die nicht in das System Sklaverei einbezogen war: Anwälte im Süden wie im Norden schrieben

Dokumente für den Verkauf oder Verleih von Sklav:innen, Versicherungsfirmen stellten im Auftrag von Sklavenhaltern Policen aus über den Wert der Menschen, Reedereien bauten die benötigten Schiffe für den Transport, Manufakturen verarbeiteten die Baumwolle von den Plantagen und schneiderten spezielle Kleidung für Sklav:innen, Destillerien verwandelten den Plantagenzucker in billigen Rum, mit dem neue Menschen zur Sklavenarbeit erworben wurden. Eigentlich genug Stoff für ein nationales Museum, so Cummings, aber nicht eines der 35 000 Museen der USA widmete sich bis zur Eröffnung des Whitney dieser Geschichte.[22]

Das National Museum of African American History and Culture eröffnete zwei Jahre später, 2016, mit einem eindrucksvollen Bau an der National Mall in Washington, D. C. Damit ist die Geschichte und Kultur der Afroamerikaner:innen im Herzen der amerikanischen Demokratie angekommen. Fast ebenso bedeutsam ist eine zweite, dezentrale Einrichtung, die 2018 eröffnet wurde und ebenfalls das Wort »national« im Namen trägt, aber das Ergebnis einer privaten Initiative ist: das National Memorial for Peace and Justice und das zugehörige Legacy Museum. Das Memorial erinnert an die Lynchmorde, während das Museum eine ebenso eng mit dem Ort verknüpfte Geschichte des Widerstands und der Bürgerrechtsbewegung erzählt, die mit dem Montgomery-Busboykott und Rosa Parks 1955 hier ihren Anfang genommen hat.

Das sogenannte Lynching Memorial besteht aus einem offenen Pavillon mit 805 Stelen aus Cortenstahl, auf denen die Namen der Countys, in denen sie stattfanden, und, wenn bekannt, die Namen der Opfer der Lynchmorde eingraviert sind. Etwas entfernt, auf einem Feld, wartet ein zweites, identisches Set von Stelen darauf, abgeholt zu werden: Jedes amerikanische County, in dem ein Lynchmord dokumentiert wurde, ist eingeladen, sich eine Stele als eigenes kleines Denkmal abzuholen, um es aufzustellen und eine gesellschaftliche Diskussion in Gang zu setzen. Das Memorial will Erinnerungsprozesse anstoßen und mit diesem partizipativen und inklusiven Prozess nicht nur die Geschichte thematisieren, sondern ein Bewusstsein für aktuelle Formen der Diskriminierung schaffen. Der Initiator des Mahnmals und Museums, Bryan Stevenson, ist ein in den USA weithin bekannter Menschenrechtsaktivist, Anwalt und Gründer der Equal Justice Initiative. Diese kümmert sich darum, fälschlich verurteilte Menschen, vor allem People of Colour, zu unterstützen und zu ihrem Recht zu verhelfen. Stevenson weiß um die enge Verbindung zwischen der vergangenen und aktuellen Diskriminierung und wollte dafür einen Ort schaffen. Zu diesem Zweck informierte er sich in Südafrika über die dortigen Wahrheitskommissionen und fuhr dann weiter nach Deutschland. Der Umgang beider Länder mit ihrer Vergangenheit habe ihn beeinflusst, so Stevenson. Und tatsächlich ähnelt das Memorial auf dem Hügel von weitem der Neuen Nationalgalerie von Mies van der Rohe in Berlin. Vor allem aber erinnern die von der Decke hängenden Stelen an Peter Eisenmans Denkmal für die ermordeten Juden Europas, und die Idee des Dezentralen, des zweiten Sets an Stelen, die angefragt und mitgenommen werden wollen, wurde von Gunter Demnigs Stolpersteinen inspiriert.[23]

Memorial und Museum erzählen die Geschichte von 6500 Lynchmorden, einer Praxis der Selbstjustiz der weißen Bevölkerung, die von 1880 bis Ende der 1950er Jahre üblich war. Lynchmorde wurden nicht heimlich und versteckt, sondern in aller Öffentlichkeit begangen. Sie wurden wie ein Karneval inszeniert vor hunderten oder tausenden Zuschauer:innen. Das Publikum sang Lieder der Konföderierten, Fotografen dokumentierten die Ereignisse und Verlage druckten Postkarten der gelynchten Opfer und ihrer Mörder. Manchmal wurden die geschändeten Toten, oder Teile ihres Körpers, in afroamerikanische Viertel gebracht, um deren Bewohner:innen zu schockieren. Die Täter, häufig respektierte Mitglieder der Gemeinschaft, wollten Angst verbreiten unter der schwarzen Bevölkerung. Während die Jim-Crow-Gesetze dafür sorgten, die befreiten Sklaven von der weißen Bevölkerung zu segregieren, sollten die Lynchmorde sie davon abhalten, »weiße« Privilegien wie Bildung, Sicherheit, Reichtum, oder Bürgerrechte einzufordern. Besonders grausame Morde, wie der des siebzehnjährigen Jesse Washington in Waco, Texas, im Mai 1916 führten dazu, dass die Lynchjustiz mehr und mehr in die Kritik kam. Bis 1950 verabschiedete der amerikanische Kongress 200 Gesetze zum Verbot der Lynchjustiz, doch alle wurden von den Südstaaten abgeschmettert. Erst 2022 konnte die Biden-Administration mit dem Emmett Till Antilynching Act ein Gesetz verabschieden, das Lynchmorde als Verbrechen mit bis zu dreißig Jahren Gefängnis bestraft.[24]

Die Nachkommen von Opfern der Lynchjustiz haben begonnen, Erde in Gläsern zu sammeln von den Orten, an denen sie ihre Toten vermuten. In Richmond, Virginia, befand sich bis 1878 einer der größten Friedhöfe von freien und versklavten Schwarzen, der Shokoe Hill African Burying Ground, der direkt neben dem dortigen jüdischen Friedhof liegt. Zwei Jahre nach der Schließung widmete die Stadt das Land um, ohne die 22 000 Toten umzubetten. Eine Straße wurde begradigt, ein Aquädukt und eine Kreuzung gebaut, es folgten eine Tankstelle und eine Autobahn. Mit jedem neuen Bauprojekt tauchten die Toten wieder auf. Heute befindet sich dort, neben der aufgelassenen Tankstelle, eine Gedenktafel, die Zukunft des Geländes ist noch ungewiss. Währenddessen gibt es Bemühungen, in der historischen Shokoe-Bottom-Nachbarschaft, nicht weit davon, ein Museum zu gründen. Vor zwanzig Jahren wurden hier die Reste von Lumpkin's Slave Jail entdeckt. Bis zum Ende des Bürgerkrieges hatte dieser Ort der Folter und Gewalt existiert und war danach dem Vergessen anheimgefallen. In ihrem Engagement für dieses Museumsprojekt haben die beiden Journalist:innen Mallory Noe-Payne und Michael Paul Williams einen mehrteiligen Podcast produziert. »Memory Wars« führte sie auch nach Deutschland, wo sie herausfinden wollten, welche Rolle Erinnerungen im familiären Gedächtnis spielen und in welchen künstlerischen und dokumentarischen Projekten und Räumen sie sich manifestieren. Ihre Hoffnung: Hoffnung: die – wenn auch konfliktreichen und bis heute kontroversen – deutschen Prozesse mögen dem geplanten, aber noch unsicheren Museumsprojekt mit auf den Weg helfen.[25]

Sollte das Richmond National Slavery Museum dann wirklich am Ort der Ausgrabungen entstehen, wird es ein Nachbar des nicht weit entfernten Virginia Holocaust Museum sein. Die beiden Häuser werden dann eine komplexe und vielseitige Geschichte Amerikas erzählen: von einem Land, das jüdische Flüchtlinge rettete, Europa befreite und dem schuldigen Deutschland half, aus der Katastrophe des Nationalsozialismus einen demokratischen Staat aufzubauen und in seinen Museen und Schulbüchern davon zu erzählen, und von einem anderen Amerika, das sich lange schwertat mit seiner eigenen Geschichte der Gewalt, aber Wege und Räume gefunden hat, sich ihr schließlich doch zu stellen. Und so verschieden diese Geschichten auch sind, so sind sie doch auch miteinander verbunden. Würde er noch leben, hätte Leon Bass beide Institutionen mit seinen persönlichen Erinnerungen bereichern können und hätte es vermutlich gern getan.

Leon Bass hatte sich als junger Mann freiwillig zur US-Armee gemeldet. Seine Eltern stammten aus South Carolina und hatten den Beginn der Jim-Crow-Ära erlebt. Er selbst wuchs in

Philadelphia auf und erlebte mit dem Eintritt in die Armee zum ersten Mal eine Welt der Segregation. Für seine Grundausbildung wurde der junge Afroamerikaner in den Süden der USA geschickt, wo er feststellen musste, dass er zwar für sein Land in den Krieg ziehen, aber nicht aus einem Brunnen trinken durfte, auf dem »Whites only« stand. Er machte die Erfahrung, dass er in einem Lokal nur am Hintereingang willkommen war, während deutsche Kriegsgefangene dort ein und aus gingen. Einmal in Europa, fand sich Leon Bass mitten in der Ardennenoffensive wieder, als die Deutschen im Winter 1944/45 versuchten, den Hafen von Amsterdam zurückzuerobern. Von dort aus wurde sein Infanterieregiment in den Osten verlegt, und er gehörte zu den ersten amerikanischen Soldaten, die im KZ Buchenwald eintrafen. Ohne vorgewarnt worden zu sein, wurde Bass zum Zeugen der katastrophalen Zustände im Lager, der bis auf die Knochen abgemergelten, kranken Menschen, die oft noch nach der Befreiung starben, der Leichenberge und des Steinbruchs.

Leon Bass kehrte in die USA zurück und entschloss sich, auch aufgrund dieser Erfahrungen, Geschichte zu studieren. Er wurde Lehrer und später Direktor einer Schule für afroamerikanische Jungs in Philadelphia. In einem Interview aus den 1980er Jahren erzählt er davon, wie er eines Tages an einer offenen Klassentür vorbeiging. Die Schüler hörten gerade dem Vortrag einer Holocaust-Überlebenden zu, aber sie waren nicht konzentriert, sie hatten, so Bass, ihren eigenen Schmerz. Das irritierte und störte ihn, so trat er in die Klasse und forderte die Schüler auf, der Frau aufmerksam zuzuhören, und blieb für den Rest des Treffens dabei. Er selbst habe ein Konzentrationslager gesehen, er wisse, wie wichtig es sei, diese Geschichte zu kennen. Später unterhielt sich Bass mit der Frau und erzählte ihr von seinen Erfahrungen als GI – es war das erste Mal, dass er es tat. Von diesem Tag an ging Leon Bass bis zu seinem Tod in Schulen und sprach über seine Erfahrungen. Freunde und Verwandte fragten ihn, warum er diese Aufgabe auf sich nehme, der Holocaust sei doch kein »schwarzes Problem«. Bass antwortete darauf, dass der Holocaust kein schwarzes Problem sei, aber auch kein weißes Problem, sondern »ein menschliches Problem. Und dem müssen wir uns stellen.«[26]

In dem Interview, das Leon Bass dem Fortunoff Holocaust Archive gab, berichtet er auch davon, was es für ihn bedeutete, nach dem Krieg in ein Land zurückzukehren, in dem er weiterhin diskriminiert wurde. Rassismus sei die Wurzel allen Übels, erklärt er, und in Buchenwald habe er gesehen, wohin die schlimmste Form von Rassismus führen könne. Gleichgültigkeit, der Wunsch, in Ruhe gelassen zu werden und den eigenen Frieden nicht zu gefährden, darin liege das Problem, so Bass. Es war ein komplexer Prozess, der ihn zu dieser Einsicht führte und dazu brachte, regelmäßig über seine Erfahrungen zu sprechen, meint der Holocaust-Historiker Samuel Kassow: »Während dieser langen Reise wurde ihm klar, dass die Empathie, die er für diese geschwächten Gefangenen empfand, zum Teil aus seinem eigenen Ringen mit Jim Crow rührte – und aus seinem wachsenden Bewusstsein, dass Rassismus und Hass keine nationalen Grenzen kenne, und wenn nicht gelöst, neue Opfer fordern würden.«[27]

Zur Amtseinführung von Joe Biden hatte Amanda Gorman ein Gedicht geschrieben. Als die 22-jährige Lyrikerin an diesem kalten Januartag am Capitol Hill zu sprechen begann, hielt die Welt für sechs Minuten lang den Atem an. »The Hill We Climb« ist Gedicht und zugleich politischer Appell an Amerika, gemeinsam seine Vergangenheit wahrzunehmen, zu beschreiben, zu erzählen. »It's because being American is more than a pride we inherit. It's the past we step into and how we repair it«, rezitierte Gorman damals. Am 23. Mai 2023 wurde »The Hill We Climb«

von der Schulbehörde in Miami verboten – eine Mutter mit Verbindungen in die rechtsextreme Szene hatte gegen die Lektüre im Unterricht protestiert. Amanda Gorman postete daraufhin ein Foto auf Twitter: »Lebe so, als sei dein Leben ein Buch, das in Florida verboten wurde.«

NACHWORT

Jeden Abend ging er durch die leeren Züge und sammelte, was er fand: Zeitungen, Magazine, Bücher. Mit den Jahren entstanden in seiner kleinen Wohnung ein Archiv und eine Bibliothek. Der junge Rangierarbeiter am Innsbrucker Hauptbahnhof war der erste österreichische Jenische, der sich öffentlich zu seiner Herkunft bekannte. Er begann, Geschichten über sein Leben und seine Volksgruppe zu sammeln und davon zu erzählen, wie seine Eltern sesshaft geworden waren, während andere Verwandte noch nomadisch lebten, dass sein Vater, wie Generationen Jenischer vor ihm, als Korbflechter, Besenbinder und Gelegenheitsarbeiter ein wenig Geld verdiente. Die Familie lebte in einer Baracke im Überschwemmungsgebiet der Innauen. »Von Fluss und Erlen eingegrenzt und von der Dorfgemeinschaft ausgegrenzt, wuchs in mir der Verdacht, dass es etwas Böses sei, ein ›Karrnerkind‹ zu sein«, erinnerte er sich später.

Romed Mungenast begann zu schreiben. Im Jenischen gibt es weniger Wörter als in anderen Sprachen, nicht mehr als 1200 bis 1500. Die Sprache beschränkt sich auf das alltägliche Leben, weshalb das Erzählen ohne abstrakte Begriffe auskommen und sie umschreiben muss. Seine Gedichte und Geschichten erschienen in Anthologien, die sich Anfang der 1990er Jahre zum ersten Mal den Sprachen und Erzählungen einer diversen österreichischen Gesellschaft widmeten.[1] Aus Dachbodenfunden, Flohmärkten und Antiquariaten vergrößerte sich seine Bibliothek. Er durchforstete ungeordnete und nicht bearbeitete Bestände in Archiven, was sich als schwierig herausstellte, da die Jenischen nicht als einheitlich definierte Volksgruppe geführt wurden. Die

Behörden, nicht nur die nationalsozialistischen, sprachen von »nach Zigeunerart Lebenden« oder »Zigeunermischlingen«, meist aber einfach nur von »Asozialen«. Er fand heraus, dass die wissenschaftliche Forschung über die Kultur und Geschichte der Jenischen nahezu ausschließlich im nationalsozialistischen Erb- und Rassenbiologischen Institut in Innsbruck entstanden war und sich nach 1945 kaum verändert hatte. Mit der Zeit begann er, sein Wissen weiterzugeben, Magister- und Doktorarbeiten, ja sogar Habilitationen zu betreuen, und nahm den ihm verliehenen Titel eines Honorarprofessors an – schmunzelnd, er hatte nur Hauptschulabschluss. Als ihm jedoch ein Stipendium des PEN-Clubs angeboten wurde, lehnte er ab und arbeitete weiter als Rangiermeister, bis er krankheitsbedingt nicht mehr dazu in der Lage war. Er starb im Alter von 53 Jahren, sein Archiv vermachte er der Öffentlichkeit, seine umfangreiche zeithistorische Bibliothek – die neben frühen Berichten Überlebender eine Vielzahl von Studien zum Nationalsozialismus, Antisemitismus und Antiziganismus enthält – schenkte er mir.[2]

Die Gedichte und Geschichten, die er schrieb und immer wieder vortrug, waren für ihn ein Akt der Emanzipation und Befreiung aus der strukturellen Diskriminierung seiner Kindheit und Jugend. Jenische wurden im Nationalsozialismus nicht als Volksgruppe verfolgt, trotzdem waren sie weit über das Jahr 1945 hinaus Opfer von Ausgrenzung und staatlicher Gewalt und fanden sich häufig in einem Teufelskreis von fehlenden Perspektiven, Kriminalität und Drogen wieder. In der Schweiz wurden mithilfe der Stiftung Pro Juventute zwischen den 1920er und 1970er Jahren über 2000 jenische Kinder ihren Familien weggenommen und in Heimen erzogen. Für Romed war seine obsessive Beschäftigung mit der Geschichte des Holocaust und des Nationalsozialismus eine Form des empathischen Lernens, zu einer Zeit, als die Erinnerung noch lange nicht institutionalisiert war. Wo würde er sich heute, in den aktuellen Debatten um eine Erinnerungskultur wiederfinden, die mit Kontinuitäten rechter Gewalt und Fragen von Inklusion und Teilhabe ringt?

In Österreich wird mehr als einem Viertel der Bevölkerung »Migrationshintergrund« bescheinigt, weil mindestens ein Elternteil eine andere Staatsbürgerschaft hat. In Deutschland, wo in vielen Großstädten etwa zwei Drittel der Jugendlichen zu dieser Gruppe zählen, ist der Anteil etwas höher. Ihre Familien haben keinen »Nazihintergrund«, aber nicht selten Erfahrung mit Flucht, Gewalt oder Rassismus gemacht. Sie haben den Nationalsozialismus und den Weltkrieg möglicherweise aus einer anderen europäischen Perspektive erlebt. Unter dem irreführenden Eindruck, die hiesige Erinnerungskultur wäre ein nationales »deutsches« Produkt, was sie wegen ihrer komplexen Geschichte nicht sein kann, sind sie aufgefordert, sich als Außenstehende dazu zu verhalten. Wer will mitreden, wer darf und zu welchen Bedingungen?

Immer wieder wurde in den vergangenen Jahren gefordert, besonders Muslim:innen mögen sich mit der deutschen Vergangenheit vertraut machen und Gedenkstätten besuchen. Antisemitismus und Antizionismus als Folge des Nahostkonfliktes wären in muslimischen Communitys weit verbreitet, so die Annahme. Der amerikanische Anthropologe Damani J. Partridge begann um die Jahrtausendwende in Berlin zu forschen und stellte fest, dass sich viele türkischstämmige Schüler:innen abwehrend gegen die Erinnerung an den Holocaust verhielten. Neben der Monstrosität des Genozids schien der Rassismus, den die Jugendlichen im Alltag erfuhren, unbedeutend und klein. Das Bewusstsein und Wissen über den Nationalsozialismus sei in Deutschland ganz zurecht mit Fragen der demokratischen Teilhabe verknüpft, weshalb muslimische Deutsche ihre Loyalität erst unter Beweis stellen müssten. Weil sich die AfD jedoch ganz offen über diese Anforderung hinwegsetzt und das Vergessen des Nationalsozialismus ins Zentrum ihrer Ideologie stellt, machten Muslim:innen ambivalente Erfahrungen, so Partridge.[3]

Auch Esra Özyürek begann um das Jahr 2000, muslimische Jugendliche in Deutschland zu begleiten, wenn sie Gedenkstätten oder Dokumentationszentren besuchten. Seit diesen Jahren werde die Zentralität des Holocaust jedoch massiv infrage gestellt, beobachtet die in Cambridge lehrende Soziologin und Politikwissenschaftlerin. Immer wieder, und das ist auch meine Beobachtung, fordern erinnerungspolitische Sprecher:innen der AfD in parlamentarischen Ausschüssen das Vergessen des Holocaust zugunsten einer heroischen Vergangenheit. Für Esra Özyürek ist die Auslagerung von Schuld und Antisemitismus an postmigrantische, muslimische Deutsche eine ähnliche, wenn auch subtilere Form der Abkehr des gesellschaftlichen Konsenses von der Erinnerung an den Holocaust. In einem Tweet vom 27. Januar 2020, dem Tag des Gedenkens an die Opfer des Nationalsozialismus, schrieb der CDU-Vorsitzende Friedrich Merz, dass es für rechten Antisemitismus keinen Platz in Deutschland gebe, jedoch neue Formen des muslimischen Antisemitismus importiert würden. Dieses Auslagern von Schuld habe sich, so beobachtet Esra Özyürek gemeinsam mit der israelischen Soziologin Irit Dekel, in den vergangenen Jahren verstärkt. Während immer seltener über rechte Instrumentalisierung oder Ablehnung des Gedenkens gesprochen werde, fokussieren öffentliche Debatten über Antisemitismus fast ausschließlich auf muslimische und linksliberale Stimmen.[4]

Mitte der 1990er Jahre hatte der deutsch-kanadische Soziologe Y. Michal Bodemann Deutschland vorgeworfen, Jüd:innen als Zuschauer:innen im »Gedächtnistheater« einer erfolgreichen deutschen Aufarbeitung zu instrumentalisieren, ihnen aber keinen Raum für ihre eigenen Traumata und Trauer zu überlassen. Für den Schriftsteller Max Czollek, der Bodemanns Konzept übernommen und in ein »Versöhnungstheater« übersetzt hat, spielen migrantisierte Deutsche heute eine ähnliche Rolle als Zaungäste. Dabei liegt in der Beschäftigung mit dem Nationalsozialismus und dem Holocaust, mit der Geschichte von Täter:innen, Mitläufer:innen und Kollaborateur:innen, die Chance, auch eine andere Perspektive als die der eigenen Familienerinnerung wahrzunehmen. Denn gerade die Frage, wie und mit welcher Konsequenz man zum Täter wird, ist letztlich für alle von großer Relevanz.[5]

Als 2021 ein Instagram-Projekt vorschlug, dieses gemeinsame Erbe und die Frage der Täterschaft verhandelte, hagelte es Kritik. Mit ihrer Debatte um den »Nazihintergrund« und die damit verbundenen Privilegien deutscher Firmendynastien stellten Moshtari Hilal und Sinthujan Varatharajah zentrale Fragen an die deutsche Erinnerung und Verantwortung. In solchen Momenten wird aus mehrheitskultureller Sicht schnell Zweifel daran geäußert, wer sich zu welchen Themen und in welcher Weise äußern darf. Dann schottet sich der deutsche Diskurs ab von einem längst globalen Phänomen der Holocaust-Erinnerung und klopft sich selbstgefällig auf die Schulter für das Erreichte. Doch, so bemerkt der Historiker Dirk Rupnow: »Die Erinnerung an den Holocaust lebendig zu halten, kann nur Solidarität auf globaler Ebene bedeuten, einschließlich dessen aufzustehen für Menschenrechte und liberale Demokratien und einzutreten gegen Antisemitismus, Rassismus, Radikalismus und Gewalt.«[6]

Denn so zentral die Erinnerung an den Holocaust für die wiedervereinigte deutsche Demokratie war und ist, so unfähig zeigt sich derselbe Staat, auf antisemitische und rassistische Gewaltakte zu reagieren. Bereits um die Jahrtausendwende hatte die Künstlerin Hito Steyerl in den beiden Videoarbeiten »Die leere

Mitte« und »Normalität 1-X« auf die Normalität von antisemitisch und rassistisch motivierten Gewalttaten hingewiesen und darauf, wie sich die Nazi-Ideologie »in allgegenwärtiger symbolischer und körperlicher Gewalt fortsetzt« und als Normalität empfunden wird.[7] Es ist erstaunlich, wie lückenhaft sich die heutige deutsche Gesellschaft dieser Jahre erinnert, als sogenannte Gastarbeiter:innen aus Vietnam, Mozambique oder Angola, die in die DDR eingeladen worden waren, sich im frischvereinigten Deutschland verstecken mussten, oder dass der damalige Präsident des Zentralrats der Juden in Deutschland, Ignaz Bubis, entschied, in Israel begraben zu werden – so oft war das Grab seines Vorgängers geschändet worden. Erst die Anschläge des NSU führten, allerdings retrospektiv, zu einer wachsenden Sensibilisierung für die im Namen einer nationalsozialistischen Ideologie begangenen Morde. »Ich begriff, dass die Abwesenheit von Nazis in meiner Familie nicht bedeutete, dass die Ideologie der Nazis in meinem Leben abwesend war«, schreibt die Autorin Asal Dardan. »Allein die Vorstellung, es müsse eine biografische Verbindung zu der Geschichte eines Landes gebe, bedeutet bereits, dass man auf diese Ideologie hereingefallen ist.«[8]

Inzwischen überlagern sich in Deutschland die Gedenktage. Am 18. Februar 2023 jährte sich die Festnahme der Mitglieder der Weißen Rose, Christoph Probst, Hans und Sophie Scholl, zum 80. Mal. Zahlreiche Artikel in allen deutschen Tageszeitungen und neue Bücher erinnerten an diesem Jahrestag an ihren Tod und an die ebenfalls ermordeten anderen Mitglieder der Weißen Rose, Alexander Schmorell, Willi Graf und Kurt Huber. Am selben Tag, dem 18. Februar 2023, begann das Gedenken an das Attentat in Hanau, das sich am darauffolgenden Tag zum dritten Mal jährte. Neun junge Deutsche, zwischen 21 und 37 Jahre alt, waren am Abend des 19. Februar 2020 von einem rechtsextremen Täter ermordet worden. Ich erlebte das parallele Gedenken in diesem Winter als symbolisch für die sich kaum überlappenden Erinnerungslandschaften. Hier erinnerten die einen, die in der Weißen Rose seit Erscheinen der Biografie von Inge Aicher-Scholl 1952 die Verkörperung eines christlich-deutschen Widerstands sehen, dort trauerten die anderen, deren ermüdender Kampf um die Aufarbeitung des Attentats einen tiefen strukturellen Rassismus in der Gesellschaft offenlegt. Dabei werden die Verbindungslinien nicht nur in der Ideologie der Täter deutlich, sondern auch in den Lebensgeschichten der Opfer: Filip Gomans Tochter, die 35-jährige Mercedes Kierpacz, wurde in Hanau erschossen. Sein Großvater und ihr Urgroßvater war als polnischer Rom Jahrzehnte zuvor in Auschwitz vergast worden.

Die Nichtwahrnehmung rassistischer Gewalt »verunmöglicht« es den Angehörigen, die Toten zu betrauern, schreibt Çiğdem Inan. Weil die Opfer nicht als solche akzeptiert würden, so die Soziologin, erlebten die Angehörigen eine Enteignung ihres Verlusts. Ihre Trauer kann nur in einem widerständigen Akt Ausdruck finden und in antirassistischen Initiativen, die eine neue deutsche Gedenkkultur prägen.[9] Angesichts dessen, dass sich 2023 mehrere Gewaltakte gegen migrantisierte Deutsche aus der Nachwendezeit zum 30. Mal jähren, wäre es doch ein guter Moment, »gerade unter einer Nation von Erinnerungsweltmeister:innen, sich mit der eigenen Geschichte auseinanderzusetzen, dazuzulernen«, bemerkt der Literaturwissenschaftler Adrian Daub. Denn wer sich nicht an die Vergangenheit erinnern müsse, so Daub, könne sie endlos wiederholen und habe »das Privileg, sich alle paar Jahre über beinahe identische Dinge aufzuregen. Das Privileg, sich von den rhetorischen Exzessen, den Gewaltdrohungen, den Gewalttaten, die logisch auf diese Aufregungen folgen, distanzieren zu können. Und vor allem das Privileg, den entrichteten Blutzoll zu vergessen und in fünf, zehn, zwanzig Jahren die Spirale von neuem anzudrehen.«[10]

Als es in der Silvesternacht 2023 in mehreren deutschen Städten zu Angriffen auf Polizei und Rettungskräfte kam, machten sich deutsche Politiker:innen Konkurrenz in einer Rhetorik der Ausgrenzung, anstatt sich über soziale und kulturelle Spaltung Gedanken zu machen. Die FDP-Bundestagsabgeordnete Katja Adler sprach von »kultureller Überfremdung«, während der CDU-Abgeordnete Christoph de Vries in einem Exkurs in die Geschichte des deutschen Rassenwahns Menschen vom »Phänotypus: westasiatisch, dunklerer Hauttyp« für die Unruhen verantwortlich machte. Tausende Tweets aus Deutschland reproduzierten in den ersten Tagen des Jahres 2023 den Begriff »Überfremdung«, der eng mit der deutschen Geschichte und vor allem mit dem Nationalsozialismus verbunden ist. Bereits in den 1920er Jahren kam das Wort »Überfremdung« als Kampfbegriff gegen mittellose jüdische Migrant:innen und Flüchtlinge aus Osteuropa zum Einsatz – ein in andere Sprachen unübersetzbarer Begriff, der eine nie dagewesene Einheit und Homogenität der deutschen, europäischen Bevölkerung imaginiert. Wie viel Nazi-Ideologie bis heute in diesem Begriff steckt, wird und wurde in der Debatte kaum reflektiert.

In Frankreich, wo die Isolation und soziale Stigmatisierung in der Banlieue um Paris eine enorme Herausforderung darstellt, machte der Streetart-Künstler JR vor, wie es funktionieren kann: In seinem Projekt »The Chronicles of Clichy-Montfermeil« bot er der französischen Gesellschaft eine alternative Erzählung ihrer Geschichte an. Er kehrte 2017 in seinen Geburtsort zurück und fotografierte 750 Menschen, die wie er selbst ohne Perspektiven aufgewachsen waren: so wie sie am liebsten gesehen werden wollten. Stück für Stück setzte JR ihre Einzelbilder zu einem Mosaik der Stadtgemeinschaft zusammen. Das gigantische Wandbild wurde zuerst im Pariser Museum für zeitgenössische Kunst, im Palais du Tokyo und anschließend in Cli-

chy-Montfermeil ausgestellt. Begeistert erklärte der damalige
Präsident François Hollande die Arbeit zu einem Teil der französischen Geschichte und des französischen Erbes. »Und indem
er das äußerte«, bemerkt JR, »konnten die Menschen, die wie ich
in der zweiten Generation aus Afrika – ob nun aus dem nördlichen oder südlichen Afrika – eingewandert waren, sagen: ›Jetzt
sind wir in Frankreich, wir sind Teil des Museums, wir sind Teil
der Geschichte Frankreichs. Mit diesem Bild wurden wir endlich
vom Staat anerkannt.‹« Doch da auf die symbolische Anerkennung keine soziale folgte, wurde aus dem Projekt eine vergangene Hoffnung, wie die Ausschreitungen infolge des Mordes an
dem siebzehnjährigen Nahel im Sommer 2023 zeigten.[11]

Als Versammlungsräume und Orte kollaborativen Arbeitens
kommt Museen in zusehends fragmentierten Gesellschaften
eine wichtige Rolle zu, um auszuprobieren, was die Kunstver-
mittlerin und Kuratorin Nora Sternfeld »radikaldemokratisch«
nennt. Lernorte und Gedenkstätten arbeiten längst mit unterschiedlichen Formen und Ausprägungen multiperspektivischen
Erinnerns, ohne viel Aufhebens davon zu machen. Aber da hier
nicht weniger verhandelt wird als die Inhalte und Beschaffen-
heit sowie die Verantwortung für unser gemeinsames Erbe, ist
das doch eigentlich keine Kleinigkeit, meint Mark Terkessidis.[12]

Museen, die sich der Aufarbeitung traumatischer Momente in der Geschichte eines Landes, einer Gesellschaft widmen,
übernehmen nicht nur für die deutsche Gesellschaft eine zentrale Rolle. Gedenk- und Erinnerungsorte wie das Kigali Genocide
Memorial, das Museum of Memory and Human Rights in Chi-
le oder das Holocaust Memorial Museum in Washington sind
entstanden aus dem Wunsch, die Gewalt des 20. Jahrhunderts
abzubilden und daraus zu lernen. So unterschiedlich deren je-
weilige Inhalte sind, werden Besucher:innen hier wie dort auf
ihre Verantwortung hingewiesen, sich für eine bessere Zukunft

einzusetzen. Aus erinnerten Fehlern soll die Hoffnung entstehen, diese nicht zu wiederholen. Es geht in diesen Orten, mit Bezug auf Hannah Arendt, um einen sozialen Vertrag, der das Zusammenleben in einer posttraumatischen Gesellschaft erst wieder ermöglicht. Mit der Versicherung, nach innen wie außen, keine Gewalt mehr zu verursachen oder zuzulassen, steht die Überzeugung, dass wir aus der Vergangenheit lernen können. Dieser Glaube an die Moderne, die auf Humanisierung durch Erziehung und Aufklärung setzte, wurde im 20. Jahrhundert zwar gründlich enttäuscht.[13] Doch gerade aus diesem Widerspruch entsteht die Möglichkeit für ein differenziertes Nachdenken über Gewalt und Verantwortung, Empathie und Demokratie, die in Museen und an Lernorten im geschützten Rahmen passieren kann.

Was schulden wir der Vergangenheit, fragt der deutsch-amerikanische Autor Burkhard Bilger in seinem Roman »Fatherland«, und warum hat die Vergangenheit uns derart im Griff? Bilger, der in Oklahoma als Sohn deutscher Eltern geboren wurde, schrieb vor kurzem die Geschichte seines Großvaters auf, der ein vergleichsweise »guter« Nazi, aber doch ein Mitläufer und Profiteur gewesen war. Was für Bilger ein deutsches Problem war, als er mit dem Schreiben seines Buches begann, ist auch zu einem amerikanischen geworden, als das Buch Anfang 2023 erscheint: Plötzlich muss er Freunden nicht mehr erklären, worüber er arbeitet. Jetzt nicken sie verständig und voll Sympathie und erzählen ihre eigenen Familiengeschichten von Sklavenhaltern, Mitgliedern des Ku-Klux-Klans, Anhängern McCarthys oder Schwägerinnen, die QAnon-Anhänger:innen sind. Was aber passiert, wenn wir realisieren, fragt Bilger, dass etwas in unserer Gesellschaft unwiederbringlich zerbrochen ist, jenseits davon, behoben oder geheilt werden zu können – wenn wir mit dieser Ambivalenz, diesem unabgeschlossenen Prozess leben müssen, mit dem, was unwiederbringlich zerbrochen und verloren ist?[14]

Knapp achtzig Jahre nach Kriegsende ist der Konsens der Nachkriegszeit, eine Politik des »Nie wieder« und der Menschlichkeit, die freilich nicht immer eine solche war, kein Konsens mehr. Die vielen parallel Krisen – Inflation, Krieg, Klima, Pandemie – machen Angst, sagt die Wiener Linguistin und Tochter einer aus dem Exil zurückgekehrten Familie Ruth Wodak, Angst, die jetzt von Rechtspopulist:innen instrumentalisiert wird: »Ich mag Vergleiche mit den Dreißigerjahren nicht. Aber wenn einer Arbeit und Essen verspricht und zusagt, dass jene, die anscheinend an Missständen schuld seien, quasi verschwinden – dann ist das bekanntlich nicht neu.«[15] Wollen wir das Erbe der Zeitzeug:innen wirklich antreten, dann kann eine Kultur des Erinnerns kein beruhigendes Narrativ anbieten oder moralischer Kitsch sein.[16] Und sie darf auch kein Ablasshandel für eine Politik der Unmenschlichkeit sein. Im Gegenteil, eine Kultur der Verantwortung sollte ihr Ziel sein.

Die Freiheit zu haben, sich mit kontroversen Geschichten zu beschäftigen und mit Menschen zu arbeiten, die sich solidarisch, widerständig, empathisch und kreativ mit der Vergangenheit – und Gegenwart – auseinandersetzen, ist ein Privileg. Immer häufiger wird das positive, progressive Potential von Erinnerung auch in Demokratien für populistische Zwecke instrumentalisiert. Aus diesem Grund ist die Freiheit von politischer Einflussnahme auf Museen, Lernorte und Gedenkstätten wichtiger denn je, um Raum zu schaffen für ein solidarisches Denken über Erinnerung. Asal Dardan sieht in dieser Form der Solidarität ein »nicht endendes Projekt, das ohne andere nicht funktioniert, das ebenso Selbstdisziplin wie Zusammenarbeit erfordert« und das eine Entscheidung ist für »das Ungestüme, Ungewisse, nicht zu Ordnende des Lebendigen und des Menschlichen.

In diesem solidarischen Suchen nach den anderen, nach ihren Wirklichkeiten, liegt die Gewissheit, die wir brauchen.«[17] Es gibt Gründe dafür, dass wir uns leichter tun mit der Vorstellung von Dystopien als mit dem Glauben an Utopien, und einer der Gründe dafür liegt in der Amnesie und dem Vergessen. Ohne Erinnerung, ohne das Wissen über die Veränderung der Welt, auch zum Guten – ja, ganz besonders zum Guten! –, fällt es uns schwer, eine bessere Welt zu entwerfen, gerade jetzt in einer Zeit der multiplen Krisen und schwindenden Perspektiven.[18] Dabei ist es doch, und war es immer, eine Frage der Zukunft gewesen, wenn Menschen ungeachtet ihrer Verletzungen und Traumata über ihre Geschichte sprechen, wenn sie schreiben, sammeln, erzählen, berichten, fotografieren, filmen, wenn sie künstlerisch tätig sind oder Ausstellungen kuratieren, um zu leben und zu überleben, wenn sie es gemeinsam tun und uns – ganz nebenbei – Hoffnung machen. Um noch einmal Amanda Gorman zu zitieren, »We are not me – We are We. / Call us What we carry.«[19]

ANMERKUNGEN

VORWORT

1 Stefanie Schüler-Springorum, Der Mauergucker: Die radikale Subjektivität des Franz Josef Degenhardt (erscheint demnächst).
2 Joseph Wulf und David Wulf, 2. August 1974, zitiert nach: Klaus Kempter, Joseph Wulf, Ein Historikerschicksal in Deutschland, Göttingen 2013, 384.
3 Ta-Nehisi Coates, Virginia, in: The Atlantic, August 2009, https://www.theatlantic.com/entertainment/archive/2009/08/virginia/23345/; https://www.theatlantic.com/entertainment/archive/2009/08/virginia/23415/
4 Ta-Nehisi Coates, The Case for Reparations, in: The Atlantic, Juni 2014, https://www.theatlantic.com/magazine/archive/2014/06/the-case-for-reparations/361631/
5 Lahav Harkov, ›Black Panther‹ is a Great Zionist Movie, in: Tablet 16.2.2018, https://www.tabletmag.com/sections/news/articles/black-panther-is-a-great-zionist-movie

MEMORY KIN

1 Amos Goldberg, The ›Jewish Narrative‹ in the Yad Vashem Global Holocaust Museum, in: Journal of Genocide Research 14 (2012) 2, 187–213.
2 Ari Joskowicz, Rain of Ash. Roma, Jews and the Holocaust, Princeton 2023, 2; Avrom Sutzkever, Selected Poetry and Prose, Berkeley University 1991.
3 Von der letzten Zerstörung. Die Zeitschrift »Fun letstn churbn« der Jüdischen Historischen Kommission in München 1946–1948, hg. von Frank Beer und Markus Roth, Berlin 2020; Daniel Schuch, Transformationen der Zeugenschaft. Von David P. Boders frühen Audiointerviews zur Wiederbefragung als Holocaust Testimony, Göttingen 2021.

4   Ari Joskowicz, Rain of Ash. Roma, Jews and the Holocaust, Princeton
    2023.

5   Anna Corsten, Unbequeme Erinnerer. Emigrierte Historiker in der
    westdeutschen und US-amerikanischen NS- und Holocaust-Forschung,
    1945–1998, Stuttgart 2023.

6   Timothy Garton Ash, Vier Wege zur Wahrheit. Eine Zwischenbilanz, in:
    Die Zeit, 3.10.1997, 44.

7   Yehuda Bauer, Rede im Deutschen Bundestag, 27.1.1998, https://www.
    bundestag.de/parlament/geschichte/gastredner/bauer/rede-247412.

8   Daniel Levy und Natan Sznaider, Memory Unbound. The Holocaust and
    the Formation of Cosmopolitan Memory, in: European Journal of Social
    Theory 5(2002), 1, 87–106, hier: 87; dies., The Holocaust and Memory in
    the Global Age, Philadelphia 2005; Alejandro Baer und Natan Sznaider,
    Memory and Forgetting in the Post-Holocaust Era, in: The Ethics of
    Never Again, New York 2017.

9   Amos Goldberg, The ›Jewish Narrative‹ in the Yad Vashem Global
    Holocaust Museum, in: Journal of Genocide Research 14 (2012) 2,
    187–213.

10 Susan Neiman, Von den Deutschen lernen, München 2020; Clint
    Smith, Monuments to the Unthinkable, in: The Atlantic, 14.11.2022,
    https://www.theatlantic.com/magazine/archive/2022/12/holo
    caust-remembrance-lessons-america/671893/; Erica Hellerstein,
    Germany's historical reckoning is a warning for the US, 30.3.2022,
    https://www.codastory.com/rewriting-history/when-memory-fails/;
    Sara Jones, Towards a Collaborative Memory. German Memory Work
    in a Transnational Context, New York 2021–26, 200–209.

11 Theodor Adorno, Erziehung nach Auschwitz, in: Gesammelte Schriften
    Bd. 10/2, 674–690, hg. von Rolf Tiedemann, Frankfurt/M. 1977.

12 Nora Sternfeld, Errungene Erinnerungen. Gedenkstätten als Kontakt-
    zonen, in: Erinnerungsorte in Bewegung. Zur Neugestaltung des
    Gedenkens an Orten nationalsozialistischer Verbrechen, hg. von Daniela
    Allmeier, Inge Manka, Peter Mörtenböck und Rudolf Scheuvens,
    Bielefeldt 2016, 77–99.

13 James Baldwin, Evidence of Things Not Seen, New York 1995, xiii–xv.

14 Johannes Franzen, Twitter @johannes42, 12.3.2023.

15 Jonathan Haidt, Why the Past 10 Years of American Life Have
    Been Uniquely Stupid, https://www.theatlantic.com/magazine/
    archive/2022/05/social-media-democracy-trust-babel/629369/

16 Ervin Malakaj, Historical Injury and Multidirectional Solidarity in
    Times of Crisis, http://newfascismsyllabus.com/opinions/ukrainian-

dispatches/historical-injury-and-multidirectional-solidarity-in-times-of-crisis/

17 Astrid Messerschmidt, Involviertes Erinnern. Migrationsgesellschaftliche Bildungsprozesse in den Nachwirkungen des Nationalsozialismus, in: Ort, Subjekt, Verbrechen, hg. von T. Hilmar, 277–299, hier 278.

18 Historiker streiten. Gewalt und Holocaust – Die Debatte, hg. von Michael Wildt und Susan Neiman, Berlin 2022; Dan Diner, Gegenläufige Gedächtnisse. Über Geltung und Wirkung des Holocaust. Göttingen 2020. Michael Rothberg, Multidirektionale Erinnerung. Holocaustgedenken im Zeitalter der Dekolonisierung. Berlin 2021; Natan Sznaider, Fluchtpunkte der Erinnerung, München 2022, 176.

19 Marcel Odenbach hat die Arbeit »Ordnung muss sein« zusammen mit »im Land der Dichter und Denker« 2019 für die Ausstellung »Tell me about ~~yesterday~~ tomorrow« (kuratiert von Nicolaus Schafhausen, Mirjam Zadoff und Juliane Bischoff) im NS-Dokumentationszentrum München geschaffen.

20 Rebecca Solnit, Orwells Rosen, Hamburg 2022, 118.

IM BAUCH DER STADT

1 Interview mit Liliana Segre, 31.1.2018, https://www.youtube.com/watch?v=JeXYuZbb6sk

2 Migrants take shelter in Italy Holocaust memorial, 3.7.2015, https://www.thelocal.it/20150703/migrants-take-shelter-in-milan-holocaust-memorial/; Rosella Tercatin, ›We could not remain indifferent‹: Milan's Holocaust Museum now a shelter for African refugees, 25.7.2017, https://www.timesofisrael.com/milans-holocaust-memorial-now-a-shelter-for-african-refugees/

3 Mary Antin, From Plotzk to Boston, New York 1899, https://www.gutenberg.org/ebooks/20638

4 Corina Kolbe, Ein Monolith gegen das Vergessen, 27.1.20211, https://www.zeit.de/kultur/2011-01/shoah-museum-rom/komplettansicht

5 Marcello Flores und Carlo Giunchi, Predappio and the Memory of the Dictatorship, 20.12.2019, https://europeanmemories.net/magazine/predappio-and-the-memory-of-the-dictatorship/

6 Predappio: Mussolini supporters mark centenary of March on Rome, 31.10.2022, https://www.wantedinrome.com/news/predappio-mussolini-supporters-mark-centenary-of-march-on-rome.html; Tausende preisen

Mussolini an seinem Grab, 30.10.2022, https://www.spiegel.de/ausland/
italien-tausende-preisen-mussolini-an-seinem-grab-in-predappio-a-
a83f8287-2d60-420f-ac76-69cf739965d3; Hundreds of anti-fascists
march in Mussolini's birthplace, 28.10.2022, https://nationalpost.com/
pmn/news-pmn/hundreds-of-anti-fascists-march-in-mussolinis-birth
place

7 Der Bürgermeister, Mussolini und das Museum (Regie: Piergiorgio
   Curzi, Italien/Frankreich 2022), https://www.arte.tv/de/videos/100173-
   000-A/der-buergermeister-mussolini-und-das-museum/

8 Ebd.

9 Ebd.

GESPENSTER UND SCHERBEN

1 Jan Gross, History as we may wish it to be, in: Poland's Memory Wars.
   Essays on Illiberalism, 229–233.

2 Jeffrey Kopstein und Jason Wittenberg, Yes, Some Poles Were Nazi
   Collaborators, Washington Post, 2.2.2018, https://www.washingtonpost.
   com/news/monkey-cage/wp/2018/02/02/yes-some-poles-were-nazi-
   collaborators-the-polish-parliament-is-trying-to-legislate-that-away/

3 Night without End. The Fate of Jews in German-Occupied Poland, hg.
   von Barbara Engelking und Jan Grabowski, Bloomington/IN 2022 (auf
   Polnisch 2018); Ofer Aderet, Historians Lose Libel Suit in Polish Court
   for Book Saying Polish Man Handed Over Jews to Nazis, 9.2.2021,
   https://www.haaretz.com/world-news/europe/2021-02-09/ty-article/.
   premium/historians-lose-libel-suit-in-polish-court-involving-holocaust-
   era-mayor/0000017f-e6a3-dea7-adff-f7fbbea60000; Mikhal Dekel,
   Poland's Current Memory Politics Are Rewriting History, 1.6.2021,
   https://www.bostonreview.net/articles/polands-current-memory-politics
   -are-rewriting-history/

4 Jan Grabowski, The New Wave of Holocaust Revisionism, in: South
   Central Review 39 (2022) 2–3, 60–65.

5 Editorial Board, Letter of Support for Scholars in Poland, 2.6.2023,
   https://newfascismsyllabus.com/news-and-announcements/letter-of-
   support-for-scholars-in-poland/

6 Felix Ackermann, Doppelbödig am Pariser Platz, 24.1.2023, https://
   zeitung.faz.net/faz/feuilleton/2023-01-24/2ab60b9277309e09e43
   ea0061f9ccaa7/?GEPC=s5; Piotr Rypson, Kulturpolitik oder
   Kulturkampf? Polen 2020, in: Tell me about ~~yesterday~~ tomorrow.,

hg. von Nicolaus Schafhausen und Mirjam Zadoff, München 2020, 244–255.

7   Piotr Rypson, ebd.

8   Polish Victims, Holocaust Encyclopedia, USHMM, https://encyclopedia. ushmm.org/content/en/article/polish-victims

9   Iwona Irwin-Zerecka, Poland after the Holocaust, in: Remembering for the Future: Jews and Christians During and After the Holocaust, Oxford 1988, 14; Claude Lanzmann, Der Patagonische Hase. Erinnerungen, Reinbek 2010; Marissa Newman, Long before Israel, Claude Lanzmann stirred Poland's wrath, 5.6.2018, https://www.timesofisrael.com/long-before-israel-claude-lanzmann-stirred-polands-wrath/

10 Deutsches Historisches Museum, Realisierungsvorschlag Dokumentationszentrum »Zweiter Weltkrieg und deutsche Besatzungsherrschaft in Europa«, Stand 5.4.2022.

11 Georges Didi-Huberman, ZERSTOBEN. Eine Reise in das Ringelblum-Archiv des Warschauer Ghettos, Göttingen 2022, 23.

12 Michael Meng, Muranów as a Ruin. Layered Memory in Warsaw, in: Jewish Space in Contemporary Poland, hg. von Erica Lehrer und Michael Meng, 71–89.

13 Muranow (Chen Shelach, Micha Livne, Israel 2021), https://www.muranowfilm.com/

14 Georges Didi-Huberman, ZERSTOBEN. Eine Reise in das Ringelblum-Archiv des Warschauer Ghettos, Göttingen 2022, 18.

15 Isaac Schiper, zitiert nach: Alvin H. Rosenfeld, The Holocaust in Jewish Memory and Public Memory, in: Dimensions 2 (1986) 3, 11.

16 Ebd., 21, 27, 33–35, 53–54, 66–67.

17 Natalia Romik, Hideouts. The architecture of survival, https://zacheta.art.pl/en/wystawy/natalia-romik; Surviving the Holocaust – Uncovering secret hideouts, 24.1.2022, https://www.dw.com/en/surviving-the-holocaust-uncovering-secret-hideouts/video-60539431

18 What lies beneath the layers of Muranów soil? New outdoor installation at POLIN Museum, https://www.polin.pl/en/what-lies-beneath-layers-muranow-soil-installation

19 Zuzanna Hertzberg, HEROISM OF LIFE ITSELF. THE OTHER SIDE OF THE MONUMENT, 16.4.2023, artivist action, Muranów District – Monument to the Ghetto Heroes, Warsaw, Poland incooperation with Polin Museum.

1 Lena Kampf, Kristiana Ludwig und Simon Sales Prado, Das verlorene Boot, 2.6.2023, https://www.sueddeutsche.de/projekte/artikel/politik/flucht-europaeische-union-mittelmeer-behoerden-hilfe-e427150/?re duced=true; @MauriceStierl, 1.3.2023, pic.twitter.com/0j172zkLBz

2 @mausteffen, 16.4.2023, https://twitter.com/MauSteffen/status/1647660407195049984?cxt=HHwWgICxlaSa1dotAAAA; Marc Beise und Josef Kelnberger, Ein Grab für Tausende Menschen, 17.4.2023, https://www.sueddeutsche.de/politik/flucht-mittelmeer-italien-asylrecht-verstoss-europa-15802423?reduced=true

3 Alexis Okeowo, The Crisis of Missing Migrants, in: The New Yorker, 9.1.2023, https://www.newyorker.com/magazine/2023/01/16/the-crisis-of-missing-migrants

4 Otto Langels, Keine Hilfe für jüdische Flüchtlinge, 15.7.2018, https://www.deutschlandfunk.de/konferenz-von-evian-vor-80-jahren-keine-hilfe-fuer-100.html

5 Toyion Ojih Odutolua, Instagram post, @toyinojihodutola, 8.8.2021.

6 Über die Grenze. 52 Fluchtgeschichten zwischen Bodensee und Gebirge, 1938 bis 1945, hg. von Hanno Loewy und Raphael Einetter, mit Fotografien von Dietmar Walser, Hohenems 2023.

7 Nowhere Line. Voices from Manus Island (Regie: Lukas Schrank, 2015); Behrouz Boochani, Kein Freund außer den Bergen. Nachrichten aus dem Niemandsland, München 2020; https://www.nytimes.com/2016/12/09/opinion/sunday/australia-refugee-prisons-manus-island.html

8 Judith Kohlenberg, Das Fluchtparadox, Wien 2022; Aladin El-Mafaalani, Das Integrationsparadox. Warum gelungene Integration zu mehr Konflikten führt, Wien 2022.

9 Hannah Arendt, Wir Flüchtlinge, mit einem Essay von Thomas Meyer, Ditzingen 2016.

10 Archiv der Flucht, https://archivderflucht.hkw.de/

11 Genocide studies and the climate emergency. A statement from fellow scholars, 7.4.2021, https://kolonialismus.blogs.uni-hamburg.de/2021/04/07/genocide-studies-and-the-climate-emergency-a-statement-from-fellow-scholars/; Legal Definition of Ecocide Completed, Juni 2021, https://www.stopecocide.earth/expert-drafting-panel

12 Julia Schulze Wessel, #Flüchtlingskrise, 14.5.2017, https://geschichteder gegenwart.ch/fluechtlingskrise/; Ronen Steinke, Lasst die Flüchtlinge

rein!, 1.6.2023, https://www.sueddeutsche.de/leben/john-rawls-meloni-migrationspolitik-15894115?reduced=true

13 Hashim Mohammed und Isobel Cockerell, Escaping China with a spoon and a rusty nail, https://www.codastory.com/authoritarian-tech/uyghur-thailand-escape-xinjiang-jail/

LEERE SOCKEL

1 Mark Rosen, Pietro Tacca's *Quattro Mori* and the Conditions of Slavery in Early Seicento Tuscany, in: The Art Bulletin 97 (2015)1, 34–57.

2 Francesca Bregoli, The Port of Livorno and its »Nazione Ebrea« in the Eighteenth Century: Economic Utility and Political Reforms, in: Quest. Issues in Contemporary 2 (2011), https://www.quest-cdecjournal.it/the-port-of-livorno-and-its-nazione-ebrea-in-the-eighteenth-century-economic-utility-and-political-reforms/

3 Mark Rosen, siehe Fn. 1; Howard W. French, Afrika und die Entstehung der modernen Welt. Eine Globalgeschichte, Stuttgart 2023.

4 Kelley Helmstutler Di Dio, Confronting Racism in Public Monuments in Italy: Pietro Tacca's *Quattro Mori,* https://medium.com/@kelleyhelms tutlerdidio/confronting-racism-in-public-monuments-in-italy-pietro-taccas-quattro-mori-bf8e60c1964c

5 Stuart Jeffries, Hitler's favourite artists: why do Nazi statues still stand in Germany?, https://www.theguardian.com/artanddesign/2021/sep/07/nazis-hitler-favourite-sculptors-germany-public-artworks-art-exhibition

6 Benjamin Kaufmann, Lueger Unser. Eine Polemik, https://geschichte dergegenwart.ch/lueger-unser-eine-polemik/

7 Susan Neiman, There Are No Nostalgic Nazi Memorials, https://www.theatlantic.com/ideas/archive/2019/09/germany-has-no-nazi-memo rials/597937/

8 Hitler entsorgen. Vom Keller ins Museum, Haus der Geschichte Österreich, https://hdgoe.at/hitler_entsorgen; Verena Mayer, Hitlers Pferde, Lenins Kopf, https://www.sueddeutsche.de/projekte/artikel/gesellschaft/zitadelle-spandau-denkmalsturz-bronzepferde-hitler-berlin-lenin-kopf-e488315/?reduced=true

9 Die Liste der »Gottbegnadeten Künstler des Nationalsozialismus in der Bundesrepublik«, hg. von Wolfgang Brauneis und Raphael Gross, Ausstellungskatalog München 2021.

10 Ebd., 51.

11 https://www.publicartmuenchen.de/projekte/past-statements/

12 https://monumentlab.com/projects/national-monument-audit

13 Erin L. Thompson, Smashing Statues, The Rise and Fall of America's Public Monuments, New York 2022; R. H. Lossin, Erin L. Thompson's *Smashing Statues,* https://www.e-flux.com/criticism/465561/erin-l-thompson-s-smashing-statues; Wendy Bellion, A Toppled Statue of George III Illuminates the Ongoing Debate Over America's Monuments, https://www.smithsonianmag.com/history/a-toppled-statue-of-george-iii-epitomizes-the-ongoing-debate-over-americas-monuments-180979463/

14 Ian Bourland, Samson Kambalu's Fourth Plinth Promises to Disrupt the Conventions of Commemorative Sculpture, https://www.frieze.com/article/samson-kambalus-4th-plinth-commission-decolonial-experiment

15 Fleeting Monuments and the Wall of Respect, hg. von Romi Crawford, Chicago 2021, 9–12.

ERINNERUNGSLANDSCHAFTEN

1 http://www.humansoftelaviv.co.il/humans-of-the-holocaust/

2 Sebastian Schönemann, Symbolbilder des Holocaust. Fotografien der Vernichtung im sozialen Gedächtnis, Frankfurt/New York, 2018, 21–62; Stephan Lehnstaedt, Der Kern des Holocaust. Belzec, Sobibór, Treblinka und die Aktion Reinhardt, München 2017.

3 Sonderkommando photographs taken in KL Auschwitz II-Birkenau, Summer 1944 [Negative nos. 277, 278, 282, 283: Burning of corpses in the open air; Women driven to gas chambers; Tree branches], https://www.metmuseum.org/art/collection/search/789771

4 Masha Gessen, The Holocaust Memorial Undone by Another War, 18.4.2022, https://www.newyorker.com/magazine/2022/04/18/the-holocaust-memorial-undone-by-another-war

5 Eckhart Schmidt und Alexander Kaernpfe, »Babij Jar« in vier deutschen Fassungen, 18.1.1963, https://www.zeit.de/1963/03/babij-jar-in-vier-deutschen-fassungen/komplettansicht

6 George Packer, The Masterpiece No One Wanted to Save, 9.2.2023, https://www.theatlantic.com/magazine/archive/2023/03/nazi-holocaust-literature-kyiv-babi-yar-book/672782/

7 Ebd.; Darija Bad'jor, Streit um Babyn Jar. Gedenkzentrum oder Holocaust-Disneyland, in: Osteuropa 71 (2021) 1–2, 123–140.

8 Masha Gessen, siehe Fn. 4.

9   Wendy Lower, The Ravine. A Family, a Photograph, a Holocaust Massacre Revealed, Boston 2021.

10 Yishai Sarid, Monster, Zürich 2019.

11 Wilhelm Sasnal, Such a Landscape, Polin Museum, https://polin.pl/en/wilhelm-sasnal

ANNE FRANK SUPERSTAR

1   Kate Katharina Ferguson, Madame Tussauds Unveils Anne Frank Wax Figure, 9.3.2012, https://www.spiegel.de/international/germany/image-of-a-young-girl-madame-tussauds-unveils-anne-frank-wax-figure-a-820411.html

2   Edna Nahshon, Anne Frank from Page to Stage, in: Anne Frank Unbound: Media, Imagination, Memory, hg. von Barbara Kirshenblatt-Gimblett and Jeffrey Shandler, Bloomington 2012, 59–92, hier 66; Alvin H. Rosenfeld, Das Ende des Holocaust, Göttingen 2015, 93–129.

3   Julian Ryall, Anne Frank in Japan, 2015, https://www.dw.com/de/japan-faszination-f%C3%BCr-anne-frank/a-18289610; Anne Frank au pays du Manga, https://www.arte.tv/digitalproductions/fr/anne-frank-au-pays-du-manga/; Why Are the Japanese So Fascinated With Anne Frank?, 22.1.2014, https://www.haaretz.com/jewish/2014-01-22/ty-article/anne-frank-the-japanese-anime/0000017f-e88d-dc7e-adff-f8ad09300000; Robert Rand, The Diary of Anne Frank, 12.6.2018, https://www.tabletmag.com/sections/arts-letters/articles/anne-frank-manga

4   Edna Nahshon, Anne Frank from Page to Stage, in: Anne Frank Unbound: Media, Imagination, Memory, hg. von Barbara Kirshenblatt-Gimblett and Jeffrey Shandler. Bloomington 2012, 59–92, hier 66; Alvin H. Rosenfeld, Das Ende des Holocaust, Göttingen 2015, 93–129; Daniel Levy und Nathan Sznaider, Memory Unbound. The Holocaust and the Formation of Cosmopolitan Memory, in: European Journal of Social Theory 5(2002), 1, 87–106, hier: 87.

5   Simon Fujiwara, Hope House, https://blafferartmuseum.org/simon-fujiwara/; Giulia Bernardi, Situations/Closure, 1.2.2021, https://www.artlog.net/de/kunstbulletin-1-2-2021/situations-closure

6   Ebd.

7   Ebd.; Klaus Hillenbrand, Geht es noch geschmackloser? 31.10.2017, https://taz.de/ICE-soll-Anne-Frank-heissen/!5459182/; Jack Hobbs, Caterer slammed over ›Anne Frankfurter‹ hot dog named after Holocaust victim, 14.12.2022, https://nypost.com/2022/12/14/caterer-

slammed-for-naming-veggie-hotdog-after-after-frank/; Georgia L
Gilholy, Dutch mug decorated with Anne Frank cartoon removed
from shops, 7.12.2022, https://www.thejc.com/news/world/dutch-
mug-decorated-with-anne-frank-cartoon-removed-from-shops-
7nsiW2lDkr2uv92Ybz8u7E

8 WHERE IS ANNE FRANK?, Animated feature film by: Ari Folman
(2021); https://www.whereisannefrank.com/en/behind-the-scenes/q-
and-a-with-director-ari-folman

9 Ebd.

10 Nina Siegal, Nuance Is Difficult When It Involves Nazis, a Museum
Finds, 25.1.2023, https://www.nytimes.com/2023/01/25/arts/design/
resistance-museum-amsterdam.html

11 Nina Siegal, Dutch to Make Public the Files on Accused Nazi Collaborators, 25.4.2023, https://www.nytimes.com/2023/04/25/arts/dutch-files-
accused-nazi-collaborators.html

12 Raul Hilberg, Täter, Opfer, Zuschauer. Die Vernichtung der Juden
1933–1945, Frankfurt/M. 1992; Michael Wildt, Zerborstene Zeit,
München 2022, 273–274; Hannes Leitlein, Die Nazis, das waren wir,
7.5.2020, https://www.zeit.de/gesellschaft/zeitgeschehen/2020-05/gross
eltern-zweiter-weltkrieg-zeitzeugen-deutsches-erbe/seite-2; Bianca
Stigter, Atlas van een bezette stad: Amsterdam 1940–1945, Amsterdam
2019; Occupied City (2023, Regie Steve McQueen); Nicolas Rapold,
25.5.2023, »Sometimes the Present Erases the Past, and Sometimes the
Past Erases the Present«: Steve McQueen on His Cannes-Premiering
Occupied City, https://filmmakermagazine.com/121446-sometimes-the-
present-erases-the-past-and-sometimes-the-past-erases-the-present-ste
ve-mcqueen-on-his-cannes-premiering-occupied-city/; Peter Bradshaw,
Occupied City review – Steve McQueen's moving meditation on wartime
Amsterdam, 17.5.2023, https://www.theguardian.com/film/2023/may/17/
occupied-city-review-steve-mcqueens-moving-meditation-on-wartime-
amsterdam

EIN ANDERER KRIEGSSCHAUPLATZ

1 Pankaj Mishra, From the Ruins of Empire. The Revolt Against the West
and the Remaking of Asia, London 2012, 247–253.

2 Ian Buruma, '45. Die Welt am Wendepunkt, München 2014, 25–94.

3 Matthew Allen und Rumi Sakamoto, War and Peace. War Memories and
Museums in Japan, in: History Compass 11/12 (2013), 1047–1058; Roger

B. Jeans, Victims or Victimizers? Museums, Textbooks, and the War Debate in Contemporary Japan, in: The Journal of Military History, 69 (2005) 1, 149–195.

4   https://www.hikarufujii.com/works/the-educational-system-of-an-empire-2/; https://www.hikarufujii.com/works/record-of-the-bombing/

5   Akiko Hashimoto, The Long Defeat. Cultural Trauma, Memory and Identity in Japan, New York 2015, 1–23, 83–141.

6   Ebd.

7   Erst als 1954 ein japanisches Fischerboot zum Opfer von amerikanischen Atombombentests im Bikini-Atoll wurde, setzte in Japan eine breite anti-nukleare Bewegung ein. Ian Buruma, '45. Die Welt am Wendepunkt, München 2014, 317–354; Victor Sebestyen, 1946. The Making of the Modern World, New York 2014, 357–360; Günther Anders, Der Mann auf der Brücke. Tagebuch aus Hiroshima und Nagasaki, München 1959; Ran Zwigenberg, Never Again: Hiroshima, Auschwitz and the Politics of Commemoration, The Asian-Pacific Journal 13 (2015) 3, 3.

8   https://k1project.columbia.edu/news/hiroshima-and-nagasaki

9   Stefanie Schäfer, From Geisha Girls to the Atomic Bomb Dome: Dark Tourism and the Formationof Hiroshima Memory, in: Tourist Studies 16 (2016) 4, 351–366; dies., Das Atombombenmuseum Hiroshima. Erinnern jenseits der Nation (1945–1975), Bielefeld 2018; Ran Zwigenberg, Never Again: Hiroshima, Auschwitz and the Politics of Commemoration, The Asian-Pacific Journal 13 (2015) 3, 3, https://apjjf.org/2015/13/3/Ran-Zwigenberg/4252.html

10 Schäfer (2016 und 2018, s .oben); Lisa Yoneyama, Hiroshima Traces. Time, Space, and the Dialectics of Memory, London 1999, 1–26.

11 Ran Zwigenberg, Never Again. Hiroshima, Auschwitz and the Politics of Commemoration, The Asian-Pacific Journal 13 (2015) 3, 3, https://apjjf.org/2015/13/3/Ran-Zwigenberg/4252.html; Sebastian Conrad, Entangled Memories. Versions of the Past in Germany and Japan, 1945–2001, in: Journal of Contemporary History 38 (2003) 1, 86.

12 Mitsuhisa Kawase, Fading memories of the atomic bombing – Hiroshima 75 years later, 6.8.2020, https://www.greenpeace.org/international/story/44543/fading-memories-of-atomic-bombing-hiroshima-75-years-later/

13 Richard H. Kohn, History and the Culture Wars: The Case of the Smithsonian Institution's Enola Gay Exhibition, in: The Journal of American History, 82 (1995) 3, 1036–1063.

14 André Hörmann und Anna Samo, She Was 19 When the Atomic Bomb

Dropped, 4.4.2023, https://www.nytimes.com/2023/04/04/opinion/
hiroshima-atomic-bomb-survivor.html

15 https://thebulletin.org/doomsday-clock/#nav_menu; Ian Buruma,
'45. Die Welt am Wendepunkt, München 2014; Thomas Olesen, The
Hiroshima Memory Complex, in: The British Journal of Sociology 71
(2020) 1, 81–91; Ross Andersen, Never Give Artificial Intelligence the
Nuclear Codes, in: The Atlantic 6/2023, 11–15; Günther Anders, Der Mann
auf der Brücke. Tagebuch aus Hiroshima und Nagasaki, München 1959.

KEIN TROST

1 Remembering Kim Bokdong Women's Human Rights Activist. Special
Exhibition to Celebrate the 7th Anniversary of the War & Women's
Human Rights Museum, Seoul 2019.

2 Kim Sunshil, War & Women's Human Rights Museum, Exhibition
Catalogue, Seoul 2017; Women's Active Museum on War and Peace in
Tokio, https://wam-peace.org/en/; https://trostfrauen.museum/von-
angesicht-zu-angesicht/

3 Insa Eschebach, Regina Mühlhäuser, Umkämpfte Erinnerung: Die Trost-
frauen-Statue in Berlin und der Umgang mit sexueller Kriegsgewalt,
https://geschichtedergegenwart.ch/umkaempfte-erinnerung-die-trost
frauen-statue-in-berlin-und-der-umgang-mit-sexueller-kriegsgewalt/

4 Insa Eschebach/Regina Mühlhäuser, s. oben.

5 Ruth Klüger, https://www.youtube.com/watch?v=-Ko2wZPcrLM

6 Anna Louie Sussmann, A World Without Men. The women of South
Korea's 4B movement aren't fighting the patriarchy – they're leaving it
behind entirely, in: The Cut, 8.3.2023, https://www.thecut.com/2023/03/
4b-movement-feminism-south-korea.html

7 Tae-Woo Park, New site selected for ›comfort women‹ museum,
https://english.hani.co.kr/arti/english_edition/e_national/488561.html

8 Shu-Mei Huang, Hyun Kyung Lee: Difficult heritage diplomacy?
Re-articulating places of pain and shame as world heritage in northeast
Asia, in: International Journal of Heritage Studies 25 (2018) 1, 1–17.

9 https://www.dw.com/en/the-struggle-to-preserve-seouls-architectural-
heritage/a-19215494; https://koreajoongangdaily.joins.com/2015/11/17/
features/Alley-reopens-the-preservation-debate/3011656.html

10 Tourist Paths Map Colonial History, https://koreajoongangdaily.
joins.com/2017/06/19/socialAffairs/Tourist-paths-map-colonial-his
tory/3034834.html; Choe Sang-Hun, A Brutal Sex Trade Built for Ame-

rican Soldiers, 2.5.2023, https://www.nytimes.com/2023/05/02/world/
asia/korea-us-comfort-women-sexual-slavery.html?smid=nytcore-ios-
share&referringSource=articleShare; Lauretta Charlton, A Basement of
Horrors in Seoul. Where Past and Present Collide, 22.6.2023, https://
www.nytimes.com/2023/06/22/world/asia/south-korea-hostel-seoul-
kcia.html.

DIE SANFTE MACHT DES ERINNERNS

1 Indochine, Glei-Courteilles 2014.
2 Zwei Millionen Tonnen Bomben fielen auf Europa und Asien, eine halbe
  Million auf Kambodscha. Taylor Owen und Ben Kiernan, Making More
  Enemies than We Kill? Calculating U. S. Bomb Tonnages Dropped on
  Laos and Cambodia, and Weighing Their Implications, in: The Asia
  Pacific Journal 13 (2015), 17, 3; https://apjjf.org/Ben-Kiernan/4313.html
3 Rachel Hughes, Nationalism and Memory at the Tuol Sleng Museum
  of Genocide Crimes, Phnom Penh, Cambodia, in: Contested Pasts. The
  Politics of Memory, hg. von Katherine Hodgkin and Susannah Radstone,
  London 2003, 175-192; Timothy Williams, Remembering and Silencing
  Complexity in Post-Genocide Memorialisation. Cambodia's Tuol
  Sleng Genocide Museum 15 (2021) 1, https://journals.sagepub.com/doi/
  full/101177/17506980211037288; David Chandler, Voices from S-21. Terror
  and History in Pol Pot's Secret Prison, Berkeley/Los Angeles 1999; Chris
  Milington and Caitlin Brown, The Memory of the Cambodian Genocide, The Tuol Sleng Genocide Museum, History Compass 13 (2015) 2.
4 Ebd.; Killing Fields (Roland Joffé, United Kingdom 1984).
5 Hannah Beech, ›They Don't Know About War‹: The Legacy of Forgotten
  Horrors, 16.3.2022, https://www.nytimes.com/2022/03/16/world/asia/
  cambodia-khmer-rouge.html
6 Boravin Tann and Tim Khuochsopheaktra, Duty Not to Forget' the
  Past? Perceptions of Young Cambodians on the Memorialization of
  the Khmer Rouge Regime, https://cshl-kh.org/research-articles/; Oliver
  Wainwright, The Sleuk Rith Institute: Zaha Hadid's soft hymn to
  Cambodia's fallen, 10.10.2014, https://www.theguardian.com/
  artanddesign/2014/oct/10/-sp-the-sleuk-rith-institute-zaha-hadid-
  cambodia-museum; Karissa Rosenfield, Sleuk Rith Institute/Zaha Hadid
  Architects, https://www.archdaily.com/555976/zaha-hadid-designs-five-
  wooden-towers-to-house-cambodian-genocide-institute; Zoe Li, Zaha
  Hadid's Sleuk Rith Institute re-imagines the meaning of memorial,

21.11.2014, https://edition.cnn.com/travel/article/zaha-hadids-sleuk-rith-institute/index.html

7 Manohla Dargis, Returning, in His Own Way, to the Killing Fields, 18.3.2014, https://www.nytimes.com/2014/03/19/movies/the-missing-picture-rithy-panhs-look-at-1970s-cambodia.html?smid=nytcore-ios-share&referringSource=articleShare

8 The Missing Picture (Rithy Panh, Kambodscha 2013).

LEOPOLDS TRAUM

1 Bernard Law, Montgomery: Unbeatable and unbearable, National Army Museum, https://www.nam.ac.uk/explore/bernard-montgomery

2 Benoit Nyemba, 8.6.2022, Belgian king reiterates regrets for colonial past in Congo but no apology, https://www.reuters.com/world/africa/belgian-king-returns-mask-congo-symbolic-gesture-restitution-2022-06-08/

3 Dominik Schaller, Raphael Lemkin's View of European Colonial Rule in Africa: Between Condemnation and Admiration, in: Journal of Genocide Research 7 (2005) 4, 531–538; New York Public Library, Manuscripts and Archives Division, the Raphael Lemkin Papers, Box 3, the Belgian Congo, 9–10.

4 Dipo Faloyin, Afrika ist kein Land, Berlin 2023, 35–84.

5 Ebd.

6 Ebd., 37–40.

7 Philipp Blom, Die Unterwerfung. Anfang und Ende der menschlichen Herrschaft über die Natur, München 2022, 233–235.

8 Bushman Shares a Cage With Bronx Park Apes, 9.9.1906, https://www.nytimes.com/1906/09/09/archives/bushman-shares-a-cage-with-bronx-park-apes-some-laugh-over-his.html

9 Art Nouveau, Art of Darkness: African Lineages of Belgian Modernism, Part I; Debora L. Silverman, West 86th: A Journal of Decorative Arts, Design History, and Material Culture, Vol. 18, No. 2 (Fall-Winter 2011), 139–181.

10 Debora L. Silverman, Art Nouveau, Art of Darkness: African Lineages of Belgian Modernism. West 86th: A Journal of Decorative Arts, Design History, and Material Culture 18 (2011), 139–181.

11 Alexander Geppert, Fleeting Cities. Imperial Expositions in *Fin de Siècle* Europe, Basingstoke/New York 2010, 179–200.

12 Das Gedenken an die Kolonialisierung und Dekolonialisierung,

https://www.cheminsdememoire.gouv.fr/de/das-gedenken-die-kolonialisierung-und-dekolonialisierung

13 Roger Cohen, Movie Honors the African Soldiers France Tried to Forget, 22.2.2023, https://www.nytimes.com/2023/02/22/movies/tirailleurs-african-troops-france-world-war-i.html

BEZIEHUNGEN HERSTELLEN

1 Joseph Cotterill, Zeitz Mocaa Boss Koyo Kouoh: ›We are building our own voice, our own language‹, 9.3.2023, https://www.ft.com/content/e687579c-3917-4ca1-a094-76289fab889d

2 Recht hübsch und blond, 8.3.1992, https://www.spiegel.de/politik/recht-huebsch-und-blond-a-4c822c15-0002-0001-0000-000013681697; Ruth Weiss, Meine Schwester Sarah, München 2002.

3 Milton Shain, A Perfect Storm. Antisemitism in South Africa 1930–1948. Johannesburg 2015.

4 Craig Nudelman, Memory, Reconciliation and the Jewish History of District Six, 15.2.2022, https://www.dafkadotcom.org/home/memory-reconciliation-and-the-jewish-history-of-district-six; Mduduzi Ntuli, Using Memory and Education to Confront Racism, The Johannesburg Holocaust and Genocide Centre, Johannesburg 2020.

5 Yotam Gidron, Israel in Africa, Security, Migration, Interstate Politics, London 2020, 44–45, 106–108.

6 Roni Mikel-Arieli, Remembering the Holocaust in a Racial State. Holocaust Memory in South Africa from Apartheid to Democracy (1948–1994), Berlin/Boston 2022, 159–172, 200–206.

7 Chris McGreal, We have children here who don't believe apartheid happened, 12.12.2001, https://www.theguardian.com/g2/story/0,,617231,00.html

8 Fernanda Eberstadt, An Axe to Grind Should Make You Sharper, 19.4.2023, https://europeanreviewofbooks.com/an-axe-to-grind-should-make-you-sharper/en; Maximilian Popp und Bernhard Riedmann, Namibia Continues Seeking Justice for Germany's Colonial-Era Genocide, 10.11.2022, https://www.spiegel.de/international/world/it-s-as-if-we-never-existed-namibia-continues-seeking-justice-for-germany-s-colonial-era-genocide-a-57e3dbc5-8f51-476a-a692-bf2b036fcfc0

9 Ebd.; Penohole Brock und Ester Muinjangue, Gender, Genocide, and Memorialization in Namibia, in: Gender, Transitional Justice and Memorial Arts, London 2021, 38–54.

10 Caroline Randall Williams, You Want a Confederate Monument?
My Body Is a Confederate Monument, 26.6.2020, https://www.nytimes.
com/2020/06/26/opinion/confederate-monuments-racism.html

IM TRÜBEN WASSER DER GESCHICHTE

1   David Masci, For Darwin Day, 6 facts about the evolution debate.
Pew Research Group 2019, https://www.pewresearch.org/fact-
tank/2019/02/11/darwin-day/
2   Eesha Pendharkar, A School Librarian Pushes Back on Censorship
and Gets Death Threats and Online Harassment, 22.92022, https://
www.edweek.org/policy-politics/a-school-librarian-pushes-back-on-
censorship-and-gets-death-threats-and-online-harassment/2022/09
3   Tanya Lanadman, Is To Kill a Mockingbird a racist book?, 20.10.2015,
https://www.theguardian.com/childrens-books-site/2015/oct/20/is-to-
kill-a-mockingbird-a-racist-book-tanya-landman
4   Matthew Dallek, Birchers. How the John Birch Society Radicalized the
American Right, New York 2023; Martin Pengelly, Moms for Liberty,
meet John Birch: the roots of US rightwing book bans, 6.5.2023,
https://www.theguardian.com/books/2023/may/06/moms-for-liberty-
john-birch-society-far-right-book-bans; Philipp Nel, Wer hat Angst
vor multikulturellen Kinderbüchern?, 21.5.2023, https://geschichteder
gegenwart.ch/wer-hat-angst-vor-multikulturellen-kinderbuechern/
5   Shia Kapos, Illinois set to become first state to end book bans, 3.5.2023,
https://www.politico.com/news/2023/05/03/illinois-to-become-first-
state-to-prohibit-book-bans-00095151; Adrian Daub, Das neue Feindbild
trägt Federboa, 8.2.2023, https://www.diepresse.com/6284236/das-neue-
feindbild-traegt-federboa
6   Graig Graziosi, Middle school named after Black author determines his
book is ›not appropriate‹ for students, 15.8.2022, https://www.indepen
dent.co.uk/news/world/americas/george-dawson-middle-school-book-
students-b2152964.html; Andrew Lapin, 28.1.2023, Philadelphia high
school librarian ordered to remove poster with Elie Wiesel quote,
https://www.timesofisrael.com/philadelphia-high-school-librarian-
ordered-to-remove-poster-with-elie-wiesel-quote/
7   Eli Valley, Comic / An American Talisman, 15.3.2022, https://jewish
currents.org/an-american-talisman
8   Carolin Emcke, Die Ideologen üben Zensur, 11.3.2023, https://www.
sueddeutsche.de/meinung/florida-ron-desantis-george-orwell-neu

sprech-critical-race-theorie-index-ideologie-alex-gino-usa-kolumne-von-carolin-emcke-kulturkampf-15766424?reduced=true

9   https://www.tiktok.com/@nowweknownews/video/7236221647710113067

10 William Horne, I'm a Professor. Florida Just Banned Everything I Teach, 17.5.2023, https://www.thedailybeast.com/im-a-professor-florida-just-banned-everything-i-teach; Marlene Sokol, Ian Hodgson and Divya Kumar, 13.5.2023, What was rejected from Florida textbooks? Passages about the Holocaust and George Floyd, https://www.miamiherald.com/news/local/education/article275380156.html

11 Dara Horn, Is Holocaust Education Making Anti-Semitism Worse?, 3.4.2023, https://www.theatlantic.com/magazine/archive/2023/05/holocaust-student-education-jewish-anti-semitism/673488/

12 Ebd.

13 Ebd.

14 Annette Gordon-Reed, Black America's Neglected Origin Stories, Juni 2021, https://www.theatlantic.com/magazine/archive/2021/06/estebanico-first-africans-america/618714/

15 Clint Smith, How the Word is Passed. A Reckoning with the History of Slavery Across America, London 2021, 118–172; Clint Smith, Why Confederate Lies Live On, Juni 2021, https://www.theatlantic.com/magazine/archive/2021/06/why-confederate-lies-live-on/618711/

16 Ibram X. Kendi, The Book That Exposed Anti-Black Racism in the Classroom, 14.2.2023, https://www.theatlantic.com/books/archive/2023/02/miseducation-of-negro-book-black-history-ap-african-american-studies/673045/

17 Nikole Hannah-Jones, A New American Origin Story: The 1619 Project, hg. von Nikole Hannah-Jones, Caitlin Roper, Ilena Silverman und Jake Silverstein, London 2021, xvii–xxxiii.

18 Clint Smith, How the Word is Passed. A Reckoning with the History of Slavery Across America, London 2021, 85–117; Khalil Gibran Muhammad, Sugar, in: Nikole Hannah-Jones, New American Origin Story: The 1619 Project, hg. von Nikole Hannah-Jones, Caitlin Roper, Ilena Silverman und Jake Silverstein, London 2021, 72–87.

19 Jürgen Martschukat, »America's original identity politics.« Über historische Verflechtungen von Eigentum, »race« und Identitätspolitik, 15.2.3023, https://geschichtedergegenwart.ch/americas-original-identity-politics-ueber-historische-verflechtungen-von-eigentum-race-und-identitaetspolitik/

20 Nikole Hannah-Jones, A New American Origin Story: The 1619 Project,

hg. von Nikole Hannah-Jones, Caitlin Roper, Ilena Silverman und Jake Silverstein, London 2021, xvii–xxxiii; trumpwhitehouse.archives.gov/wp-content/uploads/2021/01/The-Presidents-Advisory-1776-Commission-Final-Report.pdf; Joel Swanson, Trump's attacks on ›left-wing cultural revolution‹ are an anti-Semitic dogwhistle, 6.1.2020, https://forward.com/opinion/450219/trumps-attacks-on-the-cultural-marxism-conspiracy-are-an-anti-semitic/

21 Clint Smith, How the Word is Passed. A Reckoning with the History of Slavery Across America, London 2021, 52–84; Clint Smith, Why Confederate Lies Live On, Juni 2021, https://www.theatlantic.com/magazine/archive/2021/06/why-confederate-lies-live-on/618711/

22 John J. Cummings, III, The U.S. has 35,000 museums. Why is only one about slavery?, 13.8.2015, https://www.washingtonpost.com/posteverything/wp/2015/08/13/the-u-s-has-35000-museums-why-is-only-one-about-slavery/

23 Tanja Schult, Reshaping American Identity: The National Memorial for Peace and Justice and its Take-Away Twin, in: Liminalities: A Journal of Performance Studies 16 (20220) 3.

24 Erica Hellerstein, Germany's historical reckoning is a warning for the US, 30.3.2022, https://www.codastory.com/rewriting-history/when-memory-fails/

25 Mallory Noe-Payne und Michael Paul Williams, Memory Wars, https://www.npr.org/podcasts/1101476293/memory-wars-a-podcast-exploring-how-society-confronts-sin

26 https://fortunoff.library.yale.edu/podcast/leon-bass/

27 Ebd.

NACHWORT

1 https://www.romarchive.eu/en/collection/p/romedius-mungenast/

2 Mirjam Triendl, Der Zorn lacht mir aus dem Gesicht, 24.12.2004, https://www.freitag.de/autoren/mirjam-triendl/der-zorn-lacht-mir-aus-dem-gesicht

3 Damani J. Partridge, Blackness as a Universal Claim. Holocaust Heritage, Noncitizen Futures, and Black Power in Berlin, Oakland 2023.

4 Esra Özyürek, Subcontractors of Guilt. Holocaust Memory & Muslim Belonging in Postwar Germany, Stanford 2023.

5 Y. Michael Bodemann, Gedächtnistheater: Die jüdische Gemeinschaft und ihre deutsche Erfindung, Hamburg 1996; Max Czollek, Gegenwarts-

bewältigung, München 2020; ders., Versöhnungstheater, München 2023; Mark Terkessidis, Wessen Erinnerung zählt? Koloniale Vergangenheit und Rassismus heute, Hamburg 2022.

6   Dirk Rupnow, »Migration Background« versus »Nazi Background«: (German) Debates on Post-Nazism, Post-Migration, and Postcolonialism, in: Central European History (2023), 56, 294–297.

7   Hito Steyerl, Die leere Mitte (1998) und Normalität 1-X (1999–2001), https://yesterdaytomorrow.nsdoku.de/kuenstlerinnen/steyerl

8   Asal Dardan, Betrachtungen einer Barbarin, Hamburg 2021, 56.

9   Çiğdem Inan, »Diesmal nicht« Zur Enteignung der Trauer, in: Texte zur Kunst 32 (2022) 126, 33–53.

10 Adrian Daub, Vergessen, um zu wiederholen?, 16.6.2023, https://www.woz.ch/taeglich/2023/06/16/vergessen-um-zu-wiederholen

11 JR Chroincles, hg. von der Kunsthalle München in Kooperation mit dem Brooklyn Museum und Maison CF, München 2022, 168–169.

12 Nora Sternfeld, Das radikaldemokratische Museum, Berlin 2018; Mark Terkessidis, Wessen Erinnerung zählt? Koloniale Vergangenheit und Rassismus heute, Hamburg 2022.

13 Amy Sodaro, Exhibiting Atrocity. Memorial Museums and the Politics of Past violence, New Brunswick (et. al.) 2018.

14 Burkard Bilger, Fatherland. A Memoir of World War Two, Conscience and Family Secrets, New York 2023.

15 Ruth Wodak, »In unserer privilegierten Generation gab es nie so viel Angst wie jetzt«, 26.6.2023, https://www.sueddeutsche.de/projekte/artikel/gesellschaft/ruth-wodak-antisemitismus-oesterreich-rechtspopulismus-afd-e586324/?reduced=true

16 Amos Goldberg, The ›Jewish Narrative‹ in the Yad Vashem Global Holocaust Museum, in: Journal of Genocide Research 14 (2012) 2, 187–213.

17 Asal Dardan, Erika Mann Lecture, 10.5.2023, https://erika-mann-lecture.de/asal-dardan-lecture/

18 Stella Levantesi, Hope Amid Climate Chaos: A Conversation with Rebecca Solnit, 16.3.2023, https://www.resilience.org/stories/2023-03-16/hope-amid-climate-chaos-a-conversation-with-rebecca-solnit/; Rebecca Solnit, Grounds for Hope, Tikkun Magazine 32 (2017) I.

19 Amanda Gorman, Call Us What We Carry. Poems. New York, 2021.